人文与科技

HUMANITIES & SCIENCE TECHNOLOGY

（第七辑）

◎刘实鹏　吴晓萍/主编

中央民族大学出版社
China Minzu University Press

图书在版编目（CIP）数据

人文与科技．第七辑／刘实鹏，吴晓萍主编．—北京：中央民族大学出版社，2021.11

ISBN 978-7-5660-1983-7

Ⅰ．①人…　Ⅱ．①刘…　②吴…　Ⅲ．①高等学校—人文科学—教学管理—文集　Ⅳ．①G640-53

中国版本图书馆 CIP 数据核字（2021）第 234725 号

人文与科技（第七辑）

主　　编　刘实鹏　吴晓萍
责任编辑　舒　松
封面设计　舒刚卫
出版发行　中央民族大学出版社
　　　　　北京市海淀区中关村南大街 27 号　邮编：100081
　　　　　电　话：(010)68472815(发行部)　传真：(010)68932751(发行部)
　　　　　　　　　(010)68932218(总编室)　　　　　(010)68932447(办公室)
经 销 者　全国各地新华书店
印 刷 厂　北京鑫宇图源印刷科技有限公司
开　　本　787×1092　1/16　印张：20.5
字　　数　300 千字
版　　次　2021 年 11 月第 1 版　2021 年 11 月第 1 次印刷
书　　号　ISBN 978-7-5660-1983-7
定　　价　82.00 元

序

《人文与科技》（第七辑）是贵阳人文科技学院（原贵州民族大学人文科技学院）倾力推出的2021年上半年度学术研究成果，是学院自2014年以来，连续7年组织出版有关独立学院建设发展的第12本学术论文集。

贵州民族大学人文科技学院是一所创办于2001年的新机制独立学院，2021年5月正值我校20周年校庆之际，经教育部专家评审通过后，我校成功转设为独立民办高等院校并正式更名为贵阳人文科技学院。学校两个校区协同发展：十里河滩校区坐落于山清水秀、被誉为“高原明珠”的贵阳市花溪区；大学城校区坐落在产城融合创新、生态文明示范的贵安新区，毗邻贵州财经大学、贵州医科大学、贵州师范大学等高校。历经20年的建设与发展现已成为贵州省独立学院中的佼佼者：我校是贵州省首批获教育部批准设立“人工智能”专业（工学，专业代码080717T，学制四年）本科学校之一；在2019年第五届“互联网+”大学生创新创业大赛总决赛中斩获金奖和铜奖，这是贵州高校首次在该项大赛总决赛中斩获金奖，实现了贵州省金奖零的突破。近年来，学校高度重视科研工作的建设与发展，通过完善科研制度，搭建研究平台等多元举措，形成浓郁的科研氛围，并被全国社科联评选为“创建新型先进智库社会组织”。学校目前设有教育部民族教育发展中心“民族民间文化教育传承创新重点研究基地（高等院校）”、国家民委人文社科重点研究基地“南方少数民族非物质文化遗产研究基地”、中国少数民族文学学会“中国南方少数民族文学艺术与文化传播研究基地”、中国民俗学会民俗教育专业委员会“非物质文化遗产传承与教育研究基地”、中国社会科学院法学研究所“法治国情调研基地”、中国少数民族哲学及社会思想史学会副理事长单位和研究基地等十余个科研平台。2020年我校还成功申请注册成为国家自然科学基金项目依托单位，这为我校教师搭建了一个更高的科研平台。学校教师科研能力显著提升，陆续推出了一批高质量的研究成果，其中自有教师主持省部级以上科研项目30余项；发表学术论文500余篇，其中SCI、EI、ISTP检索及核心期刊论文50余篇；出版著作30余部。

《人文与科技》（第七辑）收录了校内外作者31篇论文，涉及的研究领域有文学、教育学、社会学、法学和民俗学。一本文集是一尊巨大熔炉，冶炼出教育思想的创新；一本文集是异彩纷呈的理念碰撞，自然科学和哲学社会科学共同迸射出教学改革进步的光芒；有的从法学角度探讨，有的从学科教学切入，有的是对专业领域的思考论证，有的是对实践教学的反思推敲，这些论文都凝聚着教师们的汗水与智慧，记载了人文科技学院在教学、科研道路上的点点滴滴，让思想的火花绽放精彩，让行动的成果积淀希望。愿教师们继续克难奋进、开拓创新，力争在更广的领域、更深的层面开展教育教学研究和实践，用自己的勤勉和智慧，共同铸造教育辉煌的明天，迎来一个个丰硕的成果！

目 录

"非遗"视角下玉屏箫笛制作手工艺的传承与发展

陈琳平*

(贵州民族大学，贵州贵阳 550025)

摘 要： 本文从"非遗"的视角出发，对玉屏箫笛制作手工艺进行了个案分析思考，运用文献研究、田野调查等形式对玉屏箫笛制作手工艺的发展源流进行概括阐述，分析了其在传承与发展过程中存在的问题，并结合实际情况提出一些对策建议，以期为玉屏箫笛传统手工艺的传承与发展提供新的思路和方法。

关键词： 传统手工艺；玉屏箫笛；传承；保护

玉屏箫笛又称"平箫玉笛"，是我国著名的传统竹管乐器，其历史悠久，风格古朴，蜚声海内外，是与贵州茅台、大方漆器齐名的"贵州三宝"。它集雕刻、书法、绘画、音乐等为一体，具有很高的艺术价值和实用价值，并且具有深厚的历史文化内涵。作为首批国家级非物质文化遗产，学术界针对玉屏箫笛的制作工艺、生产流程、文化渊源及传承与保护

---

* 作者简介：陈琳平（1996—），女，侗族，贵州民族大学 2019 级文物与博物馆专业硕士研究生。研究方向：非物质文化遗产保护。

等不同侧重点展开研究。例如刘渝安先生的《试论玉屏箫笛的起源》，从地方传言到地方县志再到地方文物志，进行深度的考究分析，以玉屏箫笛的起源作出的分析思考；吴红春、张红波等人的《“平箫玉笛”赋新声——玉屏箫笛文化传承与发展之路》，以玉屏箫笛产业文化的发展过程为主要脉络进行介绍，立志使玉屏文化产业格局有新的融合；张炜的《以玉屏箫笛为例谈技艺类非物质文化遗产的传承与保护探索》一文，以玉屏箫笛传统手工艺为例，探讨了制作玉屏箫笛这项“非遗”传统手工艺传承与保护的发展策略。纵观现有的研究成果，结合玉屏箫笛制作手工艺的发展过程、价值以及如何进一步发展问题的思考探寻相对较少。因此，笔者通过对玉屏箫笛工厂、民间艺人工坊的走访以及在现有资料的基础上进行梳理、分析和总结，从“非遗”的视野对铜仁玉屏箫笛制作手工艺进行较为深入的研究，以求提出更好的保护与发展的对策和建议。

一、玉屏箫笛传统手工艺的发展沿革

《辞海》：“玉屏箫，中国著名乐器之一。创于明代末期，采用贵州玉屏生产的竹子制成，因名”。[1] 玉屏古名雄溪，宋元至明末持有“平溪”之名，玉屏箫故取为“平箫”。清雍正年间撤平溪卫改建玉屏县，“平箫”之称也随之改称为“玉屏箫”。而玉屏箫笛制作手工技艺的由来，也一直被世人所关注，其来历在文史典籍中未有详细记载，在清乾隆二十二年（1757）的《玉屏县志》中有一段：“平箫，邑人郑氏得之异传，音韵清越。善音者，谓不减风笙。”[2] 同时有民间传闻，相传在明朝永乐年间从山东迁来玉屏的郑氏，机缘巧合之下因搭救而与一身披鹿皮、鹤发童颜的老道结识，两者相谈甚欢，结为好友并邀约至玉屏家中作为款待。一日，郑氏与老道出游时看见八仙自东边飘然而至，坐在石莲峰上吹奏乐曲，一番演奏尽兴之后驾云归去。二人在众仙匆匆离去之地拾得八仙之一韩湘子所留神箫一支，归家之后老道选取当地特有的凤尾水竹制作箫笛一对，使其雌雄相配，吹奏中可闻其声调清冽动听。老道为表达感激郑氏一家的热情招待在离去前传于郑氏制作箫笛的特有技艺，而郑氏一家素来喜好音律，得之自然喜出望外，将之视作传家宝并代代相传，并嘱咐后世箫笛传人尊八仙和老道为仙师，所以在玉屏箫笛上刻有“仙到玉屏留古调，客从海外访知音”的赞诗。虽然这只是口耳相传的一个传说，但是并非全为捏造，至少故事中的“郑氏”“平溪”“石莲峰”等都是真实存在，而根据郑氏箫笛上世代相传的赞歌，结合清乾隆年间《玉屏县志》的记载，可见箫笛技艺确有为一道人相传的可能性。郑氏将制作箫笛的技艺视为传家宝，代代相传，得知郑氏箫笛的人越来越多，乃至后来玉屏箫在明清两代皆被视为皇室贡品，在当时乃是“一箫”难求。相比平箫，玉笛的由来记载较之更少，相关的文章研究中认为玉笛是郑家在制作箫的基础上研制，并以玉屏县的地名“玉”字为名，故称为“玉笛”，两者合称为“平箫玉笛”。[3]

平箫玉笛起初并未挂牌销售，郑氏只是将其作为礼品馈赠亲朋好友，直至清代咸丰年间，郑维藩第九代孙郑汝秀（号芝山）因家境窘迫，开始利用代代相传的技艺专制平箫，并且开设店铺正式挂牌出售。由于平箫玉笛特有的精湛工艺和清冽优美的声调，市面上的玉屏箫笛大受人们喜爱，此时郑氏便开始打破家族嫡传的规矩，向外招收徒弟授艺，并由此扩大了生产规模。玉屏箫笛的名气不仅局限于玉屏县内，民国时期玉屏箫笛分别于 1913 年和 1915 年在英国伦敦国际工艺品展览会与美国旧金山万国博览会上斩获银奖和金奖，自此玉屏箫笛声名远扬，也大大促进了玉屏箫笛手工艺的发展。据记载，民国时期玉屏县内共有三十七位箫笛制作名家和箫笛制作名作坊。中华人民共和国成立后，在政府的号召下玉屏各家箫笛作坊开始组成合作社，20 世纪 50 年代是玉屏箫笛手工技艺的鼎盛时期，县内箫笛店铺比比皆是，从业人员也超百人，产品连年获得省、部级优秀称号，最高年产量达五十余万支，产值约百万余元，玉屏箫笛的火热程度由此可见一斑。但是由于大都是民间私营店铺，玉屏箫笛的制作没有统一生产标准，也呈现出产品参次不齐的现象。1955 年玉屏县正式成立玉屏箫笛厂，老一辈艺人根据玉屏箫笛数百年来积累的制作经验，制定了统一的标准。新的箫笛工艺质量标准的实施，结束了玉屏箫笛沿袭数百年的自创型制作模式[4]，玉屏箫笛的制作从制胚、调节、除虫及雕刻等数十余复杂的工艺程序方面都进行了不同程度的改进，也使得玉屏箫笛从以前更多作为一种精美工艺品的存在，到现在更多的符合如今民族乐器的演奏需求。在20世纪50年代周恩来总理就曾将玉屏箫笛作为礼品馈赠给国际友人和艺术表演团队，1984年时任中共中央总书记胡耀邦也曾亲临玉屏箫笛厂视察，1988年邓小平同志的女儿邓琳定做玉屏龙凤箫笛作为寿礼赠予父母。玉屏箫笛在国内愈发受到青睐，在国内各地开始巡展并获得荣誉奖章。

2006年，玉屏箫笛制作技艺被列为中国首批非物质文化遗产，为了更好地传承与保护玉屏箫笛文化，玉屏县于2007年启动了“箫笛三大基地”项目，并结合当地实际在全县中小学开设箫笛艺术课，让“箫笛文化”走进校园。2008年“玉屏箫笛”证明商标正式注册，其成为全国首个获得地理标志证明商标的乐器产品，随后玉屏箫笛不断出口韩国、日本、美国等国家，2012年在玉屏县委、县政府的支持下，全国唯一的箫笛文化专题博物馆——玉屏箫笛博物馆正式成立，同时开展了玉屏箫笛实物资料的征集工作，搜集了大量的文字、图片资料和文物展品。时至今日，玉屏箫笛的发展仍在继续，独特的箫笛文化已经深深地浸润到玉屏县的各个方面。纵观玉屏箫笛手工技艺的发展历史，它以自己独特的艺术感染力在世界艺术之林中占据不小的一番天地，并在海内外享受盛名。

二、玉屏箫笛传统手工艺传承与发展过程中存在的问题

（一）在保护和传承玉屏箫笛中宣传力度不足

近年来，我国社会发展迅猛，人民的生活水平也逐步提高，相对应的在精神层面的追求也上升了一个新的高度。玉屏箫笛早在1913年和1915年就在国外展览会上斩获奖牌，并且从20世纪80年代开始玉屏箫笛就在国内参展并荣获各类赞誉。为了更好地传承与保护玉屏箫笛，玉屏县委、县政府也做了诸多努力与尝试，例如在全县中小学开设箫笛演奏课程、印制独特的箫笛教材、在玉屏县内成立箫笛博物馆、非物质文化遗产保护中心，等等。但是时至今日，与“大方漆器”“贵州茅台”统称贵州三宝的

“玉屏箫笛”在名声方面远远不足其他两位，甚至有部分居住于贵州的居民对玉屏箫笛也并不了解。虽然玉屏县内各校已经开办玉屏箫笛的课程，也曾多次举办全县的玉屏箫笛演奏比赛，但大多将此类宣传局限于玉屏县内或毗邻的周边县乡。生活于“中国箫笛之乡”的居民能有些许机会领略到玉屏箫笛之美，但是贵州省内其他地区乃至其他省份的箫笛爱好者，并没有机会知悉此类活动或是有机会参与其中。而现如今是互联网的高速发展的时代，互联网技术可以极大地缩短人际和地域的距离，这也为玉屏箫笛的宣传提供了非常好的渠道。玉屏县相关部门在举办活动时，学校可以进行校内选拔和周边的学校比赛，社区或县乡可以分片区进行选拔，获胜的队伍可以获得表演场地。而其他地区、省份的箫笛爱好者也可以通过视频录制的方式进行选拔来获得表演场地，最终的活动表演可以通过多媒体的方式向全国人民展示。加强宣传力度和宣传手段不仅可以带动当地的旅游发展、增加玉屏箫笛的知名度，同时也可以很好地促进玉屏箫笛的传承与发展。

（二）面对现代化机械产品的冲击，缺乏变革

在现在工业文明高速发展的今天，工业化的优势在于可以迅速地降低生产成本，提高产量，从而在市场上提高产品的占有率。玉屏箫笛是民间传统乐器手工制作的杰出代表，时至今日，尽管玉屏箫笛已经有数百年的历史，但由于玉屏箫笛本就产生于手工业时代，制作流程多以人力进行手工操作，制作过程有着制胚、雕刻、成品三大主要流程和选材、烧烤、校直、定调、打眼、校音、打磨、雕刻等几十道工序，而且处处都是细致活，都需要手工艺人百分百的专注度。同时玉屏箫笛独特的制作选材和过去纯手工制作过程使得产品价格和其他机械化产品相对比，无疑是落于下乘。

在日益激烈的市场竞争中，玉屏箫笛传统手工艺生产虽然无法与大工业生产产品在数量与价格上相匹敌，但是玉屏箫笛作为传统手工技艺也有着大工业生产产品所无法复制的独特魅力。在面对现代化机械产品冲击下，玉屏箫笛制作也应该顺应时代的发展需求有所变革，例如在玉屏箫笛

制作过程中某些非关键性的环节能够适当采用机械化工序，这并不会降低手工技艺产品的价值，反而能给手工技艺的发展开辟新的支撑道路，开拓更广阔的生存空间。

（三）单一的传承方式导致传承路径狭窄

玉屏箫笛传统技艺一般是“家传”和“师传”两类，或两者相结合。手工艺的传承是需要传承人与承接人共同组成的，例如师傅和徒弟之间的口传心授，这项手工技艺的还需要双方在不断地交互和实践中逐渐掌握。由于当地的经济文化与全球化的快速发展，电视电影、网络传媒等数字媒体的冲击将世界各类文化传入国内，许多年轻人对新兴的时尚文化充满兴趣，而对传统的民间民俗、民间艺术的关注度普遍降低。这也是因为现在许多传统工艺的价值得不到应有的尊重，普遍面临收入低、社会地位不高等问题。

这也导致年轻一代大多不愿从师学艺。刘泽松是贵州省铜仁市玉屏侗族自治县玉屏箫笛制作的第一批国家级“非遗”传承人，他接触玉屏箫笛制作手工艺也是受家族技艺传承的熏陶。刘泽松 10 岁便随父亲刘文忠学习吹奏箫笛，15 岁便开始从事箫笛制作，至今已有几十年的制作经验，曾担任玉屏箫笛厂技术组长。他为了玉屏箫笛的制作生产也投入了极大的心血。除此之外，玉屏箫笛厂、玉屏县民间私人作坊也有拥有“家传”或“师传”的技艺精湛的手工艺人，但都年事已高。一旦这些拥有世代相传精湛技艺的老人去世，且其后人中并无人对这项传统技艺感兴趣而导致其技艺无法相传，那玉屏箫笛的独有技艺之后的传承之路只会越走越窄。所以，单纯依靠手艺人的“家传”或“师传”将无法解决玉屏箫笛传承人匮乏的问题。

三、玉屏箫笛传统手工艺传承与发展的策略

（一）建立完善的传承机制，开拓新兴传承方式

目前，玉屏箫笛传承方式多是以家族传承和师徒传承方式进行的，建

立完善的传承机制，可以使玉屏箫笛传统手工艺的传承工作更加规范化。首先，应该运用现有的影视技术将玉屏箫笛传统手工技艺的制作过程、要领及精髓，以通过摄像、拍照、测量、文字记录等多种手段进行保存，并建立传统手工艺电子档案和数据库，防止以后出现传统手工艺的传承断代。其次，在玉屏箫笛制作手工艺的传承方式上不能囿于一隅，要顺应新时代的发展需求，进行创新。例如，一方面，可以通过开展箫笛表演，聘请资深手工艺人或专家走进社区或学校进行演示指导，鼓励更多的人了解这项手工技艺并参与其中；另一方面，可以由政府出资组建玉屏箫笛制作企业，利用现代企业的运营管理模式，创造属于地方国有文化企业，其所创造的营利收入上缴地方财政。企业内除了可以组建专业的玉屏箫笛制作部门，还可以有相应的商演部门、手工艺培训部门，等等。最后，我们在提高相关从业者文化素养的同时，也应该完善玉屏箫笛传承人资金补助和政策优惠等机制，玉屏箫笛制作传统手工艺的保护和发展需要投入一定的资金去支持和保障，政府应该设立专项资金援助机构，对于玉屏箫笛手工艺人的创业项目予以一定的减免优惠，并且在开设相关比赛活动中，政府应该多给予资金和政策方面的支持。

随着民间传承力度的逐渐衰弱，政府应该承担部分传承的任务，开拓新兴的传承方式在于强调传统手工艺传承方式从单一向多元化发展，同时也是对过去传统的家族传承或师徒传承的一种扩展和补充。

（二）结合旅游业促进手工艺保护与发展

箫笛作为民间传统吹管乐器，少数民族地区在节日庆典、恋爱交际等活动中曾大量使用，给玉屏箫笛的生产与制作创造了极大的发展空间，加上玉屏得天独厚的气候条件，拥有竹子的良好生长环境，能让玉屏箫笛制作就地取材。随着现代化进程的推进，现代文化对传统习俗礼仪、民俗方面产生了前所未有的冲击，传统文化习俗出现了传承断代的现象，导致玉屏县内对玉屏箫笛的需求逐步减少。但是如果将玉屏箫笛与旅游业相结合，就会得到极大的改善。

玉屏是全国盛名的“箫笛之乡”“油茶之乡”“北侗文化艺术之乡”，

国家级风景名胜区澥阳河穿境而过。玉屏拥有十分深厚的文化底蕴和优越的旅游资源，玉屏箫笛传统手工艺与当地旅游产业相结合，在促进旅游蓬勃发展的过程中也可以扩大市场对玉屏箫笛传统工艺的需求，有需求才会有更多的发展空间，才会有更多的人加入学习、制作和保护传统工艺的行列当中。同时，游客对玉屏箫笛的喜爱也会反过来促进当地旅游业的发展。众多游客或因北侗文化地域风情、油茶之香以及优美的自然风光而来，在这种情况下，玉屏箫笛不仅充满少数民族气息，同时兼有实用性与艺术性的特质。游客购买之后不仅可以作为乐器进行使用，还可以作为旅游纪念品放在家中欣赏或者是作为礼物馈赠亲朋好友。当玉屏箫笛与旅游业完美结合之后，玉屏箫笛的需求量将会大幅度增长，而原本制作玉屏箫笛的手工艺人相对较少，随着玉屏箫笛制作业收入的逐渐提高，便可吸引越来越多的人加入学习和制作玉屏箫笛的队伍。在学习制作玉屏箫笛的过程中，传承者也可以越来越多的了解玉屏箫笛的历史文化、传承过程以及其所涵盖的民俗文化，增加对玉屏箫笛的了解与喜爱，自发地加入玉屏箫笛传统制作工艺的保护、传承之中。

（三）适度采用现代技术，凸显独特之处

现代技术之所以给传统手工艺带来冲击，一部分原因是机械化、自动化的大量生产将“模式化”的低价产品带入市场，它们不仅价格低廉，而且在使用功能与样式上也是完全一样，使得制作精美的传统工艺品受到前所未有的挑战。另一部分原因是传统手工艺品往往都是沿用古老守旧的制作方法，而随着现代技术的快速发展，人们对其要求也逐渐提高，使得其自身的竞争力开始日趋下降。这虽然是对传统手工艺的一种挑战，但也是一个新的发展机遇，因为目前市面上的普通箫笛大多数是流水线的产品，虽然在价格上取得一定优势，但是在音色、美观以及材质上是无法与玉屏箫笛相媲美的。

制作玉屏箫笛有制胚、雕刻、成品三个流程，完整的传统手工制作工序总共有 70 多道，现已有工厂在逐步实现制作流程的机械化和半机械化，例如在生产制胚流程中的定调选料、下料、通节、打头、画线、打眼、烫

眼定型、砂布水磨、绞眼、送验等10多道工序基本上是沿用了传统的手工制作方式，而部分工序如通节、打头、打眼、下料等采用部分机械加工。[4] 但玉屏箫笛的雕刻是灵魂之处，玉屏箫笛雕刻的手工艺人都需有极高的书法造诣以及炉火纯青的刀法，这样的制作工序极难被现代技术所替代，应该予以完整的传承沿袭，这也是玉屏箫笛的独特之处。除此之外，玉屏箫笛的音色与音调都是由手工艺人手工调试，“每根竹子的内径都不一样，因而每支箫笛的基调都要根据它原胚的竹子来校。”[5] 这是姚茂禄老厂长在接受采访时所说，这样一来，每一支玉屏箫笛音准、音色的调试就得关注每一根坯料的不同，工作之细腻程度不得不让人为之惊叹。但在普遍使用十二平均律为箫笛校音的今天，玉屏箫笛在音准音色方面采用传统的单靠听觉判断音准的制作方法已经显得不合时宜。

综上所述，尽管目前传统手工艺普遍正在遭受现代技术的冲击，但是二者之间并不是完全的对立，传统手工艺并不是没有存在的价值而被现代技术所取代，而现代技术也并不是会完全消磨手工艺的韵味和内涵。当今社会已经步入21世纪，人们的生活水平也在逐步提高，玉屏箫笛传统手工艺想要更好的发展，就应该顺应时代的发展潮流做出一定的改变，辩证地看待传统手工艺与现代技术的关系，想要使玉屏箫笛传统手工技艺在保护的基础上传承与发展，就需要选择性的保留与摒弃。在部分工序上适度的采用现代技术，并保留手工制作所体现的自然质朴的特质、无法再次重复的韵味。

四、结　语

非物质文化遗产的保护与传承，不仅需要传承主体的积极传承，更需要保护主体的共同努力，玉屏箫笛制作手工艺的形成和发展有着其历史文化的积淀和民族精神，传统手工艺凝聚着手工艺人们一代传承一代的情感，凝聚着不同时代的审美特色，是世代相传的结果。它不仅是传统民间乐器的组成部分，更是玉屏民间艺术的珍贵遗产。本文主要是从“非遗”的视角出发，以玉屏箫笛制作手工艺为例，通过对玉屏箫笛制作手工艺的发展历程和发展状况进行分析，并对玉屏箫笛的传承与发展过程中存在的问题提出相应的解决措施，希望可以通过初步的分析来引起大家的关注，让更多的人关注到玉屏箫笛手工艺的传承与发展，并自发地加入保护主体之中。

参考文献

［1］辞海编辑委员会编．辞海［M］．上海：上海辞书出版社，1979：282.

［2］（清）赵沁，（清）田榕．玉屏县志［M］．贵阳：贵州人民出版社，2019：77.

［3］张炜．以玉屏箫笛为例谈技艺类非物质文化遗产的传承与保护探索［J］．文化长廊，2012（114）：64-65.

［4］张进贤．玉屏箫笛生产工艺的历史沿革［N］．贵州政协报，2018-12-20（A03）.

［5］汪兴．玉屏箫笛：翠竹鸣清音［J］．乐器，2012（02）：20-31.

环境资源案件跨区域管辖制度研究*

陈能萍**

（贵州民族大学法学院，贵州贵阳 550025）

摘 要：探索建立跨区域管辖是当前司法改革的一项重要内容。当前，各地法院在探索建立环境资源案件跨区域管辖模式上存在一定的差异性。本文通过对该制度在司法实践中的现状进行分析，得出制度存在与外部机关衔接存在困难、审判模式缺乏统一性及增加当事人参与诉讼成本等问题。建立与跨区域管辖法院所在区域适当分离的跨区域公安机关、检察机关以实现跨区域司法管辖制度间的有效衔接，将“三审合一”作为统一跨区域环境资源审判模式，充分利用技术在司法领域的适用，采取“异地受理+互联网审理”为主要审理模式，对网络欠发达地区辅以巡回审理方式作为减少因集中管辖所带来的诉讼成本，以便当事人参与诉讼。

关键词：环境资源；环境司法；跨区域管辖

---

* ［基金项目］：本文系贵州民族大学法学院2020年度法学类学生科研项目法律专业学位研究生工作站（审判方向）（2020SZC008）立项课题的最终成果。

** 作者简介：陈能萍（1997—），女，壮族，贵州民族大学法学院法律（法学）硕士研究生。研究方向：环境与资源保护法。

一、我国环境资源案件跨区域管辖的研究现状及不足

（一）研究现状

探索建立跨行政区域管辖制度最初是在行政诉讼领域开展进行试点实行，因此，学术界对跨行政区域管辖的研究多集中在行政诉讼领域，对环境资源案件跨区域管辖的研究相对较少，笔者以“环境跨区域管辖”为主题在中国知网进行检索，共得到19篇文章，其中以行政诉讼跨区域管辖制度为研究对象的约占检索结果的63%，只有37%的文献对环境资源案件的跨区域管辖进行研究，以“跨区域管辖”为关键词未检索到相应的中文图书。①

就研究的内容而言，学者们主要研究该制度在实践中的几种做法、制度在实践中存在的法律依据不足、跨区域程度不高、审判模式缺乏统一标准、不便于当事人诉讼、诉讼规则不健全、地方保护主义倾向严重以及环境犯罪如何进行集中管辖等问题。学者们对如何构建跨区域环境资源案件管辖模式问题以及相应的审判模式问题各持己见，形成不同的学术观点。如在如何构建跨区域环境资源案件管辖上，徐胜萍等学者认为，对于省内跨区域环境资源案件，可通过指定的某中级人民法院受理指定区域的环境资源案件，对跨省的环境资源案件的管辖应由最高人民法院根据全国生态流域的分布指定某省的法院受理。[1] 吴勇学者认为，省内跨区域的案件管辖可根据案件数量及环境保护程度在相应的中级人民法院或者基层法院设置环保审判庭，省际的环资案件则通过在某省的中级人民法院设立流域环保审判庭进行审理，其上诉法院为该省最高人民法院。[2] 也有学者主张可通过设立环境法院受理省际案件。[3] 在审判模式上，学术界存在“二审合一”“三审合一”“四审合一”等争议。在如何解决因集中管辖导致当事人参诉成本增加的问题上，学者们普遍主张采取“异地审理+巡回审判”

① 数据截至2021年5月7日。

方式予以解决。[1][4][5][12]

（二）现有研究的不足

通过梳理与本文有关的文献，笔者认为对如何构建跨区域环境资源案件管辖问题，现有的研究基本上主张省内跨区域管辖设置应逐级建立完备的审判机构，省际管辖则由某省的中级人民法院或设立环境法院来进行管辖，从某种程度而言，该种做法也无法避免地方对司法的干预。将跨省的环境资源案件交由某省中级人民法院管辖，忽略了环境污染所带来的严重性，不利于对环境的保护。在跨区域环境污染犯罪上如何联合多部门对案件进行侦查、起诉、审判等问题，现有研究少有涉及。在解决因集中管辖给当事人增加诉讼成本时，多数学者采用转移成本的方式，并非采取减少成本的方式。[1][4]

二、环境资源案件跨区域管辖的理论基础

（一）环境司法专门化

何为“环境司法专门化”，学界对此存在分歧。有学者认为，“环境司法专门化”至少包含三个方面的内容，即：诉讼主体特定、审判机构专门、诉讼程序规则特殊。[3] 有的学者则认为，“环境司法专门化”应当包括五个方面的内容，即：审判机构、审判机制、审判程序、审判理论、审判团队，从而形成五位一体的“环境司法专门化”格局。[13] 笔者比较同意后者的观点，认为“环境司法专门化”是指环境资源案件应由专门的审判机关按照专门的审理程序进行专门化审理的活动。故该学者主张我国应建立环境法院，以受理环境资源案件，从而形成专门审理化。[4] 从我国的司法实践出发，建立跨行政区域管辖法院来审理环境资源案件相比较于建立环境法院更具有可行性。

（二）司法权的独立性与中立性

司法的最终目标是维护公平正义，使法律在社会中有效实施，实现法

律效果与社会效果的有机统一。司法权的独立与中立是司法裁判实现最终公平正义的关键。司法独立不仅要求法官在审判过程中独立办案，在财政等方面也要行政机关等其他外部机关保持独立。在当前的司法审判中，诉讼管辖规则与行政区划相互重合，司法独立常常受制于地方保护主义等因素难以保持中立。为此，党的十八届三中全会提出一系列司法改革措施，包括探索建立与行政区划适当分离的司法管辖制度，该项改革是立足于我国的司法实践而提出的一项改革举措。传统的司法管辖规则常常出现司法地方化或者行政化现象。为革除司法地方化及行政化现象，确保司法的独立性，适当地对传统司法管辖作出适当的补充是明智的。因此，建立跨行政区划司法管辖制度不仅可以解决当前司法人事任免上的高度地方化，在一定程度上也可以防止地方行政机关不当干涉司法权等现象。跨区域管辖并非将传统的司法管辖制度完全代替，而是作为传统司法管辖制度的一项补充，二者相互发挥作用。

（三）生态文明建设的要求

加快生态文明建设，事关“两个一百年”奋斗目标、中华民族伟大复兴和建设美丽中国的实现。良好的生态环境是经济发展的基础，因此要从多方面加强对生态环境的保护，司法对生态环境的保护具有重要意义。基于环境要素具有一定的特殊性，即其具有流动性，因此，环境资源案件相比较于其他案件，其危害后果常常是跨区域的，一旦某一地区的环境遭到破坏，也会殃及周边的其他地区。因此，要从司法方面对生态环境的保护就应当对传统的司法体制进行改革，生态文明建设需要法治保障，而环境司法专门化即建立跨行政区划的诉讼管辖法院，既是生态文明建设的法治保障，也是公正审判环境资源案件的有效途径。建立跨区域环境资源案件管辖制度可以有效地保护环境的整体性。

三、环境资源案件跨区域管辖的实践现状

自探索建立与行政区划适当分离的司法体制改革以来，各地法院对环

境资源案件跨区域诉讼管辖进行了积极探索，形成了指定管辖、跨区域集中管辖、专门管辖和巡回法庭等“大杂烩”现象。

（一）指定管辖

指定管辖属于裁定管辖的一种，是指当案件出现特定情形导致管辖不明时，上级人民法院按照法定的程序指定由某个法院对案件进行管辖。[6]具体而言，指定管辖类型主要包括两种：一是对案件有管辖权的法院因特殊原因无法行使管辖权的；二是两个或多个法院对案件均具有管辖权，存在一定的管辖争议时且协商不成时，由上级法院通过指定的形式确定管辖。指定管辖是一种人为影响案件管辖秩序的制度。通过指定管辖的方式对跨区域环境资源案件的受理作出安排，虽在合法性层面上弥补了环境资源跨区域管辖中存在法律依据不足的缺陷，但其毕竟是一种事后管辖，在一定意义上不符合方便当事人原则。指定管辖并非批量式的指定，而是当案件发生后才进行指定，即一案一指定，从法的作用与功能来看，其不符合法律的预测性与稳定性的要求。法的可预测性要求法律规范是具体而明确的，其对当事人具有一定的引导作用，即当事人可以根据法律的规定作出合理安排。从实体意义上看，该种预测性主要是为了当事人对其行为作出合理安排的预测，从程序的角度来看，该种预测性包括了其可根据法律的规定，预测出当其权利将受到侵犯时，具体的管辖法院应归属于何者。同时，指定程序的烦琐降低了司法效率，不利于保护私权及生态环境的修复。

（二）跨区域集中管辖

跨区域集中管辖最先在行政诉讼领域方面进行试点，随着试点改革的顺利推进，制度在实践中的优点显现而出，因此，民事诉讼、刑事诉讼也在逐步探索建立跨区域管辖，环境资源案件跨区域管辖就属于其中之一。因实践中出现不同类型的跨区域集中管辖类型，故理论界对于何为跨区域集中管辖存在不同的定义。笔者认为，所谓的跨区域集中管辖就是有权机关以行政指令的方式，统一将不同区域内的环境资源案件交由特定的法院予以审理，以实现生态系统保护的整体性的制度。有学者认为，跨区域集中管辖只是指定管辖的一种变通[1]，实则不然，跨区域集中管辖与指定管辖还是存在本质上的差距，主要体现在：一是管辖确定的时间不同。指定管辖是案件发生后对管辖存在争议或有管辖权的法院不宜管辖的一种事后的管辖，而集中管辖则是案件发生前就已可知的管辖；二是指定的方式不同。指定管辖是一案一指定，是案件发生之后的一种管辖权的变更，而集中管辖是将待发生案件的管辖权批量式转移至某一法院。

由于各地的环境生态系统存在一定的差异性，各地在对跨区域环境资源案件进行集中管辖时所考虑的因素不同，因此，实务中主要存在以下两种对环境资源跨区域集中管辖的模式：一种是以案件的数量及经济发展水平等因素实行跨区域集中管辖，如重庆市；二是根据生态系统或生态功能区进行集中管辖，如贵州的做法是根据自身的生态系统将全省划分为五个生态司法保护区，并在相应的保护区选择某一基层人民法院作为该区负责管辖环境资源案件的一审法院，上诉法院则为管辖法院的上一级人民法院即相应的市中级人民法院。[7] 从上述两地的探索来看，对跨区域环境资源案件的受理法院有基层人民法院也有中级人民法院。

（三）专门管辖

环境资源案件跨区域专门管辖主要是依托专门法院如铁路运输法院、海事法院等管辖一定区域范围的环境资源案件。[7] 采取该种做法的有北京、上海、西安等地。专门法院管辖案件的特定性、跨区域性以及人员任免的特殊性，在一定程度上避免了地方的不当干涉，确保司法得以公正行使。依托专门法院来集中管辖跨区域环境资源案件，虽然体现了充分利用现有制度的做法，但根据专门法院所处地理位置的来划分案件的管辖情况是否能够足以达到保护生态系统整体性的作用存在疑问。再者，专门法院一般被视为中级人民法院级别，其受理的案件必须满足法定的条件，如以案件的标的额为标准，只有因环境资源案件所导致的受损标的额达到法定标准时，专门法院才有权对其进行管辖，在此，专门管辖在作为受理跨区域环境资源案件时存在一定的缺陷。

（四）巡回法庭

巡回法庭并非鲜有制度，在我国历史上自隋朝就开始出现，尽管当时并非称为巡回法庭，但其运作方式与当前巡回法庭的运作方式相似，而国外的巡回法庭最早起源于12世纪的英格兰，巡回法庭最先得以在英格兰发展的重要原因之一在于王室集团为了加强对地方的统治，其最初的巡回法庭并非以审理案件为主要任务，巡回法庭设立初期，其不仅担任听取地方审理各类案件的职能，还承担巡回政府的职能。[8] 美国最初也引入了巡回法庭制度，但随着人口和案件数量的不断增加，以巡回进行审判的方式加大了最高人民法院的负担，故其最终设立了上诉法院。[9] 严格意义上的巡回法庭应当是指以巡回的方式进行独立审判的制度，这种意义上的巡回法庭的重要特征就是没有固定审判场所。[10]

在环境资源案件跨区域管辖实践中，属于严格意义上以巡回法庭方式对环境资源案件进行跨区域管辖的并不存在。虽然贵州省清镇市中级人民法院采取到案发地办案，就地审理模式以及福建省漳州市中级人民法院，于2015年6月5日在云霄县挂牌成立生态巡回法庭，集中审理该市范围内的环境资源案件，但此两种做法并非严格意义上以巡回的方式对跨区域环境资源案件的审判模式。

四、环境资源案件跨区域管辖存在的问题

（一）与外部机关衔接存在困难

跨区域环境资源民事、行政案件无须与侦查机关、检察机关等机关进行联动，但当涉及刑事法律关系以及检察公益诉讼时，就需要侦查程序、审查起诉程序和审判程序进行衔接。跨区域管辖将多个区域的环境资源案件的管辖权统归于其中某一地区法院进行管辖，但案件的发生地或结果地并非与管辖法院所在的地区重合。当环境资源案件的发生地或结果地为管辖法院所在区域以外时，如何确定该类跨区域环境刑事案件的侦查机关及

公诉机关是该制度与其他制度衔接的难题。尽管司法实践已开始进行一定的探索，但各地做法各异，不利于集中管辖制度的有效运行。如江苏省的做法为由法院协调侦查机关与检察机关；而贵州省贵阳市的做法是在该市建立相应的生态保护监察局与公安局，建立一整套机关以有效保护环境生态系统。

（二）审判模式缺乏统一性

各地审理跨区域环境污染案件的模式主要有以下三种模式：一是“二审合一”的审理模式，即环境资源涉及民事及行政案件统一由审理跨区域管辖法院审理；二是“三审合一”模式，即环境资源涉及民、行政及刑事法律关系的案件统一交由集中管辖法院进行审理；三是“四审合一”模式，就是在“三审合一”的基础上加上执行程序。审理模式的设置并不适宜采取“因地制宜”的做法，由此，各地审理模式统一性的缺失，将带来法秩序的混乱。[11]“三审合一”“四审合一”模式将跨区域环境资源刑事案件交由集中管辖的法院进行审理，存在法院与外部机构联动障碍，即由跨区域环境污染的刑事案件应由哪一侦查机关进行侦查，案件应如何移送，应由哪一检察院提起公诉等障碍。

（三）增加当事人参与诉讼成本

传统的诉讼管辖以地域划分为主，其主要的一项原因在于方便当事人诉讼原则。跨区域管辖打破传统管辖制度给当事人参与诉讼便利，无形中增加了当事人参与诉讼的成本。如果司法改革成果对环境生态保护发挥极大重要作用，但增加当事人诉累，不利于当事人参与诉讼，则该种制度的合理性是值得怀疑的。再则我国人民自古以来就存在厌诉心理，一旦因管辖模式变动导致参与诉讼成本增加，当事人厌讼的心理有可能更为加重，集中管辖就无法发挥其应有的制度功能。

五、完善我国环境资源案件跨区域管辖的对策

（一）完善制度之间的有效衔接

对跨区域环境资源刑事案件的审理需要多个司法机关参与，其中跨区域管辖法院行使对该案件的审判管辖权，但侦查及审查起诉是否应由管辖法院所在区域对应级别的机关进行受理，这在实践中存在不同的做法。有的地方按照传统的诉讼管辖规则，将跨区域环境资源刑事案件的侦查、审查起诉交由管辖法院多对应级别的机关进行侦查、审查起诉，而有的地方则是通过建立一套完整的生态司法保护体系，如贵阳市的生态保护公安分局与检察局。按照传统的刑事诉讼管辖规则对跨区域环境资源刑事案件进行管辖，虽然符合诉讼法律的规定，但可能存在侦查不便、地方保护主义等问题。当前，跨区域管辖不仅在法院机关进行探索，探索建立跨区域公安机关和检察院的设立也是司法改革中的一项重要内容。有必要建立一套完整的跨区域管辖法院、检察院及公安机关，由跨区域公安机关、检察院对跨区域环境资源刑事案件进行处理，有利于打破地方保护主义的倾向及保护生态环境的需要，解决跨区域管辖导致的制度间存在的衔接难题。跨区域公安机关、检察院的设立可以适当地与跨区域管辖法院存在地区差距，即跨区域公安机关及检察院所在区域与跨区域管辖法院所在区域可不重合，以打破地方保护倾向。

（二）统一跨区域环境资源审判模式

环境资源案件涉及的法律关系相对复杂，民事、刑事法律关系经常交织一起，因此在审理跨区域环境资源案件时，是采取“二审合一”模式、“三审合一”模式，还是采取“四审合一”模式，各地在此均存在不同的做法。笔者认为，对跨区域环境资源案件的管辖应当采取“三审合一”模式，即环境资源民事、刑事、行政案件以及执行均由跨区域管辖法院受理，以实现对生态系统的司法保护。因跨区域环境资源刑事案件所牵涉的

部门较多，因此，将其统一归由跨区域管辖法院进行审理时应当注重与外部机关之间的分工协作。省内的跨区域环境资源刑事案件的公诉机关应当为与跨区域管辖法院同级别的检察院。根据现行法律的规定，该类案件的侦查机关应为案件发生地或结果地或该两地的公安部门联合办案，再由其将案件移送至其同级人民检察院，由该院将案件移送至与跨区域管辖法院同级人民检察院，再由该院作为公诉机关将案件起诉至跨区域管辖法院。设立跨区域法院、检察院虽为司法改革的一项重要任务，但各地多数只积极地探索跨区域管辖法院的设立，对于跨区域管辖检察院的探索少之又少，省内跨区域环境资源刑事案件的处理流程虽有一定的烦琐，但只是改革探索中的暂时性做法，待跨区域侦查机关、检察院设立时，处理该类案件的效率将进一步提高。跨省环境资源刑事案件相对于省内跨区域环境资源刑事案件相对复杂，因此有必要及时探索建立跨省检察院的设立，以便及时高效解决跨省环境资源刑事案件。

（三）采取“异地受理+互联网审理”模式有效解决诉讼成本问题

诉讼管辖制度的设立原则之一即为方便当事人主义原则。跨区域诉讼管辖将两个及两个以上区域的环境污染案件交由一个区域的法院来进行审理，无疑加重集中管辖法院以外的其他区域群众提起诉讼的成本。有学者对此提出“异地受理+巡回审理”模式，解决因跨区域管辖制度的建立给当事人增加的诉讼成本。笔者认为，解决因制度改革所导致的成本增加必须遵循两项原则：一是减少成本的增加，而不是将成本进行转移；二是对整体诉讼过程成本的减少，而非某一诉讼环节的减少。异地受理可以有效地解决起诉成本问题，对于参加庭审环节的成本，如采取巡回审理模式，则只是将当事人的成本转化为法院的成本，这无形中增加了法院的成本，不属于减少成本。当前，我国网民呈现逐年增长趋势，互联网对于大众而言并不再属于新鲜事物，在科技发达的当今，集中管辖法院可以应当事人的申请或法院建议充分利用互联网远程审理。在互联网尚未普及的地方，法院可以采取巡回审判方式，积极为当事人减少诉讼成本，但该种做法只是作为网络尚未普及地区，在互联网普及的地方仍应以远程审判为主。

六、结　语

司法改革的目的在于确保司法公正，建立与行政区划相分离的诉讼管辖制度对实现司法公正具有重要意义。跨区域环境资源案件管辖是为环境司法专门化的具体举措，是助力生态文明健康发展的司法制度。探索建立与跨区域管辖法院行政区域适当分离的公安机关及检察院，减少因地方保护主义所带来的司法不公现象，整合跨区域环境资源案件管辖法院的审判模式，统一将跨区域环境资源民事、刑事及执行案件交由管辖法院进行集中审理，灵活利用互联网在司法领域中的应用，将网上开庭方式作为集中管辖审理的主要常态，辅之以巡回审理方式为非常态审判机制，以有效减少跨区域集中管辖不当增加当事人的诉累，完善跨区域环境资源案件在司法实践中出现的困境，充分发挥制度在保护生态环境中的作用，实现对生态环境的保护。

参考文献

[1] 徐胜萍，曾佳. 论环境资源案件跨区域集中管辖制度的完善 [J]. 华东师范大学学报（哲学社会科学版），2017，49（01）：119-124+175-176.

[2] 吴勇. 关于跨区域环境审判机构设置的思考——基于漳州中院生态巡回法庭审理首例公益诉讼案的启示 [J]. 环境保护，2015，43（17）：52-55.

[3] 张宝. 环境司法专门化的建构路径 [J]. 郑州大学学报（哲学社会科学版），2014，47（06）：50-54.

[4] 张璐. 环境司法专门化中的利益识别与利益衡量 [J]. 环球法律评论，2018，40（05）：50-66.

[5] 彭中遥. 洞庭湖环境资源案件跨区域集中管辖——现状反思与完善路径 [J]. 环境保护，2018，46（15）：67-70.

［6］ 刘家兴，潘剑锋主编：《民事诉讼法学教程》，北京大学出版社，2018 年版。

［7］ 任洪涛，余德厚. 论跨行政区域环境资源案件的司法管辖制度［J］. 甘肃政法学院学报，2017（04）：127-136.

［8］ 钱鹤群. 英国巡回法庭制度的启示与借鉴［J］. 江汉大学学报（社会科学版），2016，33（01）：65-70+126.

［9］ 陈文曲，易楚. 最高人民法院巡回法庭职能定位再思考［J］. 湘潭大学学报（哲学社会科学版），2019，43（05）：105-110.

［10］ 方乐. 最高人民法院巡回法庭的制度功能［J］. 社会科学文摘，2017（09）：77-79.

［11］ 黄秀蓉，钭晓东. 论环境司法的"三审合一"模式［J］. 法制与社会发展，2016，22（04）：103-117.

［12］ 蒋文峰，封有军. 环境资源案件跨区域集中管辖的实践困境及因应之策［J］. 环境保护，2020，48（05）：46-51.

［13］ 最高人民法院网. 第一次全国法院环境资源审判工作会议召开［EB/OL］.［2018-07-20］. http://www.court.gov.cn/zixun-xiangqing-15955.html.

高校实训设备管理模式探索及统计分析

陈若萍　姚　冰*

1. 贵阳人文科技学院，贵州贵阳　550025
2. 贵州民族大学，贵州贵阳　550025

摘　要：工程实训是高等学校教育中工科、近工科等专业学生培养的重要环节之一，对高校培养实践型、技能型人才起着至关重要的作用，而在整个过程中，除了对学生的管理要求外，另外最重要的一点就是对设备的运行维护及管理，实训设备管理水平的高低，直接影响了实训教学的质量。本文针对当前高校实训教学过程中设备使用、运行维护及管理模式存在的问题，提出了一套管理模式。并对设备使用过程中采集的学生信息及设备信息进行统计分析，获得设备使用的高峰时段、使用设备的学生专业分布情况、频繁的设备故障等信息，完善设备管理中存在的不足，从而提高实训教学的质量以及完善设备在使用过程中的运行维护、师资配置等，提高设备的管理效能。

关键词：实训；设备；管理；教学

---

* 作者简介：陈若萍（1992—），女，汉族，贵阳人文科技学院教师，硕士。研究方向：统计建模与统计计算。

姚冰（1992—），男，侗族，贵州民族大学教师，本科。研究方向：机械加工及实验室管理。

随着高校对学生培养目标、方向、要求的不断提高，实践型、技能型人才越来越成为各高校培养目标的重点，工程实训是高校培养实践型、技能型人才的关键环节，其中包括金工实训、电工电子实训，等等，实训车间、实训室自然就成了掌握操作技能的重要场所。[1] 而整个实训过程基本上都是建立在设备基础上完成的，大部分的实训教学课时安排都花费在了操作使用设备上。所以，为了保证整个工程实训课程的质量以及实训井然有序的进行，组织和安排好学生是一方面因素，对设备的使用安排、管理也是至关重要的，一旦设备出现故障或损坏将直接影响整个实训课程的教学进展。除此之外，由于高校教学的综合性及科研需求等其他因素，导致设备不仅只是用于学生的实训课程，还用于其他课程的教学演示、科研、科技竞赛制作使用，等等，而在这些非实训课程使用过程中，就会有不同的教师、不同的学生使用设备，将导致设备负责教师监管不过来，设备使用脱管等情况出现。长此就会使得设备的损坏率增加，无法保证设备的完整性。损坏的设备得不到及时的维修，使得损坏的设备越来越多，设备的使用率和完整性大打折扣。

目前，很多高校结合互联网技术引进了相应的管理系统对学生及设备进行管理，节省了很大一部分师资。如果对整个实验教学过程中的学生信息、设备使用时间、设备故障情况[2] 等进行收集整理，并使用相关的统计算法对采集的数据进行统计分析[3]，便可获得使用设备学生的专业分布、设备使用高峰时间分布、集中的设备故障情况等。如此便可有针对性地进行师资及设备的合理配置，合理有序地对设备进行定期检查维护[4]，储备设备易损零部件及配件。

一、当前实训设备管理存在的问题

（一）管理制度不健全

大多数高校的工程训练中心在进行工程实训、训练的过程中都存在着实训学生多、设备多而实训监管教师少的问题，这就导致设备的使用监管无法准确落实到各监管教师，使得很多设备在使用过程中处于脱管状态，而使用、操作设备的学生往往都对设备不熟悉，难免会损坏设备。缺乏系统的、完整的设备管理制度，设备台账欠缺，设备使用、管理资料不健全，导致设备管理工作无章可循、管理混乱，管理效能大打折扣。[5]

（二）设备故障率高

由于实训教师师资不足，导致在实训过程中设备监管不到位，而进行实训的学生又都是初次操作设备，很多注意事项及操作规范虽然在授课及操作演示时多次强调，但学生还是难免会有误操作，导致设备损坏，而监管教师又不能及时发现。

另一方面，在教师科研及学生参加科技竞赛使用设备过程中无法进行实时监管，很多情况下都是使用后不整理、不清扫，设备损坏、工具缺失也不及时上报，这就使得当再次需要使用时设备无法正常运行。

（三）设备使用率低

当前的实训课程，不论是金工实训、电工电子实训还是其他的集中实践训练课程，一般都是 1~2 个班甚至更多的学生同时参加，这就使得每一项实训项目都需要配备相当多的设备，以满足学生的集中实训使用，而这些工程实训课程都是比较集中的，实训课程一结束，很多设备就处于闲置状态，设备的使用率较低，当需要再次使用时，设备总是或多或少的存在某些故障，设备配套工具也不齐全。

（四）设备维护、保养不到位

实训设备的维护、保养是设备使用过程中的一项重要工作，是保证设备完好率、完整性的重要环节。[6] 一方面由于监管教师对设备缺乏日常维护、保养的意识，另一方面很多的实训教师专业技术水平有限，无法自行对设备进行维修维护，往往需要请设备厂家的专业技术人员来维修，而多数厂家的维修维护服务周期都比较漫长，这就导致设备的维护、保养不及时，经常出现设备漏油、电机损坏、部件磨损严重等情况的发生，导致设备长时间不能正常使用。

二、提高实训设备管理的对策

针对当前实训设备运行及管理中存在的问题，提出一种高效的运行管理模式（见图 1），以期增强实训设备的运行管理工作，提高设备的使用水平。

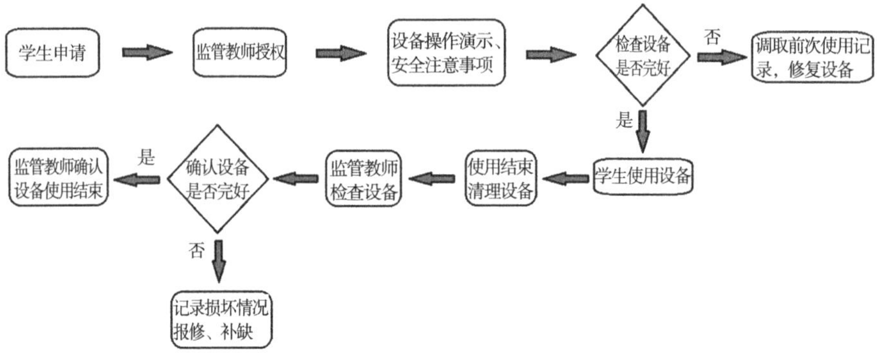

图 1　实训设备运行、管理流程图

（一）设备使用申请

需要使用设备时，设备使用者需提前申请。申请通过后，方可进行设备使用相关的后续工作。

（二）设备监管教师授权

设备使用申请通过后，由相应的设备监管教师授权使用，并且整个使用过程都必须在该监管教师的监督下进行。所有的实训设备均分配到相应的实训教师监管，在进行集中的工程实训课程时，由相应的设备监管教师负责设备使用的监督。同时，使用之前需由监管教师填写设备使用登记表，包括设备使用人（学生或教师）的基本信息、联系方式、使用性质及设备监管教师的信息，等等，建立完整的设备使用记录台账。

（三）设备使用、操作演示

对于集中的工程实训课程，由专门的实训教师负责安全注意事项的讲解及设备的操作使用演示，比如实训车间、实验室的着装规范要求、设备的操作演示、设备在运行过程中的注意事项及设备配套工具的使用规范，等等。对于科研及科技竞赛等其他情况使用设备的，由相应的监管教师负责讲解安全注意事项及设备操作使用，直至设备使用者能够独立操作设备，监管教师方可允许其操作设备，同时设备使用者需签订“设备使用安全责任承诺书”，明确本人已掌握设备的操作使用，并已清楚了解设备使用过程中的所有安全注意事项。

（四）检查设备

在获得设备使用权限后，监管教师与使用者需共同对设备进行检查，确定设备是否完好，是否能正常运行，相应的配件、工具等是否齐全。若设备不能进行正常运行、有损坏或配件、工具不齐全，由设备监管教师指定其他设备使用。同时调取损坏设备的使用记录，由相应的监管教师负责处理，对损坏的设备进行维修，及时保证设备的完整性。对于集中的工程实训课程，则由相应的设备监管教师提前对设备进行检修、维护，确保设备完好及工具、配件齐全的前提下方可进行实训。

（五）操作使用设备

整个操作过程需在监管教师的监督下进行，遇到问题须及时告知监管教师，由监管教师负责处理，使用者不得私自对不明故障进行处理。

（六）设备清理、打扫

设备使用结束后，需将设备打扫干净，废渣、废液等按照要求统一清理，设备配套工具、配件等放回指定位置，按要求摆放整齐。

（七）监管教师检查

设备清理、打扫后，需由设备监管教师进行检查，确认设备是否完好，工具、配件是否齐全，有无损坏。若设备完好，则由监管教师在设备使用记录本上签字确认，设备使用结束。若设备有损坏，工具、配件有缺失，则由监管教师负责登记并负责设备的报修和补缺，并由监管教师和相应的设备使用者（学生或教师）在设备使用记录本上签字确认，保证整个设备使用过程中的记录台账完整。

由于工程实训课程的时间相对比较集中，部分设备很多时间是处于闲置的状态，对于长时间空闲的设备，监管教师需定期对其进行维护、保养，以设备正常运行状态的标准进行维护，确保需要使用时设备都能正常运转，每次设备的维护保养都需在设备使用登记本上做好记录。

三、信息的采集及统计分析

（一）学生信息的采集及分析

当前高校对学生均采用一卡通进行管理，学生在使用设备时，主要通过读取一卡通采集学生姓名、专业、年级等个人信息。而对于教师科研和其他需使用设备的情形辅以人工录入、学校信息系统[7]和 RFID 技术等[8]进行个人信息采集及记录。

对采集的学生及设备使用者信息进行统计分析，可得到使用设备的各专业学生数量占比，从而得到使用设备频率较高的专业。另外通过对申请使用设备的时间段进行统计分析，可得到设备使用的高峰时间段分布。针对分析得到的这些结果，设备管理员便可对设备的运行时间、师资配置等进行优化管理，高效的利用设备，避免时间冲突及资源浪费。

（二）设备信息的采集及分析

在整个运行管理系统中，设备的管理是至关重要的，若不能保证设备的正常运行，那么整个系统将陷入瘫痪状态，因此采集设备的相关数据信息并进行分析也是必不可少的。

首先对设备的运行时间进行采集及统计分析，与申请使用设备时间共同组成设备使用的高峰时间，进一步确定设备运行使用的高峰时间段。另外对设备的故障信息及配件损耗等进行采集及分析，可得到高频发生的设备故障与易损耗的零部件及配件。从而可为设备管理员做好设备维护[9]及购买储备易损耗零部件及配件做出合理的部署，避免因购买零部件与配件耽误时间，影响设备的正常使用。

四、结　语

工程实训是高校培养实践型、技能型人才的重要环节，实训设备管理水平的高低直接影响到工程实训课程的质量，因此要不断加强实训车间、实训室的管理，提升设备的管理水平，提高设备的使用率，保证设备的完好率。通过对设备管理与运行使用过程中的数据信息采集及统计分析，可以反补设备管理，弥补管理中存在的缺陷，使师资及设备资源得到合理利用。后续还可结合互联网信息技术，将设备管理的诸多环节（如设备使用申请、授权以及使用记录等）采用线上模式进行，结合互联网技术，将设备管理及工程实训课程开设采取线上、线下相结合的模式进行将是一种发展趋势。

参考文献

［1］段秋霞．机械类实训室设备管理中存在的问题与对策［J］．天津职业院校联合学报，2014，16（09）：88-90．

［2］杨帆．全样本运维事件数据分析和管理提升建议［J］．电工技术，2020（24）：164-165，171．

［3］许国剑，赵春雪，丁煜晖．基于逻辑化算法的油田设备数据分析判断法［J］．中国管理信息化，2020，23（04）：99-100．

[4] 张凡志，周龙，程声樱，陈强进．基于数据分析的电力设备检修精细化管理［J］．设备管理与维修，2020（09）：14-16.

[5] 李双喜，陈杰平，权悦．工程实训示范中心设备维修与管理效能分析［J］．价值工程，2015，34（24）：246-247.

[6] 史定洪，张美娟．高职院校汽车专业实训设备的管理与思考［J］．科技资讯，2013（11）：203.

[7] 张硌，张雷，刘远，赵然，张鹏．医院收费项目数据分析在医疗设备配置管理中的运用［J］．中国医学装备，2016，13（10）：114-116.

[8] 李月朋，王丽佳，张淑艳．一种基于RFID技术的实训设备维护管理系统设计［J］．黑龙江科技信息，2016（11）：126

[9] 吴顺和．天然气门站数据采集、传输及应用系统分析［J］．中外企业家，2020（07）：144.

贵州省独立学院普通话使用状况调查研究*

龙雯洁　滕玲玉　谢甜甜　胡必燕**

（贵阳人文科技学院，贵州贵阳　550025）

摘　要：自推广普通话以来，各地已取得显著成效，基本达到了让在校师生都会讲普通话的目标，但调查发现，在贵州省独立院校中普通话的使用频率却不是很高，甚至个别的在校学生会拒绝使用普通话，认为方言比普通话更容易交流，且存在贵州人就应该说贵州话之类的思想。针对这一问题，我们以贵州民族大学人文科技学院、贵州大学明德学院、贵州师范大学求是学院三所独立学院为例，调查了高校在校生的普通话使用情况。

关键词：贵州独立学院；大学生；普通话；方言

* 【基金项目】本文系2020年度贵阳人文科技学院校级科研基金学生项目“贵州省独立院校普通话使用状况调查研究”（项目编号：2020rwxs017）阶段性成果。

** 作者简介：胡必燕（1996—），女，汉族，贵阳人文科技学院学生。

滕玲玉（1998—），女，汉族，贵阳人文科技学院学生。

龙雯洁（1999—），女，侗族，贵阳人文科技学院学生。

谢甜甜（1997—），女，汉族，贵阳人文科技学院学生。

一、背　景

随着改革开放和社会发展需要，积极普及普通话已成为全国普遍而紧迫的社会需求。全国各地也制定了相应的普通话推广政策，普通话成为“开放”“知识”“信息时代”的衔接纽带，与此同时，使用普通话也是“素质教育工程”的首要任务。而贵州作为一个少数民族聚居的省份，对素质教育的要求也得到了逐步提高。

二、贵州独立学院

独立院校是普通高校和社会合作机构一同举办的，是一种本科层次的高等教育机构，是在新的模式和机制下举办的隶属于本科层次的二级学院。贵州省的独立学院有 8 所，生源大部分来自贵州省内各村镇，少数学生来自城市，极少部分来自外省。根据资料显示，本省大学生在就业走向上多为本地就业，而这一现象也对我们地区普通话推广提供了有力的基础。因疫情原因，我们选择距离相近的省内三所独立学院进行调查研究。[1]

通过对贵州省三所独立学院普通话教学和使用现象进行调查分析可见，三所独立学院的普通话教学和使用普及率非常高，普通话已经成为师生之间课堂交流的主要语言，学生说普通话的频率也远远超出了我们步入大学前，但是所说普通话的质量从一定程度上来看还有待提高。[2] 同时这些学生还不能完全地脱离自己的母语和家乡话来交流，大部分的学生在课下都喜欢用母语进行交流，似乎对他们来说，家乡话更利于日常交流。[3] 调查还发现，在正式的场合或是当对方使用普通话的场所中，学生也更倾向于说普通话，故我们认为贵州省独立学院目前开展普遍教育工作的主要重心应该放在培养和提高学生普通话的“质”上，并且在培养和提高学生普通话表达能力的基础上，还应高度地重视对方言和文化的保护与传承等问题。

三、调查范围、对象和方法

(一) 调查范围

贵州省位于中国西南的东南部，东毗湖南省，南邻广西壮族自治区，西连云南省，北接四川省和重庆市。贵州省共有 17 个少数民族，各种方言十分复杂，在贵州各大高校中除了贵州大学以外，高达 90%的学生来自省内。

(二) 调查对象

此次课题调查的对象是贵州省三所独立学院全体在校生，为了保证本课题调查资料数据的准确性和科学性，调查的对象可以划分为文史、理工两大类。

问卷调查文史类学生 150 人、理工类学生 150 人，共计 300 人。访问调查随机抽取三所高校各 50 名在校学生，尽量做到调查对象中的男女比例和专业分布均匀，以求做到最为真实、准确的调查结果。

(三) 调查方法

本次调查采用网络问卷调查和随机访问方式进行，以问卷调查法为主，隐蔽观察为辅。通过网络问卷分析资料，该方法是调查研究中最广泛、最有效的一种调查方法。我们对贵州民族大学人文科技学院、贵州大学明德学院、贵州师范求是学院三所大学城校区在校生进行实地访问，采访和问卷主要涵盖了被调查者的基础情况，语言环境，话语能力，话语态度，话语所用场，老师上课使用普通话的频率。[4]

利用人口社会学的方法论特点，深入三所高校进行实地抽样访问调查，选出 50 位学生，然后进行更加深入的访谈，并取得调查数据资料，探求研究资料背后的各种社会和心理影响因素。同时采用了隐蔽式的观察方法，在学校食堂、操场、教室、教学楼等区域计时观测，搜集师生在完全放松的状态下交流状况，以便获得他们最真实的语言运用情况。

四、调查内容与数据分析

（一）问卷调查分析

本次调研发放问卷共300份，其中有效问卷300份。这300份调研问卷中，从所要调查的对象和性别来看，男生125人，占总人数的41.7%，女生175人，占总人数的58.3%；从所在地分布情况来看，省内学生占总人数的90.7%，省外学生占总人数的9.3%；从贵州省少数民族的人数上来看，少数民族在校学生的比例占49.6%，非少数民族在校学生的比例占50.4%；从专业院校的分布来看，理工专业大学生则占总人数的63%，文史专业大学生占总人数的37%（见图1）。[5]

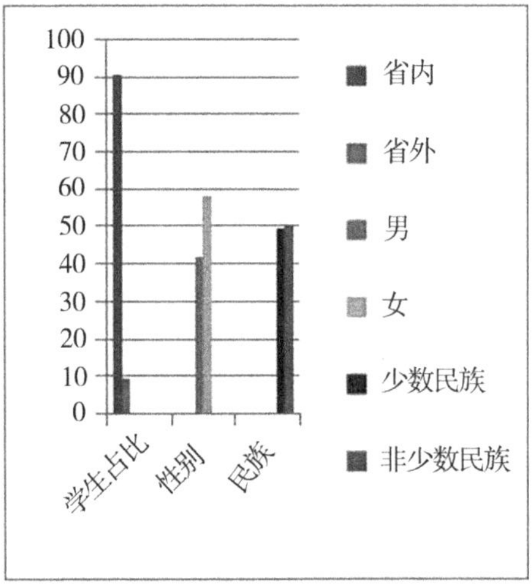

图1

注：此图根据发放的《在校大学生普通话问卷调查》表统计而成，如有纰漏请批评指正。

（二）调查对象的语言能力

调查结果显示，经常说方言的学生占总人数的58%，偶尔说方言的学生占总人数的 26%，不说方言的人数为 16%（见图 2）。这说明近些年推广普通话工作还有待提高。在普通话水平的自我评价中，普通话水平有所提高的学生达 68.5%，没有变化的学生占 31.5%。

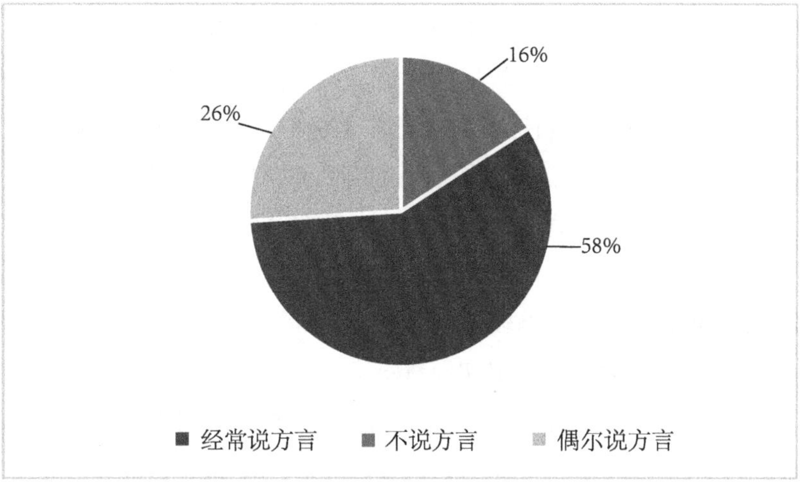

图 2

注：此图根据发放的《在校大学生普通话问卷调查》表统计而成，如有纰漏请批评指正。

经调查，78.6%的学生在周围人说普通话的影响下更倾向于说普通话，20.1%的学生周围很少有人说普通话，1.3%的学生周围没有人说普通话。大部分学生坦言，在中小学时期，老师和同学都说方言，加上他们能够接触普通话的环境很少，因此他们自己日常生活中经常说方言。上大学以后发现周围的人几乎都说普通话，于是自己也倾向于说普通话。这些情况说明学校是学生学习普通话的主要场所，校园语言的地位支柱来源于大学校园的语言环境。

（三）调查对象使用普通话的场合、原因

在本次 300 个调查研究对象中，有 286 人使用普通话的频率较高，占总人数的 95.3%；仅有 14 人普通话使用频率低，占总人数的 4.7%。经过调查研究发现，使用普通话最多的场所是在课堂上，说明学生学习普通

话、使用普通话最多的时间段还是大学生在校期间，而课堂是大学生使用普通话最多的场合，但家庭无论在普通话的学习还是使用方面，比例都是最低的。

在普通话环境中，对普通话环境满意的学生占 43. 5%，对普通话环境不满意的学生占 43. 5%，不确定的学生占 13%；在普通话发音上，57. 4%学生认为自己普通话发音比较标准，33. 3%的学生认为自己的普通话有方言味，7. 4%的学生认为自己的普通话非常标准，1. 9%的学生认为自己说普通话方言口音较重；希望把普通话说得很好的人数占 87%，认为普通话不是很重要的占 13%。通过对比发现，当对方说普通话的时候，学生更倾向于说普通话，而当对方说方言的时候，学生更倾向于说方言，由此得出周围环境对说普通话的影响较大。

1. 人口社会学特征调查数据分析

我们在三所高校中各随机抽取 50 名学生进行访问调研，从所要调查的性别来看，男生 20 人，占总人数的 40%，女生 30 人，占总人数的 60%；从调查的年龄分布来看，90 后 40 人，占总人数的 80%，00 后 10 人，占总人数的 20%；从是否加入校园社团来看，社团成员有 33 人，占总人数 66%，非社团成员 17 人，占人数 34%（见图 3、图 4、图 5）。

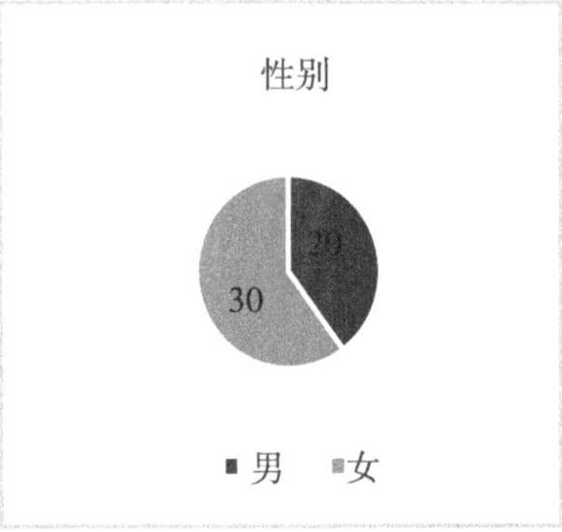

图 3

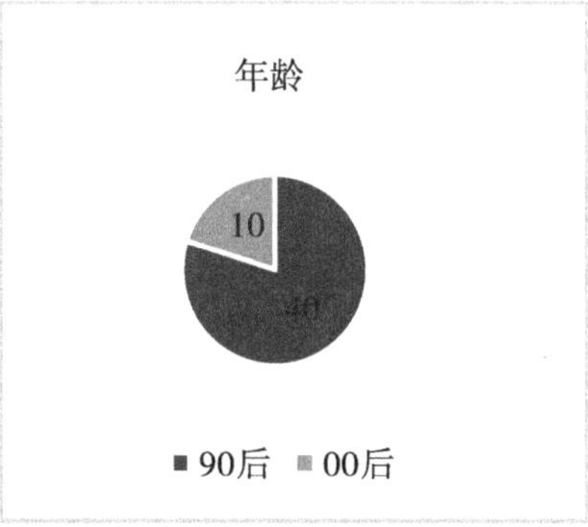

图 4

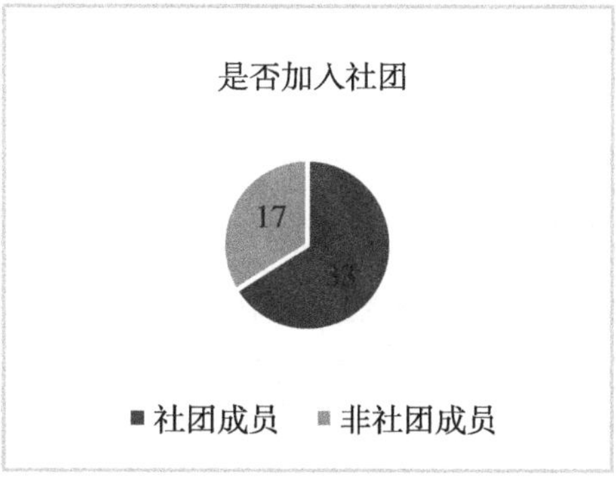

图 5

注：图 3、图 4、图 5 根据实地深入访问调研统计而成，如有纰漏请批评指正。

2. 语言调查数据分析

经调查，在校经常说方言的男生占总人数的 22%，经常说普通话的男生占总人数的 18%。在校经常说方言的女生占总人数的 36%，经常说普通话的女生占总人数的 24%；在校经常说方言的 90 后占总人数的 50%，经常说普通话的 90 后占总人数的 30%。在校经常说方言的 00 后占总人数的 8%，经常说普通话的 00 后占总人数的 12%；在校经常说方言的社团成员占总人数的 12%，经常说普通话的社团成员占总人数的 54%。在校经常说方言的非社团成员占总人数的 22%，经常说普通话的非社团成员占总人数的 12%。

表 1　在校经常说普通话的年龄段

年龄	方言	普通话
90 后	25	15
00 后	4	6
总人数	31	19

表 2　在校经常说普通话男女生人数

性别	方言	普通话
男生	11	9

续表

性别	方言	普通话
女生	18	12
总人数	29	21

表 3　在校经常说普通话社团和非社团成员

是否加入社团	方言	普通话
社团成员	6	27
非社团人员	11	6
总人数	17	33

从此数据分析可知，性别对大学生日常是否说普通话影响不大，而年龄和是否加入社团两种因素对大学生日常是否说普通话影响较大。因为学校氛围是学生学习普通话的主要地点，对比 90 后、00 后来说中小学师资力量更强，日常上课中教师和同学都经常说普通话，日常说普通话的环境氛围较好，所以大部分 00 后上大学以后说普通话的比例就比 90 后多。对比社团成员与非社团成员，社团成员在日常生活中说普通话的比例远大于非社团成员，经观察分析，导致此现象的原因是社团人员较为复杂，说方言不便于成员之间的交流，所以许多社团成员更习惯日常生活中说普通话。这也说明在学校中，增加来自不同地区学生之间的交流会使他们更容易选择说普通话。

五、大学推广策略

学习语言最重要的就是环境，贵州民族大学人文科技学院、贵州师范大学求是学院和贵州大学明德学院的学生大部分来自贵州各村镇，在校期间，与同学、朋友之间大部分会用方言聊天，学院里讲方言的多了，语言环境也就变成以方言为主。[6] 然而随着社会生活节奏的加快，在与外地人际交往或求职交流时，对讲普通话的要求也就更为严格，在推广普通话的过程中，最为方便推广的地方就是学校，无论是中小学还是大学，都容易形成一个良好的普通话环境。现在我们以本次调查的三所独立院校为例，探索有效的高级院校普通话推广策略和方案。[7]

（一）对学生加大宣传力度

运用在校园内的广播站、网络平台、宣传栏等能进行广泛宣传的教育活动。在各校区人群集中且醒目的地方张贴推广普通话的宣传标语，给学生们营造一个良好的环境氛围。

（二）开展各项推广普通话活动

组织普通话比赛。初期可以在校内开展，主要为提高大学生群体讲普通话的频率，通过该活动让学生们达到练习说普通话的效果，若效果显著，后期便发展为整个大学城的比赛项目，有效的营造大学生之间说普通话的良好氛围，加强同学之间普通话互动的目的。

开展班会。通过班会时间开展推广普通话活动，适当观看一些诗词大赛等与语言相关的视频。

建立相关社团。可以与学校的各个社团联合，鼓励社团内部成员用普通话进行交流，为大家营造出良好的普通话环境，让讲普通话成为学生的一种生活习惯。

（三）建立校内普通话测试站

在校内建立普通话测试站，为学生们提供一个检测自身普通话水平的场所，如帮助学生考取普通话等级证书等。[8]

六、结　语

普通话的高度普及，是一个国家文明、进步的标志。通过对此次的调查研究分析得出，语言环境对学生说普通话的影响是极为重要的，一个好的语言环境会让学生融入其中，说好普通话对师生之间的交流有很大的帮助。目前，高校也针对提高素质教育工程开展各类语言课程，引导学生自主的学习和提高使用普通话的频率。

参考文献

[1] 陈建伟. 当代大学生语言态度的调查研究——以苏州在校大学生为个案 [J]. 衡水学院学报. 2007 (04): 59-61.

[2] 赵则玲. 语言生态背景下方言教育的功能及对策 [J]. 宁波大学学报（教育科学版），2017 (1): 56-60.

[3] 吴秀菊. 闽南方言与文化在语文教学中的渗透策略 [J]. 语文天地，2016 (9): 23-26.

[4] 杨林，刘吉俊，祝峰. 高校普通话课程教学改革实践与反思 [J]. 2021 (02): 116-121.

[5] 刘海燕，龙烨，覃旭. 普通话水平测试普及情况调查与结果分析——以广西科技大学测试站为例 [J]. 大众科技. 2016 (207): 80-82.

[6] 杨雪敏. 贵州乡村小学普通话教学现状及对策研究. 贵州师范大学硕士论文. 2017.

[7] 李宏儒. 浦东公务员和教师语言能力、行为和态度及其相关性研究 [D]. 华东师范大学，2007.

[8] 何思雨，赵岩，高欢. 贵州省高职院校普通话推广情况调查分析及对策研究 [J]. 智库时代，2020 (04): 166-167+178.

幼儿国学经典教育的现状调查及对策

——以贵阳市某幼儿园为例

胡晓雅*

（贵阳人文科技学院，贵州贵阳 550025）

摘　要： 国学经典是中华优秀传统文化的结晶，随着复兴中国传统文化的需要，诵读经典的活动在社会上如火如荼地展开，并且也逐渐走进了学龄前幼儿的教育活动中。本研究通过从幼儿园国学经典教育活动的开展状况、课程内容的选择、国学元素在环创中的运用，以及家长对国学经典教育的态度对贵阳市某幼儿园进行了详细调查，在此基础上总结出该园在组织国学教育活动中存在的问题，针对不足之处提出相应的外部实施对策和内部实施对策，以期为国学经典在幼儿园教育中的应用提供一定的实践指导。

关键词： 国学经典教育活动；现状；对策

国学经典在传播中国传统文化的过程中发挥了重要作用，但随着市场

---

* 作者简介：胡晓雅（1994—），女，汉族，贵阳人文科技学院助教，贵州师范大学 2017 级硕士。

经济的兴盛、意识形态的变化以及外来文化的冲击，人们越来越忽略本民族文化。《幼儿园教育指导纲要（试行）》[1] 中明确提出，“引导幼儿实际感受祖国文化的丰富与优秀，感受家乡的变化和发展，激发幼儿爱家乡，爱祖国的情感”。幼儿园开展国学经典教育活动有利于丰富幼儿教育资源，让中华文化得以更好地传承和发扬。

一、前　言

（一）选题来源

1. 理论来源

（1）复兴中华文化的现实需求。国学经典在传播中国传统文化的过程中发挥了重要作用，但随着市场经济的兴盛、意识形态的变化以及外来文化的冲击，人们越来越忽略本民族文化。文化作为综合国力竞争的重要因素已成为一个国家屹立于世界民族之林的标志。幼儿园开展国学经典教育活动有利于丰富幼儿园教学教育，让幼儿从小更为广泛地接触中华文化。

（2）专家学者呼吁开展国学经典诵读以及社会“国学热”的涌现。1994 年，王财贵先生在台湾发起经典诵读运动，并在大陆开展“儿童中国文化导读”活动，引起了强烈的响应。王财贵主持的这一活动引发了人们对国学经典教育的关注，形成了持续多年的“国学热”。

2. 实践来源

（1）当前国学经典教育活动不符合幼儿身心发展规律。[2] 首先是过分夸大“国学经典”的教育价值，提倡“读经”的相关学者认为中国传统文化需要继承和发扬，而所谓的四书五经等“经典”则是传承中国文化传统的主要载体。其次是国学经典教育活动的组织形式单一且不科学，“读经”倡导者认为在幼儿记忆能力的黄金时期引导他们背诵，只要背下来就可以，不懂也没关系，这使得多数国学课程的效果并不明显。

（2）个人的兴趣及探究欲。本研究选题基于国学经典教育活动在当前幼儿园教育中实施的现状，这种教育现象的存在与学术界在此问题上的争论形成反差。学术界对此问题的看法褒贬不一，并且国学经典教育活动在幼儿园教育中的实施存在许多问题。这种现象的产生引起笔者的兴趣与强烈的探究欲。

（二）概念界定

1. 国学经典的概念界定

通过查阅相关文献可以发现，目前学术界对国学的概念界定没有达成共识，一直存在争议。本研究认为国学是中国学术的简称，是指中国传统思想文化学术的精髓，包括哲学、经学、文学、史学、政治学、军事学、自然科学以及宗教、艺术，等等，对于传承中华文明、增强民族凝聚力和复兴中华民族起着重要作用，是中华民族的血脉和灵魂。

2. 幼儿国学经典的概念界定

付晓莉在《幼儿园中华文化启蒙教育现状、问题及对策研究——以济南市部分幼儿园为例》一文中提到，国学经典是指“受特定文化类型的价值体系制约，经过长期历史积淀形成，至今仍影响着人们的思维方式、价值观念、道德风貌、社会习俗等深层文化方面的思想和行为方式上的习惯”。幼儿国学教育应该是以优秀的传统思想和价值观核心，以德育教育为主体，以培养幼儿良好品德和生活习惯为目标，以各种丰富的国学主题游戏活动为课程的幼儿教育活动。

（三）研究方法

1. 文献法

通过网络检索、期刊查阅等方式搜集有关“国学”的核心期刊 13 篇、期刊 14 篇；“国学热”的相关核心期刊 3 篇、期刊 9 篇；“幼儿国学经典诵读”的核心期刊 4 篇、期刊 5 篇、硕士论文 5 篇等研究成果，通过阅读与整理，丰富相关理论知识。

2. 观察法

以贵阳市某幼儿园为观察对象，积极加入该园国学经典教育活动的开展，掌握第一手资料，增加对幼儿国学经典教育活动的认识。对幼儿园的环境、经典诵读教育活动的实施情况以及幼儿学习情况进行观察与记录，在为期两周的观察期间预计观察 10 次国学教育活动。

3. 访谈法

本研究将随机对 5 位幼儿园教师、5 位家长进行访谈，针对教师的访谈主要了解对国学经典教育的看法、课程实施状况、师资、实施的效果、存在的问题及家园交流等方面。对家长的访谈主要了解家长对国学经典教育活动的看法、经典诵读的家庭教育及幼儿接受国学经典教育后的变化。在征得教师、家长同意的前提下全程录音，便于整理和研究。

二、幼儿国学经典教育的现状调查

本论文对贵阳市某幼儿园进行了调查，通过对幼儿园国学经典教育活动组织的观察、国学教育氛围创设的观察以及对幼儿教师、家长的访谈，对该园组织国学经典教育活动的现状做以下四个方面的介绍。

（一）课程目标的设定

通过对该幼儿园教师的访谈可知，该园教师在制定国学教育活动目标主要从以下几点考虑：

1. 提高幼儿的语言发展能力

国学经典读物的内容通常选用幼儿日常生活中需要掌握的字词，多采用韵文形式，句式短小，便于幼儿诵读，能够满足幼儿学习词汇和体会语言美感的需要。

2. 培养幼儿良好的行为习惯

国学读物为幼儿的日常行为习惯提出了许多要求，如“朝起早，夜眠迟”“晨必盥，兼漱口”等，与健康和社会领域的目标相符，有利于培养幼儿良好的行为习惯。

3. 提高幼儿的社会认知发展

国学读物中的礼仪类内容有助于幼儿的社会认知发展，如尊敬父母、友爱同伴等，国学经典中关于家庭伦理、社会交往礼仪、道德规范的知识有利于幼儿认识社会价值观和行为标准。

（二）课程内容的选择

在所调查的幼儿园中，通过访谈5位不同年级的幼儿教师可知，幼儿园在经典读物的选择方面主要有《三字经》《弟子规》《千字文》，除此之外还有个别教师会将《百家姓》《颜氏家训》《道德经》以及一些古诗词和孔融让梨等经典故事作为教育内容。关于幼儿教师在选取经典读物方面的问题，笔者进行了访谈，从以下两个方面对课程内容的选择作出分析。

1. 国学经典读本的选择

笔者通过对不同年级的5位幼儿教师的访谈，了解到目前该园选择的国学经典读物主要有以下，小班主要集中于“三百千”这类比较朗朗上口、简短易学的国学经典。

访谈片段1：小班主课教师访谈摘录

访谈内容：

笔者：老师，您好！我看到您在午餐前带着孩子们读《弟子规》，请问您赞同对幼儿实施国学经典诵读教育吗？

某教师：赞同，每天带领孩子们阅读经典读物是我们幼儿园的固定环节。

笔者：您觉得哪些内容适合应用于对幼儿进行国学经典教育？

某教师：《三字经》《弟子规》《百家姓》，这些都挺适合的。

笔者：还有其他的吗？

某教师：还有很多，比如说一些古诗词或者经典故事，等等。

中班在“三百千”的基础上加入了《论语》、古诗词和一些经典故事。

访谈片段2：中班主课教师访谈摘录

访谈内容：

笔者：您赞同对幼儿实施国学经典教育吗？

某教师：赞同，传统值得传承。

笔者：您觉得哪些内容适合应用于对幼儿进行国学经典教育？

某教师：《百家姓》《弟子规》《论语》、孔融让梨等经典故事，这些都挺适合的。

大班幼儿已具备一定的理解能力，所以教师选择了一些较难的读物，例如《大学》《颜氏家训》《道德经》等。

访谈片段 3：大班主课教师访谈摘录

访谈内容：

笔者：您赞同对幼儿实施国学经典教育吗？

某教师：适当情况下赞同，但是不要盲目地进行教育，要根据幼儿的接受能力和当地实际。

笔者：您觉得哪些内容适合应用于对幼儿进行国学经典教育？

某教师：《弟子规》《颜氏家训》《道德经》《大学》等。

2. 选择读本的原因以及途径

通过访谈得知该园的教师主要是通过上网查询相关国学读本或在去国学幼儿园交流学习时了解到的教材，选择的原因主要是这些经典读本影响深远同时适合幼儿阶段的学习。

访谈片段 4：

笔者：那您会根据什么来选择国学经典读物的内容呢？

某教师：我一般是上网搜索一些最近流行的国学读物，或者是在去别的幼儿园交流学习的时候了解到的读物。

笔者：为什么要选择这些内容呢？

某教师：因为这些内容的影响无论是在历史上还是现在都比较大。

笔者：您觉得选取这些有知名度的传统读物适合学龄前幼儿阅读吗？

某教师：比较适合吧，我们在选取启蒙读物时会考虑儿童的需要以及儿童是否容易理解。像《三字经》《弟子规》之类的蕴含着许多礼仪知识和常识，而且内容简练，有很强的韵律感，孩子们读起来就像唱歌一样，也好背。

通过访谈得知，该园教师都赞同对幼儿进行国学经典教育，选择的经典读本也比较适合幼儿阶段的学习，小班主要集中于比较朗朗上口、简短易学的“三百千”，中班在“三百千”的基础上加入了《论语》、古诗词和一些经典故事，大班教师选择了较难的读物，例如《大学》《颜氏家训》《道德经》等。该园在选择幼儿经典读物时一定程度上能做到根据幼儿的年龄特点来安排学习内容，这一点值得肯定。

（三）课程组织形式

笔者在调查期间共观察了10次国学经典教育活动，其中有7次是以集体诵读的形式展开活动，3次为集体教学活动形式。以下案例是笔者在幼儿园的观察实例。

1. 诵读形式

该园通常会在饭前或等待家长接幼儿的时候采用集体诵读的形式阅读背诵国学经典，如笔者在中班观察到的此次活动，教师在饭前引导幼儿诵读《弟子规》，时长为10分钟。

案例一：中班国学经典读物诵读活动

午餐前10分钟教师正在引导幼儿阅读国学经典读物《弟子规》，据笔者观察幼儿教师在引导幼儿时只是在领读，并没有为幼儿讲解每一句的意思。在教学过程中教师经常会问哪一位幼儿能背诵出哪一句，大部分幼儿能够举手回答老师的问题并背诵出来，有一小部分幼儿不做应答，只是漫不经心地看着书。该教师在教学过程中忽略了幼儿对《弟子规》内容的理解，只是注重幼儿对经典读物的背诵情况，而且也没有将《弟子规》中的内容与幼儿的一日生活相结合。

在该活动中，该教师采取的教学组织形式为单一的跟读形式，教师在开始时说“小朋友，跟我读”，然后幼儿跟着教师一句一句地诵读内容，教师并不向幼儿解释经典的内容，幼儿也并没有因为不懂而提问。在对教师访谈时，教师发表了自己关于讲解内容的看法。

2. 集体教学形式

在笔者观察的这次教学活动是学习《弟子规》“亲爱我，孝何难；亲憎我，孝方贤”，活动目标是理解这句话的含义以及体会对父母的爱，活动准备教具多样生动。

案例二：大班学习《弟子规》“亲爱我，孝何难；亲憎我，孝方贤”及故事“卧冰求鲤”

大（三）班根据《弟子规》中“亲爱我，孝何难；亲憎我，孝方贤”的语句设计了这次国学教育活动，旨在引导幼儿萌发感恩父母的感情。

活动目标：

1. 初步理解《弟子规》中“亲爱我，孝何难；亲憎我，孝方贤”的含义。

2. 通过多种形式朗读、背诵《弟子规》中这两句经典语句。

3. 通过快乐的活动引导幼儿体会感恩父母的情感。

活动准备：

1. 动画故事《卧冰求鲤》。

2. 白板教具：爱、孝。诵读卡：亲爱我，孝何难；亲憎我，孝方贤。

首先教师以谈话的形式导入课程内容，以家庭成员的话题吸引幼儿的兴趣。

教师谈话导入：我们每个人都有一个幸福的家，小朋友们家里都有谁呢？他们爱我们吗？他们是怎样爱我们的？

幼儿回答。

教师：我们的家人这么爱我们，我们怎样爱他们呢？

幼儿回答。

教师小结：我们的亲人这么爱我们，我们也应该孝顺他们。

教师引导幼儿通过多种形式诵读“亲爱我，孝何难”。

在谈话导入后，教师运用了多媒体技术，通过生动形象的动画介绍了卧冰求鲤的故事，将《弟子规》中“亲爱我，孝何难；亲憎我，孝方贤”的含义与动画结合在一起 ，充分调动了幼儿的学习积极性，接着用录音的形式巩固诵读。

1. 观看动画

初步理解“亲憎我，孝方贤”的含义。

观看第一部分，教师提问动画片里有谁？妈妈的态度怎么样？

观看第二部分，教师提问接下来后发生什么？妈妈怎么了？

观看第三部分，教师提问王祥是怎样捉到鱼的？妈妈说了什么？

教师小结：为了妈妈，王祥克服了重重困难捉到了鱼，他真是一个非常孝顺的孩子，在《弟子规》中有一句话说的就是这种了不起的孝顺行为。出示“亲憎我，孝方贤”并解释。

2. 巩固诵读

听学：我们一起来听一听，学习播音员是怎么读的。

在活动结束时，教师总结了活动成果。

活动结束时教师小结：小朋友们，今天通过《弟子规》的学习，我们懂得了许多道理，我们都要做一个懂事孝顺的好孩子。

在此次活动中，主课教师运用了谈话导入、讲述、多媒体等形式教学，总体来说此次活动设计较为合理，组织的也比较完整，总体实现了活动目标。活动结束后教师的评价是幼儿通过活动懂得了要孝顺亲人，要敢于表达自己的孝心等道理，效果明显。但笔者认为，幼儿只是学会了诵读《弟子规》中的这几句话，具体效果还应结合幼儿的日常行为以及在家庭中的表现来考量，不能简单地将幼儿学习了“亲爱我，孝何难；亲憎我，孝方贤”称为教学效果。

在笔者观察的 10 次国学教育活动中，有 7 次是单一的诵读形式，教师诵读一句，幼儿跟着诵读一句。在集体诵读活动中，幼儿只是在机械的朗读和背诵国学读物，教师并没有为幼儿讲解其中的内涵，幼儿也没有因为不懂而提出问题，只是以能背诵出来得到教师的表扬为目的。只有三次活动是以集体教学形式开展的，将国学经典语句以生动形象的方式展示给幼儿，结合了多媒体技术，通过合理的导入以及游戏等形式达到了比较好的教学效果。笔者在园中并没有见到其他的国学教育活动形式，活动方式不丰富，这是该园在课程实施方面存在的问题。

（四）家长在国学教育活动中的参与

家园合作在幼儿园工作中非常重要，保证家庭和幼儿园教育理念的一致有利于更好地促进幼儿的全面发展。笔者对 5 名幼儿家长进行了访谈，根据访谈内容作出以下两方面的分析。

1. 家长对国学经典教育的态度

通过对 5 名幼儿家长的访谈笔者得知，有 4 位家长赞成对幼儿进行国学经典教育活动，1 位家长不赞成，赞成的家长占大多数。赞同的家长认为对幼儿进行国学经典教育可以使幼儿变得更加懂事，不赞同的家长认为幼儿并没有在日常生活中运用到所学的东西，幼儿也并不理解学到的是什么意思。

> 笔者：你赞同对幼儿进行国学经典教育吗？
> 朵朵妈妈：赞同啊。
> 笔者：您觉得让孩子接受国学经典教育有用吗？
> 朵朵妈妈：有用啊，朵朵回家经常给我背在幼儿园里学的内容。
> 笔者：您发现孩子在接受国学经典教育之后有什么变化？
> 朵朵妈妈：吃饭不浪费了，懂得了尊老和礼让。
> 笔者：孩子在日常生活中是否会用自己学过的经典语句？
> 朵朵妈妈：这个用得不多吧。

2. 家长在国学教育活动中的参与方式

通过访谈得知家长在国学教育活动中的参与度并不高，大部分为在家陪幼儿一起诵读国学经典读本，或为幼儿购买喜欢的国学读本，并没有真正地参与到幼儿园中的教育活动，家园合作意识不强。

笔者：您会陪孩子一起诵读经典读本吗？

朵朵妈妈：偶尔会。

笔者：您会给孩子买一些经典诗文吗？

朵朵妈妈：会，只要是她喜欢的就买。

从访谈内容可以看出，笔者所调查的幼儿园在国学经典课程的家园合作方面存在着不足。家长可以感受到幼儿在接受国学经典教育后的变化，但并没有实际地参与到园中的活动，在家也很少与幼儿一起学习国学经典知识。幼儿园急需采取措施加强关于国学经典教育活动中的家园合作。

三、幼儿国学经典教育实施存在的问题

根据观察和访谈的内容，笔者从教师、家长的角度剖析目前幼儿园国学教育存在的问题。

（一）幼儿教师接受国学经典教育明显不足

通过访谈笔者得知，该园部分教师专业能力不足，虽然知道身为教师想要组织好国学教育活动应该具备一定的专业素质，但表示自己几乎很难胜任国学经典教育。大部分教师在准教师阶段和入职前并没有接受过国学知识的系统培训，只是将生活中了解的内容或者是将上网查到的内容教给了幼儿，教师对国学知识的了解并不多而且流于表面，并且部分教师对国学知识并不感兴趣。在幼儿园开设国学课程需要相对专业一些的幼儿教师，只有配备了专业教师才能顺利开展国学课程。[3]

（二）幼儿园应用国学经典启蒙读物的教学存在不足

在当前各幼儿园所进行的国学教育活动中，由于缺乏相关政策法规统一的规划，也没有统一规定的教材，因此幼儿园在选择传统读物时比较盲目和随意，集中在“三百千”、《论语》《孟子》这类广为人知的经典，选

取内容由于经验的缺乏不够丰富。[4] 再加上教师缺乏系统的培训，对国学经典的了解不足，在认识上相对流于表面，在组织活动时侧重点和方式也不一样，导致活动中存在着明显的问题，这些都不利于国学教育的发展。

笔者通过翻看教师的国学课程教案发现，教师在活动目标中过于强调背诵，以背诵为主要目的。例如，某教师在学习《三字经》介绍家族辈分的章节中活动目标强调“幼儿达到熟读、熟背”。在整个教育活动中教师一味的要求幼儿背诵，教师要求“背”重于“懂”，这就会导致幼儿可能会熟练地背诵《三字经》，却并不知其所以然。教师通常在领读几遍后会问小朋友们谁能背诵，将儿童的注意力转移到背诵上，而不问老师这些内容到底是什么意思。这样的组织形式流于表面，忽略了幼儿对国学内容的掌握与理解程度。

同时教师的教学形式也相对单一，在笔者观察到的教学活动中只有集体诵读和集体教学两种教学模式。该园的教师很少组织幼儿进行表演活动或游戏活动，教学模式不够灵活。幼儿在跟读的时候由于缺乏兴趣有的会滥竽充数，使得教学失去趣味，影响到了教学效果。

（三）幼儿园与家长沟通不足

通过笔者对家长的访谈了解到，虽然家长比较关心幼儿在园内的学习情况，但并没有真正地参与到国学教育活动中来，在家中虽然也会和幼儿一起读国学读本并为幼儿买一些读物，但部分家长认为国学经典并没有对幼儿日常的行为有所影响。并且幼儿通常在园和在家的表现是有差异的，许多幼儿在教师面前很乖，能按照教师的要求进行活动。但在家长面前往往比较随意，甚至由于家长的溺爱会表现出不尊重父母的一面。这些现象反映出学习国学知识对幼儿的行为是有影响的，但在回到家中父母对幼儿的要求和教师不一致，导致幼儿的两面行为。教师在工作中没有及时的与家长沟通，导致家园教育理念的不一致才会产生这种现象。国学教育是一个潜移默化的熏陶过程，需要幼儿园和家长共同努力，家长也应该做到与幼儿一起学习，让幼儿真正地将国学内化。[5]

四、幼儿国学经典教育活动的实施策略

通过以上的分析可以看出，幼儿园要开展好国学教育活动需要政府、社会、幼儿园以及家长等多方面的合作，只有这些方面共同努力才能真正让国学经典对幼儿产生积极作用。以下是笔者提出的建议：

（一）完善幼儿园国学经典教育相关配套设施和教材

政府应积极为幼儿园提供各类与国学经典相关的配套设施[6]，例如教具、区角投放材料以及相关教育机构应编制相关国学课程，课程的制定应综合幼儿的身心发展特点和接受能力，同时与融合于其他领域的教学和幼儿一日生活中，帮助幼儿以科学的形式感受国学的美，将国学真正的内化。政府应真正做到引导幼儿教师和家长重视国学课程，不再忽视国学教育活动。

政府还应为幼儿园编制合适的国学教材，教材是幼儿学习国学知识的主要媒介。相关教育部门在编制国学教材时应结合幼儿的身心发展特点、年龄热点以及当地特色，使幼儿通过多种形式感受传统文化的美。

（二）为幼儿园教师提供专业指导和财政支持

为提高幼儿教师的国学教育活动组织能力，幼儿园应为教师提供定期或不定期的专业培训，经常组织普通幼儿园的教师到国学幼儿园、国学堂等机构交流学习，加强教师对国学的了解、对多样化组织形式的掌握，引导幼儿教师能够自觉地将国学元素渗透到教学活动、区域活动、户外活动和幼儿一日生活等活动中去，促进国学经典教育活动的开展。相关教育组织应通过设立专项资金或集资等形式筹集资金投入到幼儿园中，这样可以为幼儿园开展国学经典活动提供支持和保障，一定程度上可以调动幼儿园的积极性，保障国学经典教育活动在幼儿园的有效开展。

（三）教师强化自身的专业素养和水平

作为教师自身应树立终身学习的意识，充分利用业余时间阅读经典，增加关于传统文化的知识储备，提高自己的文学素养，教师先理解了国学真正的含义才能更好地开展教育活动。[7] 教师应通过不断学习提升自身的专业素养，更好地组织国学教育活动，不应将教学内容集中于“三百千”的诵读，还可以利用好主题活动将京剧、泥塑、武术等介绍给幼儿，引发幼儿的学习兴趣，同时要将国学元素更好地渗透到幼儿的一日生活中，让幼儿在点滴中感受国学魅力。

（四）教师应根据幼儿学习的特点，多用形象直观的方法实施国学教育

幼儿多以形象思维来认识世界，直观的通过声音和色彩来感受世界，所以在进行国学经典教育活动时应将国学比较枯燥的内容变得更加直观，例如将《弟子规》一些具有教育意义的章节编成白话或儿歌，这样幼儿会更易于接受和记忆。又如孔融让梨、孟母三迁等可以通过形象生动的故事来导入，孩子们喜欢听故事就讲给他们听，可以很好地引起幼儿的学习兴趣。

（五）注重家园合作，多与家长沟通幼儿学习情况

想要幼儿更好的内化国学经典需要家长的配合，如果幼儿在园中表现的尊敬老师友爱同学，在家中却是“小霸王”则很难达到国学教育的目的。所以家长应配合幼儿园的教育目标，不应只关注幼儿认了多少字，背会多少诗句，一味追求见效快，急功近利只会阻碍国学教育活动的深入开展。教师应积极与家长联系，保证家园共育目标的一致，家长也应做到以身作则，积极配合。同时幼儿园可以开展一些亲子国学诵读活动，让家长充分认识到国学教育活动的重要性。

五、结　语

在复兴传统文化的影响下，越来越多的人开始关注国学经典。本研究通过对贵阳市某幼儿园的调查，了解当前幼儿国学经典教育的开展现状，分析其肯定之处和不足之处，同时针对存在的问题提出了相应的对策，希望能对日后幼儿园开展国学教育活动提供帮助和参考。

参考文献

[1]《幼儿园教育指导纲要（试行）》[S]. 北京：北京师范大学出版社，2001.

[2] 周立明. 对幼儿进行国学教育要遵循规律 [J]. 幼儿教育，2016（10）：53.

[3] 米思杨. 幼儿园国学教育现状、问题及解决对策研究 [J]. 课程教育研究，2016（15）：35-36.

[4] 杨英霞，张永梅. 幼儿国学教育方法研究 [J]. 长江丛刊，2016（09）：190.

[5] 杜洁琼. 幼儿国学教育内容选择及方法 [J]. 吉林省教育学院学报（中旬），2015，31（01）：36-37.

[6] 徐汉晖. "国学热"现象透视与反思 [J]. 山西师大学报（社会科学版），2015，42（01）：117-120.

[7] 李秀梅. 国学教育在幼儿园活动中的渗透 [J]. 吉林教育，2015（14）：159.

精益创业对大学生创新创业教育的发展研究

胡勇强[*]

（贵阳人文科技学院，贵州贵阳　550025）

摘　要：近年来，高等学校大力实施创新教育，鼓励指导大学生创新实践和自主创业，实现创造性的教育改革，大力推进高校的综合改善能力，在移动互联网时代“大众创业、万众创新”已经进入了一个新的发展时期。研究创业教育在大学生创新创业教育中的实践已经有了初步的模式，但大多数创新创业教师的创新实践经验存在严重不足，学生项目单一，精益创业对大学生创新创业教育具有非常重要的意义，其核心理念就是“最小化可行产品”，它提倡企业进行“验证性学习”，先向市场推出极简的原型产品，然后在不断地试验和学习中，以最小的成本和有效的方式验证产品是否符合用户需求，灵活调整方向。

关键字：精益创业；创新；创业

---

* 作者简介：胡勇强（1986—），男，汉族，贵阳人文科技学院讲师，西那瓦大学 2020 级博士研究生。研究方向：软件开发、互联网+大学生创新创业教育。

一、研究背景

“大众创业、万众创新”是落实国家创新驱动发展战略的重大举措，是新常态下中国经济发展的新引擎。《国务院关于大力推进大众创业万众创新若干政策措施的意见》（国发〔2015〕32号）、《国务院办公厅关于建设大众创业万众创新示范基地的实施意见》（国办发〔2016〕35号）等一系列文件的发布和实施，掀起了国家创新创业的热潮，取得了一系列重要成果，也引起了国际上的关注。

近年来，高等学校大力实施创新教育，鼓励指导大学生创新实践和自主创业，实现创造性的教育改革，大力推进高校的综合改善能力。在移动互联网时代“大众创业、万众创新”已经进入了一个新的发展时期，研究创业教育在大学生创新创业教育中的实践已经有了初步的模式，但大多数创新创业教师的创新实践经验存在严重不足，学生项目单一，现在所处的商业时代是互联网化和全球化的时代，这个时代竞争很激烈，企业只有提供更能满足客户需求的产品才能生存，精益创业对大学生创新创业教育具有非常重要的意义，其核心理念就是“最小化可行产品”，它提倡企业进行“验证性学习”，先向市场推出极简的原型产品，然后在不断地试验和学习中，以最小的成本和有效的方式验证产品是否符合用户需求，灵活调整方向。

二、创新创业教育中存在的问题

创新创业教育是教育改革的重要组成部分，是建设创新型国家的必然要求。各高校高度重视，下大力气开展大众创业、万众创新教育，取得丰硕成果。但与此同时，现阶段创业创新教育和创业创新实践面临着诸多问题，主要体现在以下几个方面：

（一）双创课程教育问题

（1）组织不明确。基于死记硬背理论的创新创业理论缺乏师资，立足于创新创业的通识教育阶段，缺乏完善的培训体系和方案。

（2）区域发展不平衡。中西部地区相对落后，创新创业教学与专业、行业没有紧密结合。

（二）创新创业实践薄弱问题

（1）众创空间、孵化器等实践载体水平参差不齐。发展模式相似，未能体现核心优势，给可持续发展留下隐患。实践环境落后，远离尖端的技术，难以产生满足当前需求的落地项目。

（2）缺乏有效的管理手段和工具。仅采用简单的过程模拟，缺乏与现实的联系，难以激发学生的创新创业热情。

（3）配套活动不足，创新性不足，对学生的吸引力不足。缺乏健全的创业创新教育实践模式，创业创新实践管理人才等资源严重短缺。[1]

（三）创新创业相关活动项目培育问题

"互联网+""三创赛"等大学生创新创业大赛影响深远。教育部门参与度高，加强了学科间的交流，激发了学生的创新创业热情，培养了学生的团队合作能力。[2] 但仍存在以下问题：

（1）急于应对竞争。缺乏创新，缺乏从创新到实践再到实施的一套完整的项目培养机制和体系。

（2）项目来源单一。难以产生与行业和行业深度融合的创业项目，存在技术壁垒和市场价值，项目在比赛中止步，未能将比赛结果充分引导到实际创业中。

（3）参与学生缺乏社会经验和心理素质。多数缺乏正确引导，不能真正发挥自身优势。

（四）企业孵化与校企合作问题

企业孵化器或校企合作大多是通过项目合作或学生培养的方式进行，

但校企合作大多是短期的、不规范的，合作结果参差不齐。尽管校企合作吸引了政府和社会的关注，并已成为一个重要的内容在评估高校的创业成果，到目前为止没有完整的制度保障，缺乏整体规划和统一布局，高校不能适应企业的需要，人才和校企联合训练的系统尚未形成。

三、研究的意义

（一）理论意义

本研究基于精益创业理论，探讨创新驱动机制的组织，以知识为基础的创业活动组织创新驱动，在分析创新推动高校创业教育创新需求的基础上，在分析大学创新教育的规律和特点的基础上进行研究。在一定程度上丰富中国创新创业教育的理论体系，为中国高校创新创业教育提供宝贵的理论支持，以满足创新推动的需求。

（二）现实意义

大众创业、万众创新，有利于推动经济结构调整，打造发展新引擎，增强发展新动力，走创新驱动发展之路。“双创”不仅能最大限度地促进人、财等市场要素的自由流动，也能推动不合理的体制改革取得突破，最终提高经济整体效率。目前，我国人才的分布极不均衡。由于高校人才培养模式过于简单化、形式化，教育模式偏重通识教育，学科、专业特点薄弱，导致大学生就业竞争力较弱。建设创新型国家，高校需要培养具有创新精神、敢想敢干、善于发挥自身优势、善于人际交往的创新型人才。[3]

四、研究内容及目标

紧紧围绕高等学校创新创业教育和创业实践，通过实践的企业家精神，建设教师、项目训练和比赛系统，提高创新创业生态系统，加强创新创业不同链之间的衔接和协调，最终创建一个创新创业教育生态闭环，将精益创业理论中的最小可用品、客户反馈、快速迭代等科学化和系统化的工具运用到研究中，实现高校创新创业可持续发展。[4]

（一）建立和完善创新创业课程的内容

依托高校特色专业，坚持创意与创新相结合，研发创意与教研相结合的资源，开发特色线上线下创新创业教材。同时，改革教学形式，引入精益创业理论，将创业者或者新产品的创意用最简洁的方式开发出来，搭建新的教学平台，创新教学方法，增强学生学习过程的可控性，确保创新创业的教学效果。[5]

（二）培育优秀创新创业项目

结合特色专业的学院和大学，依靠创新和创业实践，系统地培养创新和创业项目，使用精益创业理论，通过直接或间接的方式，从最终用户那里获取针对该项目的意见，针对客户反馈意见以最快的速度进行调整，融合到新的版本中。对于互联网时代而言，速度比质量更重要，客户需求快速变化，因此，不追求一次性满足客户的需求，而是通过一次又一次的迭代不断让产品的功能丰满，培育出能代表学院和大学的水平，密切结合创新和创业教育与创新和创业实践，将专业与创业项目紧密结合，帮助大学生创业和创业项目快速健康发展。

（三）组织优化创新创业大赛的组织工作

在现有条件的基础上进行创业与创新的实践，进一步完善在高等学校创业和创新，建立一个创业与创新管理信息系统，推进无纸化办公，提高实际工作的管理效率与创新和创业精神。进一步完善创新创业活动，如“互联网+”，组织工作的挑战，项目管理信息平台建设创新，训练营创新，提高工程质量，使得高校创新创业取得好成绩。

（四）培养创新创业教学型教师

全面建立和优化教师团队的创新，对教师进行专业培训，使得教师具有创新与企业家精神，熟练运用精益创业理论，并切实提高他们的项目指导和教学能力，以服务创新与企业家精神教学、创业精神与创业项目指导和工作能力的竞争。

参考文献

[1] 章艳. 大学生创新创业能力现状及培养路径 [J]. 常州信息职业技术学院学报，2020，19（06）：69-71+90.

[2] 王菡. 新经济形势下大学生创新创业现状与对策研究 [J]. 创新创业理论研究与实践，2020，3（22）：194-195+198.

[3] 刘志阳，李斌，任荣伟，桑大伟. 创业管理 [M]. 上海：上海财经大学出版社，2016：11，52.

[4] 龚焱. 精益创业的正反面 [J]. 经理人，2019（12）：52-53.

[5] 杨晓慧. 我国高校创业教育与创新型人才培养研究 [J]. 中国高教研究，2015，（1）：39-44.

石漠化治理低成本路径探索

——以贵州麻山地区为例

金潇骁*

（贵州民族大学 民族文化产业发展研究中心，贵州贵阳　550025）

摘　要：民族文化中维护本地生态系统，防范生态灾变风险的内容，是民族文化对本地生态环境适应的结果，它往往具有针对性强、成本低、效果好以及容易获得当地社会的广泛支持等优势。当地民众不仅可以在国家的统一指挥领导下出“力”，还可以积极贡献民族文化中的“智”，因此，在石漠化综合治理的过程中，如果能重视文化引导功用和社区参与，运用相关民族的本土生态知识对石漠化进行“介入”，有可能使石漠化治理成本降低，同时也预期带来有价值的治理效果。

关键词：石漠化；低成本；文化；社区参与

对于生态灾变的治理，需要考虑多层次的配合，即研究、决策和行动三个层面的有机结合，其中研究是最基础的工作，一方面为决策提供决策

* 作者简介：金潇骁（1984—），男，苗族，贵州民族大学民族文化产业发展研究中心副教授，博士。

依据，另一方面为行动提供具体的措施指南。同时，在行动层面也强调要发挥社会力量，充分调动社会各方面广泛地参与救治行动，尤其是治理地域本土民族文化的参与。

社区自然资源管理，是一种以社区为基础的积极参与式方法，自20世纪80年代以来，作为一种农村自然资源得以可持续利用的管理模式和研究分析路径逐渐得到了全球范围的肯定。该方法突出社区的地位，强调社区在自然资源管理中的重要性，重视社区生计的发展和可持续性，试图重新建立能够有效管理资源的条件。

近十年来，以杨庭硕、罗康隆、吴正彪、田红、杜薇等为代表的学者着眼于从民族文化的角度来探讨生态灾变，他们通过大量的调查和实例研究提出了诸如磨合推进、最小改动、弥补缺环等有关石漠化恢复的一些原则。这也促使我们可从民族文化与社区参与的角度来思考一些相应的方法与手段，如果充分提炼其科学性与可操作性，应该能在石漠化改造中真正实践，并且获得有价值治理效果。

一、构建平行生物坝

在治理石漠化时，有学者提出“构建平行生物坝”措施。这里所谓的“生物坝”是指在喀斯特岩石缝隙中培育出一定规模的灌木丛林等“屏障”。而建构平行生物坝是指：“沿等高线，借助苗族乡民的地方性生态知识，利用石缝中的残存土壤，培育灌丛草带。若草带穿过的岩缝可以定植乔木，直接定植乔木更为可取。”[1]

对于这种措施，笔者认为其科学性在于使植物相傍相生，形成一个物种群落，通过它们所形成的屏障，不仅能够逐步保存与积蓄喀斯特地貌最为或缺与难以留存的水土，而且还能够逐步迁延壮大。一方面可对裸露的岩石施行荫蔽，另一方面可使植物的面积不断扩大，双方产生一种长效的良性循环，最大限度遏制石漠化灾变的扩展。

其可操作性在于，首先，这种方法本身简便且为当地百姓认同并熟练运作。人们只需将各家各户自己所建的水平生物坝联结一体并共同维护，这种沿等高线构筑好的平行生物坝，会使土地、植被覆盖范围自行扩大，后期不用投入大量的人力物力；而且在形成平行生物坝时，人们也无须顾虑全面退耕的繁复，只考虑为生物穿插留下空间即可。其次，构建平行生物坝所用的物种，强调选择当地的植物，这些不仅容易寻求到，容易存活，而且构皮、饲草、灌丛和草类都具有与当地土质较好的伴生性能。

构筑生物平行坝时，需要注意的是，允许当地人有节制的利用，割取牲畜饲草，采收构皮纤维。但不允许动土，并保证刈割和利用后，根株可以再生，这就意味着仅退耕，但不停止使用。[2]

同时，在该地区的坡面上，依然留有禾本科、菊科以及苋科植物。此类植物的种子多数都是能够在风力以及水流的作用下进行传播的。然而藤本以及苔藓类植物、蕨类植物等非被子植物都是石漠化恢复治理的必备之物，但这些植物仅仅可以通过孢子繁殖，孢子只可顺水而下传递，而石漠化灾变的形成导致植物群落无法在坡面自动恢复。唯有靠灵长类动物和以苔藓等为食的鹿科动物的将植物的孢子带回坡面。然而目前，由于石漠化灾变，此类动物已经无处寻觅，故而生态系统也就彻底丧失了自我修复的可能。现有的土壤也都保存在岩缝之中，但是岩缝的口径非常小，其常常被种子不大的植物填充上，由于种间竞争的原因，那些种子较大的植物，完全没有可能在自然力的作用下落入岩缝，故而也就丧失了生长的可能。如此一来，若想提升地区的生态恢复速率，唯有在人为的干预之下方可实现，在岩缝的缝隙之中进行多种植物的混合栽培，改变过去通过动物来传播的方式，如此方可使得石漠化地区能够重新恢复成过去藤本与丛林相结合的复合生态系统。[3]

二、优势植被的筛选培育

在麻山地区，适应性植被的生长与保护对于石漠化防治具有非常重要的意义。那么，在石漠化治理措施中，扩大培育有价值的植被，减少栽种导致水土流失的作物不失为一种很给力的措施。

这种措施的科学性与操作性在于，首先，筛选所培育的植被种类讲究多元化，有藤蔓型植物，蕨类和苔藓类植物，爬山虎或岩豆一类的植物，也有参薯、沙药、木薯等有经济价值的块根藤蔓植物。其次，对以上植物的培育分清层次，第一层面是对葛藤、佛手瓜及其他葫芦科的植物以及藤蔓型的豆科植物进行培育，因为它们本来就是石山重要的生态植被与优质物种，这些植物的藤蔓具有很强的攀附延生功能，爬行在让裸露的岩石上能将其荫蔽，让其保存足够的水土。第二层面，种植蕨类和苔藓类植。在藤蔓植物荫蔽下，苔藓植物能够从容生长。苔藓植物繁茂的地方，水资源也相对丰厚，可以支撑着高大乔木的生长。第三层面，可种植参薯、沙药、木薯一类有经济价值的块根藤蔓植物，目的在于让裸露的岩石可以一层又一层能享受“遮天蔽日的”庇护。裸露的岩石得到极大荫蔽后，土壤能够大量截留，蕨类和苔藓一类植物会在岩石表面着生，形成稳定的苔藓层，这就会极大地缓解缺水的现象。最后，敢于淘汰对喀斯特山区有害的玉米一类直立高秆农作物，以此降低其所导致的生态负作用。玉米对于地表的覆盖作用弱小，大面积种植玉米具有多重生态忧患。尤其是玉米生长期间需要经常翻耕动土，与前面平行生物坝构筑不允许动土完全相悖。当然，实施植被筛选培育时，特别要注意不轻易毁掉藤蔓植物的藤枝，即使其枯萎了，也要让它就地留存覆盖岩石，在合适的时候再重新补种。

对于上述措施，笔者认为操作很方便。因为，麻山地区居民早就深切认识到了藤蔓丛林生态系统的重要性，例如，他们在耕地里都会种植大量的藤蔓类植物，而且非常珍惜苔藓类植物。还特别喜欢栽种南瓜，南瓜的藤圈会逐渐把土地覆盖起来，使基岩不受阳光的直射，并通过阳光将藤蔓植物转为生物能量。当然，实施这一措施，必须要获得麻山政府工作人员以及科研人员的大力帮扶，大力支持当地苗族百姓培育筛选种植有价值的藤蔓作物。

麻山的生态恢复必须要与经济发展有机的结合。在这里，我们应该有这样的认识，农业是市场经济中的一个经营性产业，是市场经济的组成部分，具备市场经济的一切要素，所以，农业应该具有“自生能力”，即在正常情况下不一定非要依靠扶持和补贴就能够获得收益。而能否拥有“自生能力”其关键在于是否符合比较优势。这里所谓的比较优势，笔者认为应该满足三个条件：一、产品生产的要素禀赋具有相对优势，生产成本相对较低；二、必须把长时态的生态效益纳入成本的评估之中；三、产品的需求市场规模较大。立足于上述条件，首先应该缩小玉米作物的种植面积。事实上，从2018年开始，贵州的农业工作已经开始着手把玉米调下来，大力发展高效经济作物，推进种植业结构战略性调整，走现代山地特色高效农业发展之路。但是，对于替代产业和作物，还需要认真研究，谨慎选择。畜牧业可以算得上麻山地区的优选产业。首先，当前我国人民的营养结构已经从碳水化合物需求为主转向以蛋白质为主，所以肉类产品的市场需求巨大，尤其随着人民生活水平的提高，对于优质肉类产品的需求更加突出；其次，广泛培植牧草对于抑制水土流失、生态恢复有着重要的意义，而且牧草的品种可以是诸如马唐之类的“杂草”，落地生根能力强，是真正的“野火烧不尽，春风吹又生”，成本也低廉，完全可以在麻山这样的石漠化区域大规模培植。同时，在麻山发展畜牧业应尽量避免使用激素、重金属抗生素等化学化养殖方式，让畜禽产品走出一条具有优势的绿色健康品牌之路。

三、提炼本土民族植树方式

在麻山地区的峰丛洼地山脊地段，能支持植物生长的泥土仅仅存留在岩缝中，这种岩缝是高大乔木的着生点。如果岩缝下方的溶蚀坑很大，坑内的土壤可以支撑乔木长到5米以上。不过，由于这样的岩缝开口在地表所占的比例极小，所以，无论多久，高大乔木都不可能连片生长，而只能随着岩缝开口在地表的零星分布而稀疏存在，同时，高大乔木的生长也要凭借苔藓植物的储水保水能力。当地苗族传统的植树经验是在栽种之前，人们会先观察石缝地表生物的生长状况，依此来判断地表下的土壤状况，进而决定哪里更适合做苗木的种植。他们认为能够生长茅草且旱季不会枯萎的石缝中必然土壤丰富，因此适合高大乔木的生长。另外，生长有蕨类植物或者根藤植物的土壤据点也适合栽种乔木。当地苗族百姓在种植构树和椿树时，一定要找到石缝中已经长着何首乌、葛藤一类块根植物的岩缝；种植毛栗、核桃等树木时，一定要选择长有旺盛茅草的岩缝才下种。[4] 而石缝表面的碎石、裂纹形状以及石缝的开裂走向对于判断是否适合乔木生长也有非常重要的意义。生长高大乔木的石缝从表面上来看没有特别之处，但在其缝穴下却必然隐藏着一个填满了泥土的溶蚀坑。当地人认为走向为纵向的石缝中含有的土壤并不丰富，相反走向为横向的石缝中存有大量的泥土，非常适合杂草以及灌木丛的生长，但这却并不适合乔木类植物的生长，只有横向裂纹与纵向裂纹的交叉点位置才适合栽种高大乔木。用苗族人的话说，顺山势的裂缝会"走气"，因此树苗不能得到充分的养分而无法存活，与山势平行的裂缝不"走气"，也不"聚气"，也不适宜树苗生长，只有横竖裂缝的交叉点才有"气"，才能够支撑树苗的生长。所谓"气"，实际上是苗族人对基岩裂缝中土壤的准确判断。顺势的地方，土壤必然容易下滑，只有横竖交错的地方，顺势下滑的土壤才会被横向的裂纹所阻拦，因而积累于此。至于育苗，将植物种子当作过冬食物是很多小型动物的天性，在植被覆盖率较低的土地上，小型动物往往将石缝作为食物的储存据点，未被食用的种子在第二年春天就会发芽生长。当地苗族人就是将这些幼苗作为植树造林的种苗，既省时又省工，并且易成活。不过现在，随着石漠化的加剧，当地的动物数量和种类都在锐减，这样的方法受到了很大的阻碍。还有一种方法是，动物的粪便中会残留一些没有被消化的种子，搜集包含种子的粪便，然后将这些粪便填到岩石裂缝中，春天时也会长出幼苗。苗族人认为，凡经鸟兽搬运的种子，就具有了灵性，因此容易存活长大，虽然这样的解释显得有些奇异，但是以现代科学的眼光来看，经过鸟兽选择，大多都是无病虫害的种子，部分植物种子由于表层被蜡膜覆盖，自然播种发芽率很低，但经过动物消化道处理之后，再进行播种，发芽率可大大提高。杉树、红豆、酸枣以及漆树的种子都属于此范畴。所以，苗族人的经验，虽然无法用科学语言来表达，但做法却是合理的。在他们朴实的生态文化理念指导下，时常会拒绝政府无偿提供的苗木，他们认为苗圃中培育出来的苗木，已经与苗圃中的其他植物建立了和谐的关系，一旦将它们移植出来，就打破了这种和谐，由于失去了曾经亲密的伙伴而无法顺利生长。所以，他们种树都是直接用种子定植苗木。

当地苗族人的植树特点是不进行除草挖坑的整地开穴。对此他们的解释是，在阳光的照射下，植被覆盖率很低的土地地表温度会非常高，这种高温可以烤死新种的树苗，而土地表层的杂草可以为幼苗遮挡烈日以及提供少许水分，有利于幼苗成活。所谓杂草，既是本文所反复强调的匍匐类、藤蔓类丛林植物和苔藓。当地苗族人对苗木的定植方向非常重视，在立地之前必须先定好苗木的生长方向，然后再将苗木入土。另外一种定植方式是在幼苗的栽种点周围用石头、泥土等搭起一个稍高于地表的土埂，这样就能有效避免洪水冲走幼苗。因为采取了有效的保护措施，当地树苗的成活率非常高。地域不同，土壤的属性也会有极大的差别，如何为苗木选择最适合的栽种点是一个非常棘手的难题，目前还没有一种现代技术能够有效地解决此难题。针对这个难题，当地居民共总结了三种选择方法：第一，依据生物伴生准则，观察野外自然生长的植物来确定它们是否具有亲合关系，具有亲合关系的植物往往生长在一起，在相关灌木草丛中配套种植具有亲合关系的树种就肯定没有问题，所谓亲合关系，本质上就是保持物种的多样性，在多样性的原则下利用物种各自的优势来实现平衡，这不得不让笔者联想到如今城市绿化中的统一规划，反而容易落入单一性的陷阱，恰恰是一种反生态的做法；第二，依据实种经验，在石缝中种植不同的树种，根据长势，淘汰掉生长不好的品种，而保留生长最好的；第三，观察那些已经生长出大树的石缝，在与这些石缝特征相似的缝隙中栽种同种苗木。为了提升这些选择方法的价值，当地苗族人十分珍惜已经建造成林的山地，这些山地就是他们的示范园，以此为镜，逐步扩大林地面积，另外，这些山地中的新生幼苗又可以作为后续荒地的种苗，进而减少荒地面积。利用这些办法，麻山地区几千亩的石荒山地在短短五年时间内全部变成由青冈树、桦树、构树混交而成的林地。事实上，麻山苗族很多人对此谙熟于胸，只是有时很难清晰的表达出来，更不可能著书立说，用科学的语言书写。

当地苗族人不仅用种子直接定植苗木，也常常使用纤插的办法繁殖苗木，他们用石灰或淀粉处理枝条的断口，这样的处理后，光凭一个枝条也可以植树成活。当前，他们也不拒绝使用现代化的材料，他们就频繁使用塑料薄膜覆盖，防止新定植和纤插的苗木脱水。他们也使用现代农药防止新定植的树木被昆虫啃食根部，但他们决不滥施农药，而是将农药细心的点在树苗破损的根部。据他们解释，是因为此类树种会分泌糖分，招来蚂蚁啃食，因而必须对树根创口严加封堵，才能防范昆虫的啃咬。

此外，他们选定树种不是单凭树种的经济价值，或者自己的利益去选择树木，而师法自然，到与石漠化荒山临近残存的小树林中，按比例选取相关树的种子，在石漠化荒山的岩缝中配套种植。[5] 这种做法，避开了外来物种不适应当地条件的种种繁殖，可以一步到位的植树成功，同时也确保形成的林木，保持物种多样性和物种间的协调关系。

麻山苗族人无论是种植庄稼还是种植树木，都是用“护”而不会随意翻挖土地，如果随意翻挖土地，反而可能导致更严重的水土流失。而所谓杂草，即匍匐类、藤蔓类丛生植物，其作用不再多讲，如果将它们清除，在麻山这样无序升温的条件下，树木难以成活，即使勉强成活，其长势也不尽如人意。在调查中，我们就发现很多树木被当地人称为“老人树”或是“矮子树”，其特征就是非常矮小，无法再长高，且东倒西歪，就像一位弯腰驼背的老年人，这就是忽略伴生的藤蔓匍匐丛生植物的结果。如果采用江河平原的育林方式，比如整理土地、清除杂草、开挖树坑、广施肥料等反而会导致种植的树苗死亡，这正应了当地人的一句古话：“别家的鬼师请不动本家的鬼。”

所以，在麻山恢复植被应当先炼山，清理夹有泥土的岩缝，为人工植树种草，抑制生物间生存竞争干扰做好准备。接下去先种藤蔓类或丛生类植物。等藤蔓植物覆盖基岩后，再在它们的荫蔽下种植苔藓类和蕨类植物，最后在等苔藓层长厚到足以包裹整个基岩，才择机引种乔木和灌木。在乔木和灌木的生长过程中，控制藤蔓植物的生长，但绝不是将它们清除，而是控制生长，以免对乔木和灌木的生长形成竞争和干扰。这样不需要太长的时间，生态恢复就可初见成效。

同样，麻山苗族人对生态系统中各种资源的利用都不会“赶尽杀绝”，而非常注重它们的再生性，以保证可持续利用。同样以植树为例，他们还有一种特殊的方式，即使是被砍伐的树木，只要不被连根拔除，就可以让它再生。当林木老化后，需要先于离地面五寸之处砍伐树木，而后或用火轻轻烧树墩处，抑或是在树墩的位置涂抹适量的石灰水，则树木便可在次年继续萌芽，而到了第三年便可以实现其郁闭。该方法对于包括栗树、槐树以及构树等多种树木的再生具有明显的效果。不仅如此，该方法能够保证树木的树墩依然保持着旺盛的生存能力，故而根的固土效果依然存在，所以在暴雨来临之时，也同样能够避免水土流失的现象。[6] 这一技术是保持喀斯特山地植被的最佳做法，不仅成本低，成林也十分快，同时又不影响可持续利用，对生态建设具有应用价值。

不过需要注意的是，传统的麻山苗族农田，本身就是当地生态系统的缩小版，农田里的作物上百种，不仅有人工种植的作物，还有包括藤蔓丛生类以及乔木类在内的野生植物，同时还实行种养配置，农牧兼营。除去人吃的部分，很多农作物和野生植物都可作为家畜、家禽的饲料，而动物的粪便不仅可以传播种子，还可作为肥料涵养土地，这是一个良性循环和均衡发展的状态。但是封山育林和退耕还林之后，由于森林覆盖面的大幅增加，野生动物也快速繁殖，以至于庄稼被动物大量偷吃，又会引发动物与人之间的激烈冲突。例如在紫云县，就出现了“人猴争粮”的状况，这是生态重建的新课题。[7] 这不仅让笔者联想到了贵阳市内的黔灵山公园，放养野生猕猴是黔灵山公园作为城市森林公园的一大亮点，在国内恐怕都独一无二，但正是因为如此，因为猕猴受到保护，没有了天敌，导致猕猴数量激增，以致现在黔灵山公园的一些区域已经猕猴成灾，猕猴刨光了原本长满草木的山坡，猕猴伤人的事件也时有发生。当然这是一个题外话，但都足以表明在生态保护、生态重建的过程中，平衡永远是关键词。

四、围堵地漏，恢复溶蚀湖

岩溶地区地表下的暗河与溶洞纵横交错，与地表之间的连接主要通过大量的垂直缝隙；在其地表之上，溶蚀洼地星罗棋布，中间隔有陡峭的环状形石山；洼地低凹处存在一个个地漏斗，其连接着地下的溶洞，这些地漏斗无疑成为洼地水土资源流失的直接通道；地漏斗在正常情况下，一般开口较小，常常被冲泻下来的杂物堵塞，地表的积水渗漏缓慢，于是在洼地最底部形成所谓的溶蚀湖或浅水沼泽。溶蚀湖和浅水沼泽具有重要的蓄水功能，尤其作为旱季水源，每年冬季还有大量越冬候鸟光顾此地，《百苗图》“克孟牯羊苗”条醒目地描绘了苗族妇女在溶蚀湖底部汲水的场景。但因为进行开垦，目前麻山地区溶蚀湖大多已被排干，使得麻山地表这一重要储水形式丧失，加重了石漠化的程度，所以有必要对溶蚀湖进行恢复。

这种措施同样具有科学性与可操作性。首先，处理地漏斗本身需要运用科学手段。第一，勘测地漏精确的方位，并科学判断其附近的岩层构造；第二，测算暴雨时期临时径流走向，明确相关的流水冲力参数；第三，探明溶蚀洼地底部岩缝的准确位置，科学设计其面积以及容积。其次，人造溶蚀湖在重建生态结构方面具有一定的实用价值。例如，保留水土，洪涝时期拦截洪水，干旱季节提供水源，利于种植与养殖，为生物多样性环境重构提供保障，等等。

对于可操作性，笔者认为既有方便之处也有难题所在。方便之处在于该地区的苗族对于以上两方面知识具备一定的经验，运作中能够切实保证围堵地漏斗的有效性。而对于上述措施的施行，目前也存在以下难处[8]：一是，围堵溶蚀湖工程规模不大，但是和其他水利工程一样，同样需要开展防渗漏、移民安置、社会稳定风险、土地预审、压覆矿以及环境评估等专题研究，报批可行性研究报告，待国家有关部门审核批准后方可进行，所以时间长，程序烦琐，但工程本身规模较小，投资总额不高，所以对于设计施工单位来说就无利可图，也就没有参与的积极性，因此相关部门很可能还是宁愿兴建新的水库来实现稳定水源和生态恢复，岩溶地区常见的小Ⅰ型水库，总投资大多在1至2亿万元以上（见表1），相比之下，恢复溶蚀湖的投资就小得多。二是，一般的水利工程习惯于拦河筑坝就地势开渠，堵塞溶蚀湖却没有相应的技术参数，只能大规模开展灌浆作业，设计施工方案也有一定难度。三是，工程所在位置交通不便，生活艰苦，而项目投资又不大，经济收益并不高，要企业人员在这样艰苦地带做奉献是存在困难的。四是，当地百姓的主要耕地都集中分布在峰丛洼地底部，恢复溶蚀湖，就得占用现有耕地，需要对当地群众做大量思想工作。

表 1 某小 I 型水库工程项目估算总表

单位：万元

序号	工程或费用名称	建筑安装工程费	设备购置费	独立费用	合计
I	工程部分投资				17090.65
一	建筑工程	9561.75			9561.75
二	机电设备及安装工程	52.40	235.02		287.42
三	金属结构设备及安装工程	1776.75	157.43		1934.18
四	临时工程	937.24			937.24
五	独立费用			2816.16	2816.16
	一至五部分合计				15536.75
	基本预备费				1553.90
	价差预备费				
	工程部分静态投资				17090.65
	建设期贷款利息				
	工程部分总投资				17090.65
Ⅱ	专项部分投资				
一	水库工程建设征地移民投资				4584.96
二	水土保持工程费				266.98
三	环境保护工程费				356.41
	专项部分总投资				5208.35
Ⅲ	项目总投资（I+Ⅱ）				22299

作为运用科学的治理方法来完成如此宏大的生态工程，存在困难是难免的。但是，不管有多大的困难，实施这一措施利大于弊。因为，只有堵塞了地漏斗，水土下泻的势头才能遏制，喀斯特石漠化山区的生态恢复才会稳定，山区居民的生活用水才会有着落。堵塞地漏斗，无论是形成固定水域，还是形成浅水沼泽，甚至仅仅是减缓水土下泻的速度，都有利于喀

斯特山区的生态恢复。能形成固定水域，生态价值更大。因而执行这一任务，必须坚持到底。

事实上，麻山降雨量是比较丰沛的，并不缺水，只是地表无法截留住水，而在地下溶洞中，却往往有丰富的水资源。所以解决麻山水资源匮缺的关键，显然不在于找水或者是引水。但是从溶洞底部把水背上来，实在太不经济。一个壮汉需要耗费一天的时间，才能背回一桶水或一竹筒的水。事实上，在麻山不少苗族乡民单凭将屋檐水富集起来，就轻而易举地解决了旱季的饮水问题。[9] 在麻山各地，原先不少家庭都有自己的储水窖，这些储水窖有的是用石板镶成，有的是将溶蚀坑底部的缝隙堵住后自然形成。他们面对的难题仅在于难以保持水的清洁。这样的问题，立足于今天的科学技术而言，其实是轻而易举就可以做到的事情。简单的过滤，或者用 PP 棉、烧结活性炭、颗粒活性炭等多孔材料吸附悬浮物，就可以得到妥善的解决，有条件的地方甚至可以在末端加装 RO 反渗透膜过滤净化为直饮水。至于富集雨水的办法，有时也不需要大兴土木，当地人仅仅是将农用薄膜铺在石头上，每次强降雨就可以富集足量的淡水。

五、结　语

对于麻山这样的石漠化区域，很多研究表明其缘于长期的文化失范，那么在治理模式上，可以探索加以本土的文化介入。文化介入的关键是重构麻山地区的文化制衡格局，以实现文化对环境的适应，保证文化与生态之间的耦合关系，保证调节机制的有效。实现文化制衡，可以保持在区域范围内文化的多样性存在，从而形成均衡状态，降低风险，实现人类社会的稳态延续。也就是说，在文化制衡格局下，各民族都定位于最能适应的那一个自然生态系统，由于对所在地区的生态系统具有很高的适应能力，进而也储备了应对所处生态系统结构演变的生存智慧和生存能力，若这样的生存智慧和生存技能能够被系统的整理出来，则可以成为应对生态灾变的智囊。对于麻山这样的多民族聚居地带，要重构文化制衡，可以采用“泛化维护”的手段，即依靠各民族的协同努力，剔除族际互动中的干扰因素，从而使族际文化制衡的稳态延续能力得以强化，尽可能以低成本的方式实现对石漠化灾变的有效控制。

参考文献

[1] 崔海洋，杨洋. 麻山喀斯特地区石漠化救治与扶贫开发的文化对策［M］. 知识产权出版社，2014：127.

[2] 唐永甜，袁翔珠. 论西南石灰岩地区少数民族保护土地资源习惯法［J］. 绿色经济，2010，(2)：67-70.

[3] 罗康隆. 麻山地区苗族复合生计克服“缺水少土”的传统生态智慧［J］. 云南师范大学学报（哲学社会科学版），2011，(10)：34-39.

[4] 游俊，田红. 论地方性知识在脆弱生态系统维护中的价值——以石灰岩山区“石漠化”生态救治为例［J］. 吉首大学学报（社会科学版），2007，(2)：85-90.

[5] 罗义群. 苗族本土生态知识与森林生态的恢复与更新［J］. 铜仁学院学报，2008，(6)：59-64.

[6] 崔海洋，杨洋. 麻山喀斯特地区石漠化救治与扶贫开发的文化对策［M］. 知识产权出版社，2014：98-100.

[7] 沈仕卫：人猴争粮. 紫云生态重建的新课题［N］. 贵州日报，2004. 8. 13.

[8] 崔海洋，杨洋.《麻山喀斯特地区石漠化救治与扶贫开发的文化对策［M］知识产权出版社，2014：104，131-132.

[9] 罗康隆. 麻山地区苗族复合生计克服“缺水少土”的传统生态智慧［J］. 云南师范大学学报》，2011（1）：34-39.

乡村振兴下乡村文化建设现状研究*

——以紫云县L村为例

李昌先**

（贵州民族大学社会学与公共管理学院，贵州贵阳　550025）

摘　要：乡村文化建设作为乡村振兴的重要组成部分，对乡村的全面发展、缩减城乡差距等起着重要作用。乡村振兴背景下，乡村文化建设取得明显成效的同时仍面临着极大的困境。本文以紫云县L村为例，通过对L村乡村文化建设的现状分析后发现目前该村的乡村文化建设正面临着乡民价值观转变、文化服务体系不完备、文化建设人才流失、文化建设缺乏产业化等问题，并在此基础上提出一些可行性路径。

关键词：乡村振兴；乡村；文化建设；紫云县；L村

当前我国的全面发展深受“三农”问题的影响，为解决我国发展不平

---

* 基金项目：本文系全国民族教育重大课题“乡村振兴战略下的教育扶贫与传统村落保护研究”（项目编号：ZXZD18005）、多彩贵州文化协同创新中心资助课题“乡村振兴战略下的贵州教育扶贫与传统村落保护研究”（项目编号：DCGZXTCX2019-7）、2019年贵州教育科学规划课题“贵州传统村落教育扶贫推进路径研究”（课题编号：2019B208）阶段性研究成果。

** 作者简介：李昌先（1996—），女，汉族，贵州民族大学社会学与公共管理学院硕士研究生。研究方向：社会治理与社会政策。

衡不充分的问题，缩小城乡差距，十九大以习近平同志为核心的党中央提出了乡村振兴战略。乡村振兴战略的提出为我国如何解决主要矛盾提供了方向和思路，所以实行乡村振兴战略成为一个关键的选择。乡村振兴战略涉及我国现代化发展的各方面，乡村的落后发展会让全局发展陷入被动局面，实施乡村振兴战略让“三农”问题得到根本的解决，从而反作用于不平衡不充分发展矛盾的解决。[1] 乡村作为一个综合的地域总称其既包含了自然生态、社会群体，经济活动，还持有生产与生活，生态和文化等多样功能，他与城市是相互促进，一脉相承的，人类活动的主要空间就是由这两者相构成。乡村的兴旺与衰败都决定着国家的繁荣和昌盛。[2] 乡村文化建设作为乡村振兴的重要组成部分，不仅可维护乡村秩序的发展，还可作为优秀传统的载体，是引领乡村风气文明的关键因素，更是乡村振兴的动力和源泉，对于乡村振兴和发展起重要作用。本文基于对相关文献进行梳理，以紫云县 L 村为例，进行实地调研后对当前 L 村乡村文化建设存在的问题进行分析，并在此过程中提出一些解决的路径，使得乡村振兴和乡村文化建设得以相融合，从而推动乡村振兴的更好发展。

一、L 村乡村文化建设的现状分析

（一）建成综合性文化服务中心

L 村村委领导在当地政府的支持下，于 2014 年建成了一个综合性文化服务中心，文化服务中心主要设施包括：文化器材 3 个（电子琴、鼓、民族乐器），广播器材 2 个（音响设备、扩音喇叭），文化活动广场 1 个（内设篮球场 1 个、乒乓球桌 2 个、双位双杠、手臂活动器、伸腰架、腿部按摩器各 1 个），文化活动室 1 个（目前还未投入使用），文化站管理员 1 名，并设有 1 个专门的宣传栏。在宣传栏上，村委以简报的形式刊登一些名言警句、村民书画作品等，书法主要是一些关于爱国、爱集体、爱村寨的诗词，绘画主要是一些具有民族特色的人物和文化的图片，如民族舞蹈、民族服饰、民族手工等。其中，L 村文化活动广场中一些健身器材由于无人管理出现了损坏破旧的现象，加之器材数量较少，这些器材已经不能满足当前村民的需求。总体来看，L 村综合性文化服务中心的建成，为该村的文化建设提供了重要的基础保障，为后续乡村文化的发展打下了坚实的基础。

（二）组建民间业余文化队伍

L 村通过自发性的方式将村里一些有兴趣的村民组建起来建成了 1 支农村文化艺术表演队伍，目前这支队伍暂有 11 人，平均年龄在 52 岁左右，共有 7 名成员为女性，其主要作用是每逢节假日的时候组织到一起，为村民们进行表演，如元宵舞狮会、春节文艺会等。L 村民间业余文化队伍的组建，为村民提供精神产品的同时也极大程度地丰富了村民的生活方式。但由于该团队缺乏专业知识，成员大多是流动的，加之团队缺乏统一管理的人员，导致该团队在开展活动的时候常出现人员不齐，成员之间表演默契差，使得表演难以维系。因而该村开设了民族文化队伍特色培训班，邀请文化志愿者来村里进行授课指导，以提高该文化队伍的综合素质。近年来，L 村也试图通过奖励方式鼓励村里更多的志愿者加入文化队伍，但由于 L 村近几年来无文化经费支撑，因此各项活动开展存在巨大的困难。

（三）开设内容多样的文化活动

L 村积极开展对书法、手工、音乐、绘画等方面有广泛兴趣爱好者的培养活动，还专门搭建台子，为村民提供广场舞、健身舞的场所，并鼓励大家投身文化体育活动建设。如 L 村于 2020 年举办了第二届孝道文化节暨“五星文明户”颁奖活动，该活动主题是关于“致富星、守法星、诚信星、卫生星、美德星”五星评选，其目的在于鼓励村民提高自身文化修养和道德素质，推动乡村文化建设。其评奖活动主要以一场演出穿插一个“五星文明户”颁奖为主线，此文艺演出中涉及的表演种类多样，如歌舞、魔术、小品、演讲等，通过此活动的开展，极大丰富了村民的生活。L 村每年都在积极开展新春文体活动，鼓励村里的男女老少踊跃报名参加春节活动，且活动内容丰富多样，如男女篮球、乒乓球、拔河、打腰鼓、山歌、男女接力赛、棋牌、歌唱比赛等。

二、L 村乡村文化建设面临的问题

（一）村民价值观念发生转变

以前的 L 村村民大多居住在乡村里，都是自给自足的生活状态，与外面的联系比较少，生活方式和价值观受外界影响较小。但是自我国改革开放以来，随着经济的发展，人民生活水平的提高以及交通的便利，乡民们有机会走出农村，视野得以开阔的同时价值观念发生了极大的变化。现代思想和潮流越来越易受到年轻人的青睐和追捧，一些年轻人外出务工，在城市生活，受到城市文化的影响，他们在潜意识里已经认为自己是城里人了，因此出现了一种盲目地推崇城市文化的现象，乡村文化受到排挤，他们将推崇乡村文化视为一种带有农民身份烙印的标签，一些承担传承乡村文化的义务与责任感逐渐衰弱。外来文化的侵入，导致文化就像一个万花筒一般，好坏难分。多元文化又使得乡民的传统价值观念发生了极大的改变。面对多元文化的冲击，乡民对自己的文化失去自信，一些乡村文化的具体价值缺失，文化传承的主体逐渐消亡，让乡民陷入了一种没有适合自己的文化作为自身精神支柱和引导的困境。这些都影响乡村文化的发展，同时也减弱了乡村文化的凝聚力和认同感。

（二）文化服务体系不完善

从 L 村资金投入方面来看，其只注重能带动经济发展的投入，L 村的大量资金被用于养殖和种植方面，用于该村文化建设的资金没有固定的形式，一般只是在春节的联欢晚会上投入部分资金，其余的大部分资金，皆是以“众筹”得来，文化建设资金不足。从文化服务体系人员配备和管理上看，目前 L 村建有的文化综合服务站中有管理人员一名，是一个 35 岁的留守妇女，初中文化水平。据此人描述，她平时负责档案整理、解读文件、资金申请及使用报备情况、组织村里的文艺活动等。询问的工作人员得知她的岗位虽是文化工作站的，但是由于自身知识局限加之村里工作繁多、村里工作人员的缺乏，所以基本上都会被抽调去干其他工作。最后，从文化基础设施上来看，该村的文化基础设施不完备，文化活动形式单一。该村只有一个图书馆，有些图书内容已经过时，无法满足村民的要求，而且图书馆所属当地小学不对村民开放；此外建成的文化站由于缺乏专门的工作人员指导，许多文化设施及文化活动形同虚设，无法得以有序开展。

（三）乡村文化产业化发展乏力

乡村文化产业化，可以增加农民的经济收入，增强其文化自豪感和自信心，彰显乡村文化的生命力。[3] 文化产业发展不能脱离文化资源、社会资本、资金流动和市场需求这四个基本要素。但受该县政策的倾斜和影响，L 村用于发展乡村文化基础设施建设的投入力度不足，文化产业同质化发展严重，文化产业缺乏创新性，特色文化不足。导致该村的文化产业得不到有效的发展。据调查，该村目前的文化发展以家庭式、作坊式生产为主，没有以产业化的形式进行运作。缺乏如乡村传统节日活动、乡村旅游、民间工艺品等农村文化资源的系统性开发，使得该村开发出来的文化产业成果数量较少、质量较差，没有真正做到将乡村文化和创意元素、新时代科学技术相结合。在文化宣传方面以自我宣传、独自售卖的传统形式呈现。这种模式的经营效率十分低下，也难以产生足够高的经济效益，同时也不能形成特有的乡村品牌。由此可知，当前 L 村文化建设距离产业化仍然有很大的差距。

（四）乡村文化建设人才缺失

乡村振兴离不开人的发展，同样乡村的文化建设也离不开人的参与和建设。如果农民在这场关乎自己家乡建设和自身利益的乡村建设和发展中集体“失语”，将会导致乡村振兴成为纸上谈兵，或者只是发展了样板，或者仅仅增加了摆设。[4] 乡村文化建设是以人为传播主体的，如果离开了人这个主体将会失去它独有的意义。因此只有留住专业人才才能弘扬乡村文化，推进乡村振兴发展。据调查，L 村有 90%的人以外出务工为生，且都多为青年人，村里的常住人口只剩下妇人、老人和孩子。受农村重男轻女思想的影响，L 村受过教育的青年人多半都是男性，但这一部分作为家里的主要劳动力，常年在外面打工。还有一部分是在外读书的年轻人，由于 L 村地理位置十分偏僻，一般在外读书的青年人为了更好地生活都不愿意再回家乡。村里文化建设的主体只能依托留守儿童、老人以及文化程度普便偏低的妇女身上，随着乡村大部分青年人的离开，传承乡村文化的人越来越少，导致乡村文化逐渐衰弱，文化传承主体的衰弱和流失一定会影响乡村文化的传承和建设。

三、解决途径

（一）加强村民正确价值观念培养

乡村文化的繁荣和发展离不开乡民思想觉悟的提高和加强，以及正确价值观念的引导，才能推进乡村文化科学、文明，提高乡村文化建设的水平。首先正确的价值观念的引导和培养离不开以社会核心价值观为基础。坚持以社会主义核心价值观为引领，以传承发展中华优秀传统文化为核心，以乡村公共文化服务体系建设为载体，培育文明乡风、良好家风、淳朴民风，推动乡村文化振兴，建设邻里守望、诚信重礼、勤俭节约的文明乡村。[5] 具体而言，要加强村民爱国主义精神、集体主义精神的培育，增强文化自觉自信，通过深入挖掘和发展一些正能量的先进个人和集体，积极表彰先进的模范分子来引导村民的学习，从而树立正确的三观，在为村民树立道德模范标杆的同时也增加了村民参与的积极性。

此外，L 村由于地理位置的局限，其不管是经济发展还是文化教育都十分局限，村民在思想观念方面故步自封，不能接受其他优秀的文化，在遇到外来文化时会不知所措，这会导致由于对乡村文化缺乏理论性认识而出现文化不自信的情况；或是出现缺乏对其他文化鉴别是非的能力，盲目的追逐和崇拜，认为乡村文化是一种过时、落后的文化。其根本原因在于村民的文化程度不高，在价值判断上无法进行有效的判断进而影响到村民正确价值观的形成。因此，政府应将农村教育问题放在首要位置，加强对该地区的教育投入和村民的教育学习，从根本上提高村民的文化素质和思想素质，培养村民正确的价值观，从而促进乡村文化建设的目的。

最后，还要充分发挥乡村文化特有的道德规范作用，在对村民价值观念培育的过程中，注重道德的规范作用，积极推进社会公德、职业道德、家庭美德、个人品德建设，弘扬中国传统优秀文化中讲道德，重孝道，爱劳动，担责任等价值观念，为村民树立正确价值观吸取充足的养分。

（二）加强乡村文化建设人才培养

首先，重视乡村人才文化教育培养是关键。农民作为乡村文化传承的主体，他们是推进乡村建设的主力军。他们的思维方式和文化素质直接影响了乡村文化建设生存和发展的方向。当前 L 村村民整体文化素质不高，因文化水平的缺乏而丧失了对文化建设参与的积极性和热情。针对此情况，笔者认为一方面可以通过聘请专业的教师下乡来进行知识的讲解，还可以通过增加培训班次数，开展宣讲会等向村民传播科学文化，宣传国家新思想，同时还要注重对党的理论方针的宣传，将国家的方针政策内化于心，外化于行。培养出一批既有知识，又心系祖国的新型乡村知识分子，为乡村文化建设提供人才保障。另一方面，积极发展基层文化组织，为乡村文化建设提供阵地。对于乡村中有觉悟的村民或者组织，要积极鼓励他们参与到文化建设中来，积极组建民间社团，开展文艺活动，加强组织之间的文化交流，提供必要的设备装备，激发他们的创作、演出和工作热情。重点管理和引导本村的文化组织，使其更好地为建设乡村文化工作贡献一份力量。

此外，政府应对乡村人才进行组建，加大对基层干部的选拔和培养，为乡村振兴提供人才储备。针对本乡人才流失问题，政府可通过加大资金、鼓励引进外商办厂、兴办合作社、发展特色旅游业等措施吸引外流人口，留住年轻人。通过政府福利和补贴与鼓励知识分子或本土人才回村，参与到乡村的文化建设中来，这样一来，乡村文化的发展就有了固定的人才，一系列文化建设措施就得以有序地开展。

最后，农村文化建设人才缺失的原因还在于村民缺乏对乡村文化的理性认识，因此，当地应以政府为主，结合村委会落实宣传乡村文化的工作，充分挖掘乡村文化的内涵，使村民了解乡村文化建设的重要性和目的，通过宣传让村民了解乡村文化建设是关乎村民本身的福祉的，他们才是最大的受益者，以此来提高村民参与的积极性，从而留住文化建设人才。

（三）加强文化服务设施投入力度

首先，文化作为一个国家的软实力，文化建设既是实现乡村振兴的重要板块，更是一个国家和一个民族立足于世界之林的关键。经济作为发展的基础，任何事物的发展都离不开经济作为重要的支持，L 村的乡村文化建设与当地的资金投入有着重要的关联。政府作为乡村振兴的主体，应积极发挥带头作用，加大财政资金在乡村文化建设方面的投入。设立专门的乡村文化建设资金专项，使得该村在提供和建立各项文化服务设施时得到有力保障。但是，仅依靠政府的力量来维持资金的运转是不够的，所以应该积极鼓励和动员社会力量参与其中，通过众筹、捐赠等形式对文化建设进行支持，拓宽乡村文化服务体系资金的渠道。

其次，L 村作为一个少数民族聚居的村庄，有着他们独特的民族文化，对文化建设的相关工作人员可以通过打造特色民族文化来建立自己的品牌，开展以民族为特色的文化活动，从而为文化服务体系的建立拓宽渠道。

最后，L 村还应该对文化设备进行免费开放和共享，让有需要的村民有学习和了解的渠道，拓宽村民们的视野。通过开设流动图书馆，拓宽公益性文化广场的空间，还可以通过文化站工作人员定期向村民进行文化宣传，定期要求村民学习特定的内容，并以奖励的方式对表现优异的村民给予鼓励，还应开展各项文化活动，如参加读书会，开办才艺表演，丰富村民的文化活动，营造浓厚的学习氛围，使得公共文化服务体系在逐渐完备的同时，也提高了公共文化服务的质量和水平。

（四）加强特色乡村文化产业建设

L村的村民超过92%的为少数民族，其中以苗族居多。L村每年大年初一举办“山歌节”，当天村里的人或者其他地方的人都会聚集在一起唱山歌。比如敬酒歌、迁徙歌、劳动歌、祖先歌、丰收歌、情歌等。山歌的歌词内容包罗万象，其所体现的不仅是少数民族的生活经历，还表达了他们的人生态度，对大自然的敬畏之情等，更体现出了L村特有的民族文化，为外界对L村民族文化的了解提供了渠道，并对少数民族地区乡村文化建设产生深刻影响。但是由于近年来政府的重视力度不足，导致这个节日的开办停滞，笔者认为，可以将其打造成为该村特色的产业文化，组建专门的表演团队，将苗族特有的文化以演出的形式向全国的展示，推动乡村文化的振兴。

此外，L村有一个蓝靛基地，政府可以通过提供一些优惠政策引进外资的方式，建立以蓝靛为原材料的加工产业，开设染布工厂。蓝靛是苗族制作服饰的主要原料，当地苗族可充分利用原材料就近的优势，发展其特有的蜡染工艺，再将蜡染的成品与旅游业有机结合起来，蜡染具有浓厚的民族文化内涵，是少数民族文化的窗口体现，蜡染和旅游相辅相成，蜡染促进旅游业的发展，旅游业又能推动蜡染销售，还拓宽了其所特有的民族文化的宣传渠道。

最后，L村是一个少数民族聚居的村寨，有独特的旅游文化资源，可打造特色苗寨，推出具有地方特色和民族文化的手工产品作为旅游亮点，让游客们感受到少数民族的民族风情，从而吸引游客消费促进当地经济的发展，为乡村文化建设提供动力。

四、结　语

乡村振兴的进程离不开乡村文化的繁荣与发展，一方面，乡村文化作为我国优秀文化的源泉，是我国亿万人民的心灵归属和精神支柱，是支撑乡村振兴发展的精神基础；另一方面，乡村文化建设为乡村振兴提供了发展的方向，通过文化建设提高了村民的自身素养和思想觉悟，乡村的教育得到重视和发展，村民科学知识学习的能力得到提升，这样既保障我国新时代所需的新型知识村民，也为解决我国“三农问题”提供解决方案从而推动了我国的全方位的发展。所以，想要推进乡村振兴缩小城乡差距，加强乡村文化建设是关键和必要，这不仅符合我国当前的发展规律，更是我国人民的心中所愿。

参考文献

[1] 韩俊. 实施乡村振兴战略将从根本上解决“三农”问题［J］. 农村工作通讯，2018（02）：50.

[2] 中共中央国务院印发. 乡村振兴战略规划（2018－2022年）［N］. 人民日报，2018-09-27（001）.

[3] 刘合光. 乡村振兴战略的关键点、发展路径与风险规避［J］. 新疆师范大学学报（哲学社会科学版），2018，39（03）：25-33.

[4] 吕宾. 乡村振兴视域下乡村文化重塑的必要性、困境与路径［J］. 求实，2019（02）：97-108+112.

[5] 中共中央国务院印发. 乡村振兴战略规划（2018－2022年）［N］. 人民日报，2018-09-27（001）.

乡村振兴视域下民族特色村寨保护发展研究*

——以乌当区偏坡村为例

李美艳　杨　晓**

1. 贵州民族大学，贵州贵阳　550025
2. 贵阳人文科技学院，贵州贵阳　550025

摘　要：近年来，特色民族村寨的保护受到学者的关注，致力于特色民族村寨的保护研究，对促进乡村振兴战略具有至关重要的作用，特色民族村寨的保护和发展是推进乡村振兴的有效路径。因此，在乡村振兴视域下特色民族村寨的保护与发展值得我们进一步深入研究。本文以贵州省偏坡村为例，通过实地调研了解到偏坡村的发展现状以及偏坡村的保护与发展模式，提出了特色民族村寨保护与发展建议。

关键词：乡村振兴；偏坡村；特色民族村寨

---

* 基金项目：本文系2019年贵州教育科学规划课题“贵州传统村落教育扶贫推进路径研究”（课题编号：2019B208）、全国民族教育重大课题“乡村振兴战略下的教育扶贫与传统村落保护研究”（项目编号：ZXZD18005）、多彩贵州文化协同创新中心资助课题“乡村振兴战略下的贵州教育扶贫与传统村落保护研究”（项目编号：DCGZXTCX2019-7）阶段性研究成果。

** 作者简介：李美艳（1996—），女，彝族，贵州民族大学2019级硕士研究生。研究方向：民族地区行政管理。

杨晓（1993—），女，苗族，贵阳人文科技学院教师。研究方向：民间文艺学。

乡村振兴是在十九大报告中提出的，然而特色民族村寨的保护与发展是乡村振兴实施的一个重要内容，值得我们进一步深入研究。特色民族村寨与民族特色村寨有所不同，民族特色村寨是指拥有物质形态和非物质形态文化遗产，具有较高的历史、文化、科学、艺术、社会、经济价值的村落。[1] 特色民族村寨是中国几千年以来的精神文明、农耕文化传承的载体，是地方居民在生产生活遗留下来的物质财富和精神财富的总和。现今，受经济全球化、工业现代化、城乡一体化、乡村旅游化的冲击[2]，众多特色民族村寨未能及时抢救保护，较多特色民族村寨销声匿迹，特色民族村寨被现代化建筑所替代，特色民族村寨面临式微、衰落现象愈加严重，特色民族村寨中的特色建筑、民俗文化、民族服饰也随着村落的衰败而消失，因此，对民族特色村寨进行有效的保护与发展已是迫在眉睫，只有对民族特色村寨进行有效的保护和发展，才能更好地促进民族特色村寨的保护与发展走向良性循环。[3]

一、偏坡村发展现状

（一）偏坡村概况

偏坡村隶属贵州省贵阳市乌当区偏坡布依族乡，地理位置优越，交通便利，偏坡布依族乡政府位于偏坡村。偏坡村是一个少数民族村寨，布依族人口占97%，蕴含着丰富的民族文化内涵，是贵州少有的一个美丽民族村。偏坡村是一个自然资源和人文资源极其丰富的村落，走进偏坡村，会看到诸多具有民族特色的建筑，村落环境优美、干净整洁，这一切都源于偏坡村良好的乡风文明建设。至今，偏坡村荣获“第一批中国少数民族特色村寨”“乡村振兴示范乡”等多项荣誉称号。

（二）民族文化资源丰富

偏坡村是一个少数民族村寨，主要聚居着布依族，民族文化极其丰富，传统建筑民居也保存完好，建筑风格突出布依族文化特色，民族民居文化丰富多样，民族歌舞、民族刺绣等独具风格，民俗文化、民族风情源远流长，偏坡村依托丰厚的布依族文化资源，打造文旅融合的旅游发展模式，树立文化旅游品牌“醉美偏坡”，以民族文化为载体，充分挖掘其文化价值内涵，发挥文化资源优势，更好的整合文化资源，将文化资源转化成文化资本，不仅有效的传承和保护了优秀民族文化资源，同时也促进了当地的旅游产业的发展壮大，带动地方经济增长。

（三）良好的乡风文明

在实地调查中发现，偏坡村村里有一面墙，上面贴着村民们的照片以及信息，这是对村民的形象进行评议并进行评分，偏坡村采取这一评议形式促使村民相互监督，形成良好的乡村文明。除此之外，偏坡村还进行其他一些评比活动，在村里还会定期开展“道德讲堂”活动，建立民间文艺队伍，以布依族文化为主题打造文化街道和文化墙，以增强村民的文化自信心和文化自觉性，凝聚文化力量，促进乡村振兴。

二、民族特色村寨保护与发展应遵循的基本原则

（一）坚持以人为本保护与发展

民族特色村寨的保护与发展关键在“人”，也就是说民族特色村寨的保护与发展是为了更好地为人们建立良好的居住环境，同时民族特色村寨的保护与发展需要人的参与。当今，在乡村振兴以及建设美丽乡村这一视域下，坚持以人为本这一原则是民族特色村寨保护与发展的首要原则。一方面，民族特色村寨是人们在长期的生产和生活中所保存下来的产物，凝聚着地方村民的文化记忆、传统文化，民族特色村寨的保护与发展的重要价值意义是为了更好地保护和传承优秀传统乡村文化，守住人们长期居住的精神家园。民族特色村寨的保护与发展是实施乡村振兴的有效途径之一，民族特色村寨的保护和发展的主体是人[4]，需要人参与进来，同时民族特色村寨发展的最终目标是要留住人，人是传统的建设者，因此，对于

参与民族特色村寨保护与发展的所有实践者都应该更加关注，保障参与主体的基本生活，以此促进参与者保护与发展民族特色村寨积极性和主动性的提高，让地方居民能够积极主动地参与民族特色村寨保护和发展实践中。

（二）坚持原真性保护与发展

原真性是其民族特色村寨的特征之一，当前的民族特色村寨较多已经失去原真性，走向了现代化发展潮流，这是民族特色村寨的一个发展问题。对于民族特色村寨的保护，关键是保护当中的传统古建筑、传统民俗、非物质文化遗产、村落自然景观等，这些是民族特色村寨保护的主要内容。一方面，当今现代化、工业化的不断发展，民族特色村寨的发展趋势也随之发生转变，一些民族特色村寨逐渐商业化。此外，传统的建筑风格逐步现代化，导致传统的建筑风貌消失。另一方面，地方政府以及居民对民族特色村寨保护力度不足、意识淡薄，对需要加强保护的民族特色村寨进行改变、销毁，地方相关行政管理部门未能进行有效的宣传和指导，致使民族特色村寨任其旅游商以及企业公司进行开发，原真性消失。事实上，民族特色村寨的保护与发展需要坚持其原真性，这样才能展现出民族特色村寨原有的本质形态，保持原有风貌，永远承载着地方居民的历史记忆，只有对民族特色村寨进行原真性的保护，才能突出其文化内涵。

（三）坚持因地制宜保护与发展

目前，民族特色村寨的保护与发展存在一个共同的问题就是同质化，同质化使民族特色村寨的发展趋于模式化“千村一面”的现象，这主要是由于我们在对民族特色村寨保护与发展的实践中目标定位不明确、思维观念不清晰。乡村振兴视域下对民族特色村寨的保护需要坚持因地制宜，参与民族特色村寨保护与发展的实践者要认清民族特色村寨的价值内涵，明确其目标定位，这样我们才能在保护与发展民族特色村寨的实践过程中实现其价值和展现其文化内涵。每个村落都是坐落在不同的地方，有着异同的地理位置、资源优势、自然条件、传统风俗文化和经济基础，因此，在实施乡村振兴的过程中应该充分利用地方独特的资源优势，进一步深入挖掘当地文化特色，融合地方自然资源以及人文资源，建设具有地域性、民族性的民族特色村寨，突出“你无我有、你有我优、你优我特”的品牌特色。

（四）坚持可持续性保护与发展

民族特色村寨承载着一代又一代人的记忆，是传承和保护传统文化、历史信息、文化遗产的重要载体，民族特色村寨的形态随着人民生产生活方式的改变而形成，是社会历史发展中的一笔宝贵遗产。因此，在乡村振兴视域下对民族特色村寨的保护与发展必须坚持可持续发展原则，可持续性是民族特色村寨得以长期发展的本质特性，坚持可持续性保护与发展原则：一是要进一步深入对民族特色村寨中传统文化、民间技艺、节日民俗等丰富多样的非物质文化遗产有效的传承，保持文化传承发展的延续性，从生态文明建设的视角出发对民族特色村寨中人民的生产以及生活方式加以保护；二是要不断加强民族特色村寨中的传统建筑、历史文物、特色民居、街区等物质遗产的保护，保持其物质文化的本真性；三是民族特色村寨是一个超大的文化空间，蕴藏着众多珍贵的文化产品，这需要与经济社会的发展接轨，需要引进更多市场主体以及资本力量，更好地将民族特色村寨中蕴含的丰富文化资源转化为文化资本，文化资源活化，为民族特色村寨的发展提供足够的经济基础，以实现民族特色村寨保护与发展的可持续性。[5]

三、偏坡村保护与发展模式

（一）民族文化旅游模式

偏坡布依族乡偏坡村是一个布依族文化保存较完好的一个村寨，在发展过程中坚持以布依族文化为主题，以旅游发展为载体，深入挖掘、收集、整理布依族相关的独具特色的民族文化，将其文化资源转化为文化资本，实现布依族文化的创造性转化和创新性发展。与时俱进，不断创新文化发展形式，积极引导布依族文化的创新发展，将布依族的传统技艺布依族刺绣、蜡染等艺术文化与现代艺术融合起来，展现其文创产品的民族性、时尚性以及审美性。此外，“六月六”是布依族的一个重大节日，偏坡村较好地利用这一民俗文化活动，一方面展现出了偏坡村布依族的文化魅力，另一方面使得游客能够亲身体验到布依族的风土人情，感受布依族原生态的传统民俗文化，以此更好地打造偏坡村的“布依文化”这一靓丽的活名片，同时利用“文化+旅游”的融合模式有效地对偏坡村传统文化的保护和发展。

（二）民族特色小镇建设模式

偏坡布依族乡所打造的民族特色小镇——“原味小镇・醉美偏坡”位于偏坡村，以布依族文化为主题，小镇建设富有浓厚的民族文化内涵，逐步发展形成文化旅游发展模式，将旅游的六要素吃、住、行、游、娱、购与其小镇巧妙地结合起来，让游客感受到不一样的自然风光。2010 年的旅发大会，政府扶持建设基础设施，由乌当区 2017 年出台规划，2018 年由乌当区制定偏坡布依族乡创建乡村振兴示范乡的实施意见，偏坡村定义为“原味小镇・醉美偏坡”田园综合体项目，同年五彩公司投资资金建设布依族风情住宿等基础设施，在小镇内建设有非物质文化遗产展厅、布依族刺绣、蜡染等文化产品，五彩公司主要承担了布依族民宿外部的建设工作，星力参与了民宿内部装修的内部环节，在保持传统建筑风格的基础上增添现代化元素，形成内外结合型。偏坡小镇旅游以布依族文化民宿、购物、农园采摘的形式全方位以体验式旅游展开，目前还在建设阶段。偏坡村在实地调研中发现，在建的田园综合体中包括多种经营主体，民营企业、国有龙头企业、个体农家乐、农户的种植农业，构建文化旅游、文化企业、文化体验多元文化发展的运营模式。

（三）休闲体验模式

偏坡村民族文化资源丰富，该地方充分发挥了自身的资源优势，进行明确的资源定位，凭借地方的自然生态优势、乡村旅游优势以及地域文化优势，进一步发展了相关文化体验、休闲游乐、采摘蔬果等诸多文化体验，打造出了一条“农业+文化+旅游”融合发展的新路径，不仅促进偏坡村布依族文化的传承和发展，同时还带动地方经济的加速发展。偏坡村还引进了贵州富鑫酒业有限公司，对布依族古法酿酒技艺文化的进一步传承和创新，布依族古法酿酒技艺是一项“非遗”技艺，应对其技艺加以传承和保护，研发生产出更多布依系列的酒，为游客提供技艺体验，以增强游客的亲身经历和实地领会。偏坡村市场定位明确，“原味小镇 · 醉美偏坡”这一综合项目通过采取“政府+平台+企业”的发展模式，打造出一条可持续发展的新路径，且具有创新性和可行性。

四、民族特色村寨保护与发展建议

当前，民族特色村寨的保护与发展存在着一定的问题，民族特色村寨逐渐消失，这不利于促进乡村振兴的开展，对此，以下提出相关民族特色村寨发展的建议，以促进今后民族特色村寨更好的发展。

（一）建立多元主体参与保护发展模式

关于民族特色村寨的保护与发展单凭借个人的力量是不足以完成的，需要多方力量的共同参与，实现多元主体共同参与发展模式。首先，政府是其主体之一，政府应该发挥其自身的职能，为民族特色村寨的保护发展提供一定的政策资金支持。政府应该及时转变职能，为民族特色村寨的保护与发展提供必要支持，例如在资金层面应加大支持力度，没有足够的资金支持，民族特色村寨将不能实现长期的可持续性发展。乡村振兴视域下民族特色村寨的保护与发展过程中政府需要加大资金的投入，政府可以进行招商引资，建立多元化的投融资渠道，建立相应的专项资金，积极鼓励社会企业参与其中。其次，村两委是地方的基层组织，是最了解地方民族特色村寨的主体，村委会作为民族特色村寨中的基层领导，一方面，应该充分调动居民以及其他人员的积极性和主动性，使其投身到民族特色村寨的保护与发展的实践中来，根据民族特色村寨的发展变化进行正确的指导。另一方面，村委会应该积极鼓励村里大学生回乡就业创业，大力挖掘新乡贤等贤能人士，积极鼓励这一文化人才参与其中。

最后，村民是民族特色村寨的建设者，同时又是民族特色村寨的保护者，还是民族特色村寨整个发展过程的见证者，对其民族特色村寨极其了解，地方居民是民族特色村寨保护与发展的重要主体，只有广大居民团结一心、积极主动参与民族特色村寨的保护与发展，民族特色村寨才能得以最有效的保护，民族特色村寨的发展前景才能一片光明。因此，要充分发挥地方居民在民族特色村寨保护与发展中的主体性作用，促进民族特色村寨的有效保护和发展。

（二）探索文旅融合创新保护发展路径

当今，民族特色村寨的保护与发展形式多样化，然而民族特色村寨旅游开发可以说是最突出有效的一种模式之一，民族特色村寨具有历史性特征，蕴含丰富的民俗文化以及历史文化，发展民族特色村寨旅游，可以促进文化传播，文化与旅游融合发展将促进双方共赢的发展模式，是推动传统村落保护与发展的重要举措。当今时代，旅游产业正处于快速发展时期，偏坡村有着丰富的布依族文化、生态环境适宜、凉爽的气候等旅游资源优势，应充分利用其资源优势发展成文化旅游产业，实现其经济效益和社会效益，发挥其产业效益的最大化，更好地依托地方特色的历史文化资源、民族文化资源等资源优势，深入挖掘小镇的文化内涵和文化价值，偏坡布依族乡偏坡村原味小镇，明确的定位为集休闲度假、观光旅游、文化体验、文化产品等于一体的旅游形式，一定程度上彰显出偏坡村的民俗风情，凸显民族文化的丰富内涵，不仅提供给游客文化服务，还能让游客体验到地方的民俗风情。文旅高度融合，将催生出新兴的产业业态，偏坡村民族文化资源丰富，融合自身旅游资源优势，打造出富有文化内涵的民族特色小镇，建立并完善旅游要素和文化要素相结合的文化旅游发展模式，以更好地实现文化旅游产业的共赢发展，从而达到偏坡村这一民族特色村寨保护与发展的目标。[6]

（三）深入挖掘和保护优秀传统民族文化

偏坡村原味小镇以文化、产业、旅游为一体的发展理念为抓手，运用布依族内涵深厚的文化、乡风淳朴、气候温润等优势，实施农业体验、布依族文化产品、民俗等推进原味小镇产业化旅游。就原味小镇来看，首先，我们应该意识到优秀的民族文化的传承和保护需要加强，不能以一种单一的方式进行保护，应采取多元化保护模式，挖掘其文化价值内涵，适度开发，针对文化内容形式进行分类保护，静态与活态相结合。因此让原味小镇布依族文化跟上时代的步伐，适当地添加现代元素，为大众所接受、为大众所喜爱。其次，最大程度避免同质化，力争在千篇一律的景色上注入新鲜的血液，体现出与其他村落不同的景色特点、民间风俗以及民俗节日等，在保留本地特色风景的同时，尽量突出乡村与城市生活节奏的不同，给人留下城市与乡村的强烈对比。因此，通过文化梳理、文化挖掘，把原味小镇的民俗活动在保护传承的基础上进行开发的最大化，让游客充分体验当地的民俗风情，感受当地民俗活动的文化内涵，打造原味小镇特色品牌。

（四）坚持走“内源型”保护发展模式

目前，在民族特色村寨的保护与发展过程中忽视了民族特色村寨的本真性，使得民族特色村寨走向“外源型”的发展模式，失去民族特色村寨本土行的味道。笔者认为，对于民族特色村寨的保护与发展必须坚持走“内源型”的保护与发展模式。

首先，因地制宜，走“内源型”发展模式。偏坡村在充分吸收成功民族特色村寨发展实践经验的基础上，结合自身的资源优势以及文化要素等，深入挖掘属地特色的民族文化、特色产业以及特色资源，以地方特色产业为主要依托，推动创新，坚持以特色民族文化为核心，以特色产业为支柱，形成一种经济发展新格局。偏坡村本身是一个布依族少数民族村寨，应充分利用自身民族文化资源优势，布依族特色传统技艺文化刺绣和蜡染，是省级的非物质文化遗产，需要充分挖掘“非遗”文化丰富小镇文化内涵，一是开发系列民族文化产品。凭借布依族刺绣、蜡染技艺创新文化旅游产品，结合现代人们的需求，开发相应的文创产品以更好地满足消费者的需求。二是保护传统建筑文化。偏坡村是一个布依族村寨，房屋建筑也是布依族建筑风格，保存着完好的建筑形式，偏坡村邀请了英国著名的设计师对村落建筑进行设计和修饰，在对其民宿建筑进行改造时，皆是在保留原有传统建筑形式的基础上增添现代文化元素，而并非一味地对其进行大修大改。

参考文献

[1] 胡燕，陈晟，曹玮，曹昌智. 传统村落的概念和文化内涵［J］. 城市发展研究，2014，21（01）：10-13.

[2] 张兴艳. 乡村振兴背景下村庄规划与传统村落保护及利用研究［J］. 安徽农学通报，2018，（24）：13-14.

[3] 谢青玉. “美丽乡村”视阈下河南省传统村落保护与发展的对策研究［J］. 学术探讨，2019，（02）：54-57.

[4] 童正容. 传统村落保护与发展参与主体的行为博弈分析［J］. 西南石油大学学报（社会科学版），2019，21（01）：28-33.

[5] 陈亦静，曹现果，方帅. 新型城镇化过程中传统村落保护与发展模式的思考［J］. 大观，2021，（03）：61-62.

[6] 聂盛珍. 乡村振兴视域下少数民族传统村落文化的传承研究［J］. 乡村科技，2019，（21）：21-23.

基于 Odoo 的集成创新电子商务模式初探

李 爽*

(贵阳人文科技学院，贵州贵阳 550025)

摘 要：本文整理研究了现有的电子商务模式，重点讨论了 C2B 和团购模式，提出基于 Odoo 的集成创新电子商务模式，即 C2B+团购模式，力求通过 Odoo 平台促进电子商务的发展。

关键词：Odoo；创新；C2B；团购

一、引 言

随着云计算、大数据和物联网等新一代信息技术迅猛发展以及其应用的日渐普及，作为新型商业模式的代表，电子商务已经与实体经济快速融合，对人们的日常生产、生活以及消费习惯产生了极其深刻的影响，并且已经成为信息化、网络化、市场化、国际化条件下配置资源的重要途径，

* 李爽（1992—），女，汉族，贵阳人文科技学院辅导员，管理学硕士研究生。研究方向：电子商务管理。

成为引领经济社会发展进步的一种重要力量。然而大力创新电子商务模式，成为世界各国、各地区提高商品贸易竞争力，抢占发展先机的战略举措。

电子商务模式是网络企业生存和发展的核心，企业通过创新商务模式或是通过旧的商务模式的转型可以抓住电子商务市场的新机遇。既然电子商务模式已经成为核心竞争力，那么支撑电子商务模式发展的电子商务信息平台的建设就显得尤为重要。平台的“中心化”与“自主化”、“走闭源”与“走开源”、“全新开发”与“二次开发”等技术路线选择就突显为平台建设的最基本问题。电子商务平台建设基础要素的确定要能够尽量满足“随需应变”的要求，即尽量做到“支撑技术能够持续演进、业务逻辑能够持续满足”。只有这样，企业才具备了赢得市场竞争、健康持续发展的最基本条件。

二、电子商务模式

电子商务模式是指基于网络环境，借助一定技术基础的商务运作方式和盈利模式。[1] 电子商务模式随着其应用领域的扩大和信息服务方式的不断创新，电子商务类型也层出不穷，主要有以下类型：企业对企业（B2B）、企业对个人（B2C）、个人对个人（C2C）、线上对线下（O2O）等。

企业对企业（B2B）模式，顾名思义是指企业与企业之间的电子商务模式。是企业在激烈的市场竞争中改善竞争条件占领市场主导地位的主要方法。[2] 比如阿里巴巴、中国化工网、环球贸易网等。企业借力电子商务，为企业转型升级提供无限的发展空间，使企业在面临激烈的市场竞争时能够处于更加有利的位置。

企业对个人（B2C）模式，是指企业与个人之间进行交易的电商模式。比如唯品会、京东等电商交易平台。企业将产品或服务推到电子商务平台上，而个人消费者借助互联网和电子商务平台直接参与到企业的经济活动中。[3]

个人对个人（C2C）模式，是指个人消费者与个人消费者之间进行的电子商务模式。这种交易方式复杂多变，淘宝网是该电商模式的代表。卖方和买方均是个人消费者，卖方将商品推到电子商务平台中，买方根据自身需求在电子商务平台中挑选购物。[4]

线上对线下（O2O）模式，是“线上+线下”的电子商务模式。比如 58 同城、安居客、智联招聘等。O2O 通过电商平台，完美对接互联网与地面，实现互联网的精准落地。让消费者既可享受线上给予的优惠价格，又可享受线下提供的周到的服务。

电子商务可按不同的标准划分成不同的类型。本文重点研究电子商务模式中的 C2B 和团购模式。

（一）C2B 模式

互联网的应用与普及，不断改变着人们的消费观念、消费心理以及消费行为，更多的消费者开始追求个性化商品。B2C 电子商务模式仅仅只是以企业为中心，简单改变了商品销售活动，这种模式已经不能满足消费者个性化的需求。在互联网时代，企业和消费者的关系不只是停留在商品信息中心化，而是更加开放化、集成化。这也使电子商务运营的理念转变成以客户为中心，这将给电子商务的发展带来全新的模式，即以消费者为核心的、消费者驱动的、价值协同的 C2B 电子商务模式。[5]

C2B 模式的核心逻辑是创造价值。该逻辑性主要表现在层层递进的三个层面，即价值发现、价值匹配和价值获取，如下图所示。

图 1　C2B 模式的价值逻辑

第一，价值发现。企业要明确价值创造来源，通过市场调研与可行性分析，发现客户需求，进而企业需要创新产品、技术及服务，不断满足消费者的个性化需求。当前，消费者逐渐掌握主动权，他们渴望参与企业的活动，而不再只是旁观者。

第二，价值匹配。电商平台应抓稳自身掌握的关键资源与核心能力进行业务的开展，这样才能提高效率。此外，最重要的是将消费者作为合作伙伴，实现价值创造。

第三，价值获取。电商平台通过利用自身核心资源，占有增值空间较大的价值活动，进而增加了创新价值的获取概率与份额，从而在整个价值链中也会获得加大比例的价值创造。

（二）团购模式

团购，顾名思义就是团体购物。活跃在网络上的消费者联合起来，以集体的力量与商家进行谈判，以期获得最优惠价格的一种联合购物方式。借助薄利多销理论，商家为消费者提供低于市场零售价格的团购折扣和单独购买而享受不到的优质服务。团购模式主要分为社区团购、分级团购以及单品团购。本文主要研究社区团购。

社区团购涉及居民、商家以及站长三方主体，优质的社区团购服务不仅能为三方主体带来互惠共赢，而且这种模式已经成为网站以站养站的重要收益来源。网站要充分借助社区门户网站平台得天独厚的优势，既要做活又要做好，还要做强社区团购服务。社区团购一方面能够拓宽商品的流通渠道，为企业扩大市场份额提供良好的条件；另一方面由于社区团购过程中间环节减少，进而降低了企业的营销成本。通过社区团购实现了企业和消费者的双赢。

三、集成创新电商模式

（一）C2B+团购模式

企业以客户为中心，一方面根据客户需求，满足客户的个性化消费；另一方面客户因需求聚集，提升客户与企业的议价能力，使客户获得商品让利，拓宽企业的商品流通渠道，实现客户与企业的互惠共赢。

（二）目标群体

本文研究的电子商务模式应用的主要目标群体是社区人员和企业。社区人员是社区的集体人员的统称。本模式研究的企业属于中小型电子商务企业，可通过 Odoo 平台对自己的产品与服务做巩固或是推广，并能够通过创新的模式融资，有利于推动其快速成长发展。

（三）模式运作

以社区为单位，参与商家的团购活动。社区人员（是由社区区长邀请参加团购活动的人员，这些人员也可以邀请社区的更多人员参加）组团在 Odoo 上进行商品下单，社区区长（第一个支付成功的人）完成支付后，团购即刻开启。在团购活动截止时间内人数达到规定人数，此团购方能成功。否则团购失败，系统自动退款。团购成功后，商家对接自家工厂，由工厂对该社区的订单汇总予以定点配送，随后社区人员自己取回各自所订购的商品。若是团购失败，系统会以邮件告知所有参加团购活动的社区人员，并在 3 天内对该业务审核后将货款原路推到其账户里。

社区人员聚集需求上报给社区区长，社区区长在 Odoo 上发起需求愿望，由相关商家领取需求单。企业领取需求单，企业做商品定制，商品完成后，由企业做定点配送。

四、创新模式集成解决方案

（一）Odoo 简介

Odoo（OpenERP）是一个高度模块化的跨平台开源 ERP+EC 应用系统，2005 年诞生于比利时，支持 32 种语言，目前拥有 200 多万中小企业用户，分布于全球 110 个国家。Odoo 基于 PostgreSQL 数据库管理系统开发，支持大部分 SQL 标准，并具备复杂查询、外键、触发器、视图、事务完整性、MVCC 等许多高级特性。

Odoo 顶层功能由“电子商务、销售管理、运营管理、市场营销、员工激励、效率提升”六部分构成，每一模块详尽精细，功能齐全。Odoo 的理念是满足用户 95%的需求即可，因此根据本文研究的创新电子商务模式，主要运用 Odoo 的 32 个功能中的部分功能。

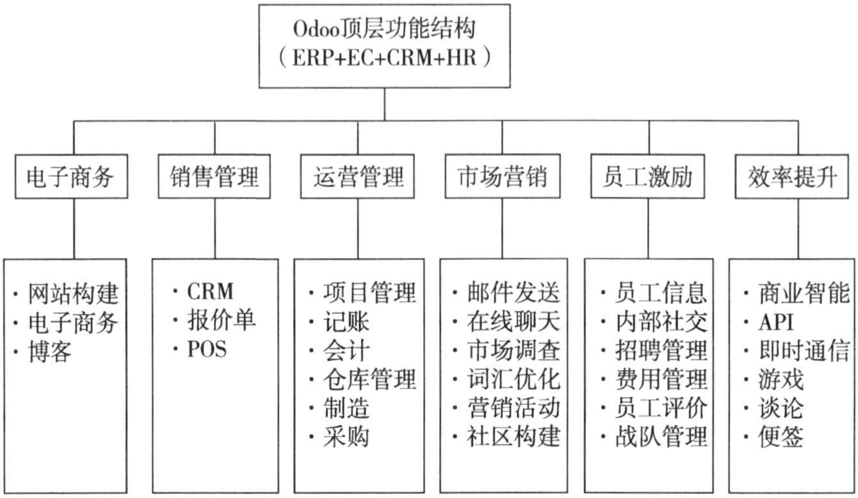

图 2　Odoo 顶层功能结构图

（二）集成模式创新点

由客户主动发起，结合商家资源进行网购。一方面，企业在 Odoo 上发布商品，供消费者团购；另一方面，社区人员在 Odoo 上发布自己的需求，企业根据客户需求做商品的定制。

企业通过 Odoo 平台上的电子商务模块发起团购活动，社区人员可根据企业发布的团购活动参团，确定团购后，社区人员提交订单，Odoo 平台自动做订单管理，社区人员可选择在线支付和货到付款，Odoo 平台记录支付方式后将订单推送给企业，企业对接自家工厂进行商品的生产，并对商品进行配送。

社区人员在 Odoo 平台上发起需求动议，其他社区人员自觉聚集并进行社区内部审议，制定出明确的需求计划并在 Odoo 平台上进行发布，企业根据自己的商业情况领取社区人员的需求单，线下生产产品，社区人员进行联合购买。企业定点为社区人员做物流配送。

C2B+团购模式在 Odoo 平台上的运用，一方面，可以体现出 Odoo 平台电子商务体系的完善，电子商务功能的强大；另一方面，Odoo 平台将两个原本孤立的电子商务模式较好地结合起来，为消费者和生产者带来便利，有利于推动电子商务的发展。

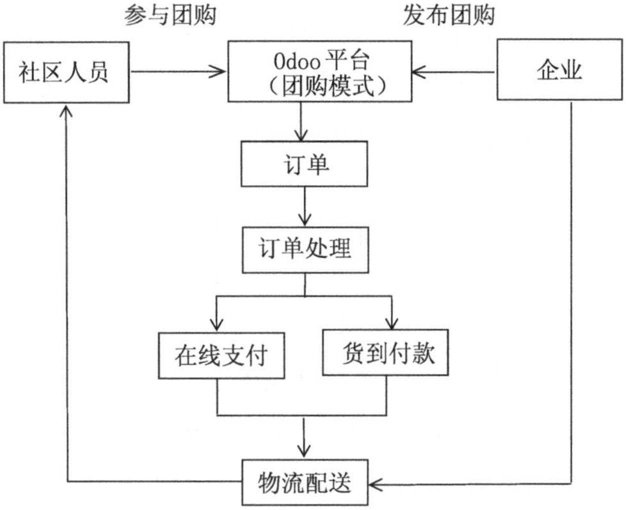

图 3　基于 Odoo 的团购电子商务模式

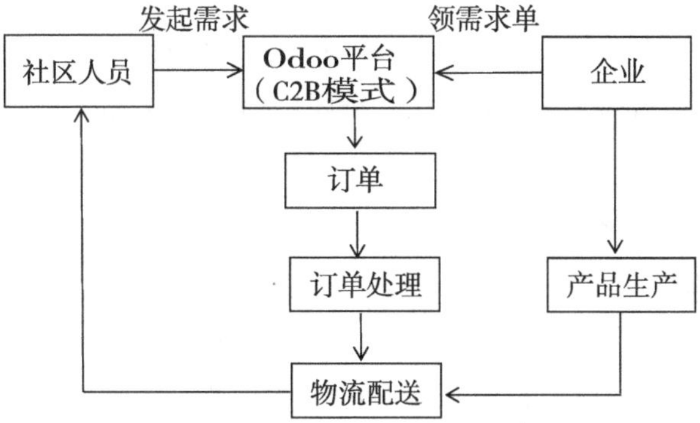

图 4　基于 Odoo 的 C2B 电子商务模式

（三）Odoo 模块相关性分析

1. 市场营销模块

（1）邮件发送

Odoo 系统根据商家新的团购活动情况做推荐，以邮件形式推送给社区人员；社区人员团购失败后，系统会以邮件形式告知；社区人员以邮件形式投诉；为调查满意度可通过邮件发放调查问卷。

（2）博客

商家利用博客做信息分享，推广自己的产品或是服务，让博客成为广告对话的一部分。商家利用博客能够密切关注并及时回复平台上对于企业或是产品、服务的相关疑问以及咨询。

社区人员也可发布博客分享心情或是需求，让企业了解社区人员的需求现状以及社区人员对企业的满意甚至是忠诚度。

（3）市场调查

利用市场调查工具，做市场机会的分析，并由此细分市场，以确定营销计划。

（4）营销活动

一般的营销只是停留在面对一个社区，使用营销活动工具，便可针对多社区展开营销活动，例如多社区拼团限时抢购商品、秒杀、限时打折、多社区需求拼单等。

2. 运营管理模块

（1）CRM

客户是企业的一项重要资产，客户关怀是 CRM 的中心，客户关怀的目的是与所选客户建立长期和有效的业务关系，在与客户的每一个“接触点”上都更加接近客户、了解客户，最大限度地增加利润和利润占有率。

以社区人员为中心，将目标社区人员和潜在社区人员开发为现实客户，建立友好的客户关系；掌握社区人员信息，通过博客或是在线聊天功能与社区人员进行互动与沟通，对社区人员进行满意度分析，并想办法实现社区人员的忠诚；在社区人员关系破裂的情况下，建立恢复社区人员关系解决方案以挽回已流失的社区人员。

（2）在线聊天

Odoo 客服最重要的工作就是利用在线聊天工具与社区人员进行交流，解决社区人员的疑问，处理社区人员的咨询。客服的服务质量是不容差的，Odoo 平台上模式的运营理念就是以客户为核心，因此，对客服严格要求，让社区人员在 Odoo 上感受到宾至如归。

（3）采购

根据商家的货物情况，Odoo 系统会自动提醒商家进行补货，商家经过采购、入库流程完成商品的准备工作。

（4）WM

根据商品的种类不同，建立不同的明确的虚拟仓库。仓管人员根据线下的商品检验情况和库房人员的合格商品入库明细，利用 Odoo 系统的仓库管理功能进行商品入库记录；仓管人员在 Odoo 上记录好商品出入库情况，做到账物相符。

3. 电子商务模块

以社区为单位，参与商家的团购活动。社区人员（是由社区区长邀请参加团购活动的人员，这些人员也可以邀请社区的更多人员参加）组团在 Odoo 上进行商品下单，社区区长（第一个支付成功的人）完成支付后，团购即刻开启。在团购活动截止时间内人数达到规定人数，此团购方能成功。否则团购失败，系统自动退款。团购成功后，商家对接自家工厂，由工厂对该社区的订单汇总予以定点配送，随后社区人员自己取回各自所订购的商品。若是团购失败，系统会以邮件告知所有参加团购活动的社区人员，并在 3 天内对该业务审核后将货款原路推到其账户里。

社区人员聚集需求上报给社区区长，社区区长在 Odoo 上发起需求愿望，由相关商家领取需求单。企业领取需求单，企业做商品定制，商品完成后，由企业做定点配送。

五、结　语

互联网时代，消费者的主权意识逐渐增强，致使一般消费品不能再满足消费者的需求，消费者便会追求满足自身真正需要的消费品。互联网恰好具有将小众变成长尾并将其迅速聚集起来的强大能力，因此，C2B+团购模式必将成为一种集成式的商业模式而出现。本文结合 Odoo 平台各模块的功能，将 C2B+团购创新电商模式应用于 Odoo 平台，并提出了创新模式集成解决方案，力求通过 Odoo 平台促进电子商务的发展。虽然，C2B+团购模式是一种“互联网+”思维与环境下出现的集成商业模式，但这种商业模式并不适用于所有企业。

参考文献

[1]电子商务模式. 电子商务模式就是指在网络环境和大数据环境[EB/OL],百度百科,2017-03-25,https://baike. baidu. com/item.

[2] B2B 模式. B2B（Business To Business，在英文中的 2 的发音同 to 一样）模式［EB/OL］，百度百科，2016-01-09,http://baike. baidu. com/.

[3] B2C. B2C 是指电子商务的一种模式是直接面向消费者销售产品和服务商业零售模式。［EB/OL］，百度百科，2016-05-08,http://baike. baidu. com/B2C/.

[4] C2C. C2C 是电子商务的专业用语，意思是个人与个人之间的电子商务，［EB/OL］，百度百科，2014-02-19,https://baike. baidu. com/item/C2C/

[5] 吴倩，纪淑娴. 电子商务发展的新趋势：C2B 模式研究［J］. 商业时代，2013，33：63-64.

我国街居制的演变历程及发展策略

刘丝雨*

（湖北大学公共管理学院，湖北武汉　430062）

摘　要： 街居制是我国基层社会治理的一种体制。本文梳理了街居制的演变历程，认为城市社会问题突出和国家治理体制变革是街居制演变原因，未来发展建议街居制融入最新的社会治理体系的内涵之中，在党委的领导和政府的负责之下，融合法治与创新，以多元主体之一的身份参与城市基层社会治理。

关键词： 街居制；发展历程；发展策略

一、街居制内涵

街居制是我国国家管理城市基层民众的一种体制。管理者是街道办事处和居民委员会，管理对象初期是单位覆盖不到的少数群体、无组织人

* 作者简介：刘丝雨（1996—），女，汉族，湖北大学政法与公共管理学院 2019 级公共管理硕士研究生。研究方向：社会医学与卫生事业管理。

员，后来扩展至辖区内的所有居民和单位，承担着福利救济和社会保障职能。

二、街居制的演变历程

（一）创立阶段

中华人民共和国成立之初，国家建立了以“单位制”为主、“街居制”为辅的城市基层社会管理体制。两个体制各司其职，分管单位职工和社会闲散人员及老妇幼群体，在当时有效组织和管理了城市社会成员，对当时的社会稳定具有一定的维系作用，也巩固了中华人民共和国的新生政权。

1953 年，时任中央选举委员会委员的彭真向中央提交报告，对街道办事处和居委会的性质提出了建议：“街道办事处的定位应该是政府的派出机关，居民委员会则作为群众自治组织存在。”[1] 1954 年，全国人民代表大会常务委员会出台《城市街道办事处组织条例》，统一规定了街道办事处和居委会各自的性质、地位，以及二者的关系等，这表明街居制被正式明确下来，也确立了构建城市基层社会秩序的体制框架。

在社会整合初期，一方面，街居制通过实现对非单位的城市居民的管理，在当时有效辅助了单位制的管理运作，减轻了政府的工作负担。另一方面，街居制在一定程度上将国家力量扎根基层，使得国家力量深入城市社会，也促使城市形成同一化的单位社会。[2]

然而在城市社会管理的实践中，居民委员会的自治程度体现不充分，街居制的辅助性质则较为明显。这一特点主要体现在街居制下被管理人群的非单位特征：民政救济和社会优抚对象主要是无工作和无保障的老幼群体，社会闲散人员包括无法完全安置、不适合在单位工作的群体。街道办事处的资源有限，居民委员会的基层民主自治浮于表面，但仍须承担福利和社会保障职能。此时国家对这些民众的管理主要是为了保障单位组织的有效运行，也维持了当时的城市社会秩序。

（二）曲折发展阶段

1958年开始的“大跃进”和人民公社运动，以及1966—1976年的“文化大革命”，改变了街道办事处和居委会原有的职能。尽管此时的街居制处于整个社会管理体制中的边缘，但仍然有效管理了具有非单位特征的老幼群体和社会闲散人群，保障了基层社会的稳定。

（三）恢复与再次发展阶段

改革开放后，伴随着一系列法律文件的恢复和修订，街道办事处和居民委员会的机构设置和职能任务才逐步得以恢复。但街道办事处作为政府的神经末梢只起着连接基层政府的“驿站”作用，负责辅助政府职能部门针对街道居民的日常管理工作。[3] 20世纪80年代后期，曾作为城市主要社会管理体制的“单位制”逐步退出，其承担的社会事务也转移至街道办事处与居民委员会，国家也赋予了其更多的职能权限，进一步强化了对基层社会的控制能力。此时，街道办事处和居民委员会的管理对象扩展至辖区内的所有居民和单位，办事人员数量不断扩充，管理职能和内容也极大拓展。此外，改革开放后，群众的民主权利意识也逐渐提高，依法通过各种途径和形式参与基层治理，居民自治活动蓬勃开展。这些都显示出居民自治在城市社会生活中的重要作用。无论是权力管理范围还是运作机制，重获新生的街居制扩展了基层社会组织权力，居民自治水平也得以提升。

通过梳理街居制的发展历程可以发现，街居制的职能、性质、管理对象的演变是在城市基层社会发生变化的背景下进行的，政府“自上而下”的行动意愿是街居制发展变化的主因。街居制的基本制度逻辑是以区政府的派出机构街道办事处来组织和引导居民委员会的运作，以兼具行政性和自治性特征的居民委员会来实现对基层社会的组织和动员，从而建立起“纵向到底”的垂直型管理体系。[4]

三、街居制的演变原因

（一）城市社会问题突出

随着市场经济体制改革和国企改制，城市人口急剧增多、流动性增强，增加了城市管理的难度，超过了城市发展的限度。城市社会问题复杂繁多，但街道办事处和居民委员会权力有限，职能众多，无法有效应对城市秩序的变化。人口激增带来的社会服务需求加剧，改变了原有平衡的生活环境和生活条件，使得以行政控制为基础的街居制面临严峻挑战，暴露出传统城市管理体制存在的弊端，亟待变革和创新。实现“属地管理”，完成城市社会管理体制的再造，成为转型社会城市变革的一项重要实践。[5]

（二）国家治理体制变革

随着现代企业制度的建立，单位制不断没落。原本由单位管辖的“单位人”或主动或被动地脱离单位，成为“社会人”。此时国家的社会控制出现真空，因而街居制承担了原本由单位制承担的职能，也在原有的福利职能上增加了部分政治经济职能，加重了其管理负担和成本。

街道办事处是基层政府的派出机构，在执行国家行政权力时不是独立的执行者，也不完整拥有行政管理职能。居民委员会是基层群众自治组织，在街道办事处的指导下开展自我管理、自我教育、自我服务、自我监督的活动，培育基层社会力量。

但事实上，居委会忙于街道交代的工作任务，成为政策落地的实际工作者，自治功能难以实现。即便辖区居民拥有良好的主体意识，也缺乏真正地参与。加之居民委员会对街道办事处的依赖，在日常工作中居民委员会处于被动位置，并未深入群众之中了解居民真实诉求，一定程度上损害了政府在基层的权威。因此，建立与国家治理体制的变革要求相匹配的基层社会管理体制是街居制演变的重要原因。

四、街居制的发展策略

1987年，民政部正式提出了社区服务的概念，21世纪也出现了铜陵模式、江汉模式、贵阳模式等街居制改革的尝试，这些模式的研究深化了社区治理体系内容，能够促进国家治理体系的进一步完善和发展。目前，街居制的调整主要是围绕着社区治理展开的。最终看来，街居制的发展需要融入最新的社会治理体系的内涵之中，在党委的领导和政府的负责之下，融合法治与创新，以多元主体之一的身份参与到城市基层社会治理中来。

（一）转变政府职能

基层治理需要实现社会控制和公民服务两大目标，现阶段要求政府扮演提供社会服务的角色，而非管理或控制。正如十九届四中全会的决定提到的，健全党组织领导的自治、法治、德治相结合的城乡基层治理体系，健全社区管理和服务机制推动社会治理和服务重心向基层下移。把更多资源下沉到基层，更好提供精准化和精细化的服务。[6] 通过权力下放，政府引导社区自主规划发展，提供政策支持和法律保障，依法监督社区运作，助力其实现资源的有效整合和职能的切实转变。政府参与基层社会治理格局的构建，应该探索扶持如何实现更广泛的群众以更多元的方式参与基层社会治理，这才是真正转变政府职能、构建服务型政府。群众参与基层社会治理，在其中反馈意见和建议，这有助于培育基层民主的社会力量，推进基层民主的科学化、规范化建设。

（二）促进多元主体共治

作为生活共同体的社区是建立在认同基础之上以共同情感、信仰或价值观为联结纽带的邻里自组织系统。[7] 现阶段，城市社区居民普遍接受过良好的教育，具有一定的权利意识，愿意参与社区建设，实现民主权利。依靠群众在法律允许的范围内进行自治，权利共享，是基层社会治理去行政化、走向治理化的有效途径。群众在实现自治的权利中，也担负着责任即如何以合法的行为力量参与充满活力的、积极向上的社会秩序的构建。社区居民在参与社区治理中，把服务与造福自身和其他居民作为出发点和落脚点，以建设人人有责、人人尽责、人人享有的社会治理共同体。[6] 政府与社区一起进行城市基层社会治理时，双方不仅有界定明晰的定位和职能，彼此独立，互不干扰；也会积极合作，共同参与。通过这样的方式，政府、社区、居民都是共同治理的主体，较以前政府单一治理来说有了更广泛的社会力量。三方在处理社会事务时，共同行动，互通有无，实现良性互动、和谐共赢。

（三）发挥法治与创新的作用

继续发挥新时代社会主义精神在基层社会治理中的积极作用，更要发挥法治和创新的正面影响。运用法治思维推进改革，运用理论创新与制度创新破解治理难题，不断优化城市基层社会治理模式。提升基层群众自治能力有助于加快政府职能转变，让政府信任基层群众的自治能力，下放权力，做好监督，建设真正意义上的服务型政府。新时代治理讲求多元主体，治理主体的法治思维和创新行为在很大程度上影响了治理效果，推进法治与创新对城市社会基层治理有着重要作用。“互联网+”时代的社会治理能增强信息共享与协作，不仅密切联系了各个治理部门，也简便了居民的办事难度，有助于提升基层社会治理能力。

尽管国家已出台一系列政策，优化基层治理的环境，促进基层治理能力提升，现行的行政体制仍旧未能真正建立起决策更自主、流程更简约、办事更高效的基层行政体制。2020 年新冠肺炎疫情防控中，基层社会给予了极大的力量支撑，为疫情防控的阶段性胜利奠定了基础。但是目前疫情偶有小范围的反复，基层还需要额外承担大量琐碎的数据填报、人员摸排等日常任务，在人手原本紧缺的情况下面临更大的能力挑战。因此，继续深化行政体制改革，进一步对基层工作人员赋能、赋权，超越社会管控、财政汲取的传统行政思维，构建以民为本、行政有责、服务有能、人人尽力、共建共治共享的基层治理新格局，破解跨越古今的基层治理难题，是新时代地方工作者义不容辞的使命。[8]

参考文献

[1] 彭真文选［M］. 北京：人民出版社，1991：210-240.

[2] 杨丽萍. 从非单位到单位［D］. 华东师范大学，2006.

[3] 朱健刚. 城市街区的权力变迁：强国家与强社会模式——对一个街区权力结构的分析［J］. 战略与管理，1997（04）：42-53.

[4] 张虎祥，梁波等著. 街居制的演化及其实践逻辑——基于上海经验的研究［M］. 桂林：广西师范大学出版社，2013：23-25.

[5] 吕方. 从街居制到社区制：变革过程及其深层意涵［J］. 福建论坛（人文社会科学版），2010（11）：185-188.

[6] 中共中央关于坚持和完善中国特色社会主义制度　推进国家治理体系和治理能力现代化若干重大问题的决定［EB/OL］，新华社，2019-11-5，http://www.gov.cn/zhengce/2019-11/05/content_5449023.htm.

[7] 李山. 社区文化治理：个体化社会的社区重建之道［D］. 华中师范大学，2015.

[8] 李东泉，蓝志勇. 行政体制改革与基层治理能力提升［J］. 南京社会科学，2021（04）：92-99.

略论《中国新文学大系·诗集·导言》的意义及影响

孙述言*

（中南财经政法大学，湖北武汉　430073）

摘　要：长久以来，朱自清虽以散文名家行世，但其实他也是中国新诗的创作者与研究者之一，所作的《中国新文学大系·诗集·导言》对后来的新诗研究有着不可替代的意义和影响。主要有三方面：一是客观展现了第一个十年的新诗发展状况；二是提出了新诗“自由诗派，格律诗派，象征诗派”三个流派的区分；三是对后来的中国现代诗歌研究起到了奠基性作用。

关键词：新文学大系；诗集；导言

《中国新文学大系》作为新文学第一个十年创作成果的总结和定位，意义巨大，影响深远。各名家为选集所作的导言，也早已超出了导论功能，深刻影响了后来的文学史研究。其中朱自清所作的《中国新文学大

---

* 作者简介：孙述言（2000—），男，汉族，中南财经政法大学中国现当代文学硕士研究生。研究方向：中国现当代文学。

系·诗集·导言》(以下简称《诗集·导言》),如一颗小巧玲珑的珍珠,晶莹剔透,光照古今。《诗集·导言》客观展现了中国新诗第一个十年的创作、理论、论争等情况,对各种诗歌现象进行了描述、判断与评点,对后来的研究产生了不可替代的影响。

相较于周作人、郁达夫等人的主观代入,朱自清的《诗集·导言》写得沉稳冷静;相较于茅盾、洪深等人的客观引证,朱自清则有较多个人评说;相较于鲁迅的高屋建瓴、品评置论,以精到毒辣的眼光在纷乱中拎出线索,以及郑伯奇的沉潜深处、复原场景,从而为创造社廓清相关问题,朱自清则更多站在旁处,等历史的尘埃散尽,才面对着一幅静态的诗歌地图,进行评判。朱自清很是严谨,总是将理论的引发和自己的态度裹挟于他的述评中,严格地顺着历史的脉络一路写下来,但又不是史料的堆砌,也不是站在后来视角上对诗坛现象进行的评定判断。虽然赵家璧开始是准备请郭沫若来编选诗集的,后来因为政治原因换成朱自清,而朱自清在得知此事时感到“实在出乎意外”[1],但我们不得不说朱自清作为新诗曾经的实践者与一以贯之的研究者,出色地完成了自己的任务。难怪温儒敏说他“真正是文学史家的操作”。[2]

朱自清的《诗集·导言》客观展现了中国新诗第一个十年的创作、理论、论争等情况,对各种诗歌现象进行了描述、判断与评点,对后来的研究产生了不可替代的影响。

一、客观展现了第一个十年的新诗发展状况

朱自清写作《诗集·导言》之前,有一本草川未雨的《中国新诗坛的昨日今日和明日》,里面说到最先提及诗歌改革的有刘半农的《我之文学改良观》,稍后一点出现了胡适的《谈新诗》和康白情的《新诗底我见》。可是朱自清对这本书不是很看重,说“那么厚的一本书,我却用不上只字”[1]。他在《诗集·导言》开篇中,略去了刘康二人,只说了胡适的《谈新诗》(导言后半部分提到了刘半农的主张),这样一种在史的叙述中不动声色地包含作者评断的写法,可见到朱自清述评交融、简精扼要的整

体风格。在朱自清之前还有蒲风的一篇《五四到现在的中国诗坛鸟瞰》，也是综论第一个十年新诗的研究文章，但充斥着较强的阶级意识，《诗集·导言》则与其完全不同，“(虽) 注重印象式的现象扫描，却能以精致敏锐的感觉，透视各种诗风转移的特征”[3]。

朱自清在《诗集·导言》中以1926年《晨报诗镌》发刊为界，将新诗十年分作前后两期，大体按照时间顺序再现了当时诗坛的状况，记述得稍微有些凌乱，整理如下：

> 前期讲了三个问题。首先介绍了新诗的发轫及这一时期的各种诗体。朱自清肯定了胡适对新诗的开创之功，为新诗固定了起始位置，认为最大的影响来自外国。诗体按照朱自清的摘录，可见到的有说理诗、写景诗、情诗、小诗及长诗等。其次罗列了新诗发展的种种理论与具体的要求做法。前者如胡适的诗体解放、周作人的人道主义、郭沫若的专在抒情等；在具体做法上，朱自清主要写了这么几点：第一是诗以描写现实生活为主题，不重想象，或可称作自然主义；第二是诗的自然音节和诗可无韵，这方面只有周氏兄弟做得好一点；第三是多用比喻说理，高标是周作人的《小河》。最后朱自清对这一时期的诗歌创作提出了自己的一点判断和看法，如前期“说理诗”盛行、作诗最重自由、中国缺少情诗和冥想诗、诗是贵族的等，并在最后说到，郭沫若的诗里有两种精神是全新的，为中国传统里所没有，一个是泛神论（把自然看作神看作朋友），另一个是动的反抗的精神。

后期朱自清主要介绍了“格律诗派”和“象征诗派”（用他自己的话说）的诗人诗作和诗歌理论。“格律诗派”主要写了闻一多和徐志摩。朱自清将闻一多拿出来，认为闻一多是此派领袖，说他的理论最详明，如提出了“三美”主张、讲究比喻、典故繁丽等，推动着格律诗一时兴盛起来。又说闻一多几乎是唯一的爱国诗人。对徐志摩，朱自清认为他情诗写得很好，相较闻一多更被世人所知，但根基太浅，成就不大。朱自清对“格律诗派”下的总论是“要创造中国的新诗，但不知不觉写成西洋诗了”[1]。“象征诗派”主要写了李金发、戴望舒与后期创造社三诗人王独清、穆木天和冯乃超。朱自清认为李金发是第一个以法国象征诗派手法人诗的诗人，有“诗怪”之称，但可能母语不纯熟，句法太过欧化，故读来像翻译之作。倾向于象征派的后期创造社三诗人，朱自清认为王独清偏向浪漫，穆木天色彩感不强，冯乃超音节铿锵，色彩最为丰富。象征诗人的集大成者朱自清认为是戴望舒，同时指出其多用比喻，但不再歌咏人道主义。

在这篇导言中，朱自清对新诗十年进行了简明精到的处理，将整个诗坛十年的大致情况罗列了出来，不置褒贬，又隐隐表明了自己的态度。同时朱自清以诗人的身份贴近诗人，给诗人诗作恰如其分的评价。整篇文章小巧精致而又纵横捭阖，该完成的任务都完成了，实不下于草川未雨洪深郑伯奇等洋洋洒洒的长篇大作。

二、提出了新诗“自由诗派，格律诗派，象征诗派”三个流派的区分

《诗集·导言》的第二个贡献是将诗坛纷乱的局面予以廓清，按照恰当的标准，对诗坛进行了流派区分。在导言的最后，朱自清写到“若要强立名目，这十年来的诗坛就不妨分为三派：自由诗派，格律诗派，象征诗派”[1]。“强立”是谦虚的说法，其实这个分法很是贴切。

先来看“自由诗派”。“自由”是站在整个诗坛的高度来说的，而不是指诗风或者诗人的追求。新月诗人面世以前，新诗发展名目繁多，较为混乱。如上面所说的初期白话诗、说理诗、写景诗、小诗、长诗，等等，都在这一时期出现，无法以一个内在的特征或者外部的诗人群落来组织。所以朱自清就干脆取了“自由”二字，别出心裁又统揽全局，指的是“一种没有形式上风格上趋同倾向的非诗派的诗派”[3]，将纷乱的局面廓清安定了下来，贡献不可谓不大。

与“自由”相对，“格律”二字直接来自新月派的主张之一“诗的格律”。朱自清敏锐地抓住了这一影响极大的诗派的主要特征，以“格律”二字统摄全局，抓住了这一诗派的特点，概括了这一派诗人的共同主张。

同时格律又是中国古诗的传统之一，律诗在唐朝到达了巅峰，“格律”二字就将新月派与传统联系了起来，指出此派诗人受古诗（中国传统文化）的影响颇深，这也是符合事实的（如闻一多的爱国、徐志摩的抒情、朱湘的文人习气等）。“格律”二字较“新月”包含的范围较广，说明不只是此派诗人才算“格律诗派”，故将受此影响但又在新月派之外的诗人也接纳了进去，一定程度上说明朱自清是以“诗”而不是以“人”来定流派的，这样就减少了很多无谓的麻烦。

如果说“自由”二字是指新诗的整体局面，“格律”二字注重的是诗歌的形式，那么“象征诗派”的定名则是从诗的内部出发，找寻到了这一派诗作的内部同一点，那就是象征主义。“象征主义作为文学流派最初形成于19世纪80年代的法国……李金发从自己审美心灵深处贴近并认同于法国象征派诗人的诗歌和他们的美学观”[4]，王独清、穆木天、冯乃超以及后来的戴望舒、姚蓬子等诗人“也是倾向于法国象征派的”[1]，固朱自清以“象征诗派”为此派诗歌正名定义，不涉及诗歌外部也不涉及社团区分，避开了混乱，抓住了主要问题，匠心独运，大家手笔。“象征诗派”这个名字用得恰如其分，后来的新诗研究将其基本沿袭了下来。

这三个定名，或从整体眼光出发，或自诗歌外形入手，或于内部特征把握，在纷乱中拎清线索，打破禁锢；三个流派又在时间上大体沿革，并且“一派比一派强，是在进步着的”[5]，这样就做到了统一与变化的整体对应。这样的流派命名为文学探索提供了丰富的可能性，于后来的研究殊多裨益。

三、对中国现代诗歌研究起到了奠基性作用

朱自清在《诗集·导言》中从一个文学史家和诗人的身份出发，对新诗史上一些诗人诗作给出的精到评价，成为文学史上的重要收获。

朱自清对湖畔诗人的点评：“潘漠华氏最是凄苦，不胜掩抑之致；冯雪峰氏明快多了，笑中可也有泪；汪静之氏一味天真的稚气；应修人氏却嫌味儿淡些”[1]。寥寥几字，短小精悍，四人的气质俱出，得失俱见，在

后来的研究著作中被广泛引用（后文会谈到），几成定论。又如朱自清说闻一多几乎是唯一的爱国诗人，作诗较多雕刻（那是对诗歌的追求甚高造成的），这一方面有点像李贺，但不会情感毫无节制，总是以强大的理智来驱遣，特色鲜明。虽然朱自清说闻一多是唯一的爱国诗人这一点有失偏颇，但说闻一多诗理性大于情感、理性节制情感、意象怪奇较多雕琢可真是一针见血，准确说出了闻一多诗的特征，跟前文的郭沫若形成鲜明对比（朱自清说郭沫若认为诗要用来抒情、用来表现自我，自然地流露才是最上乘；诗不能以形式来束缚，不能后来改造；诗是“作”而不是“写”的，等等），教人一目了然。对于徐志摩的“他是跳着溅着不舍昼夜的一道生命水”[1] 也成为后来的研究者们引用甚高的经典评价。此外还有朱自清引自《美育杂志》二期黄参岛一文对于李金发的“诗怪”的称号，朱自清关于情诗的论断（即说中国向来是缺少情诗的，就算有不多的几篇，也往往要打上“忆内”“寄内”的标签，或者干脆引而不发、曲折表现）等，也都成为新诗史上的名家定论，对后来研究产生了深远影响。

王瑶是朱自清的学生，他的《中国新文学史稿》（下称《史稿》）被认为是现代文学学科的奠基之作，从中最能见到朱自清《诗集·导言》的影响。《史稿》论述新诗十年的部分是第二章“觉醒了的歌唱”，开篇就谈到了胡适。而纵观此篇，里面提到的诗人大致都是朱自清在导言中提到过的，《史稿》里面论述的关于新诗人的看法也与朱自清几无二致。为导言中所没有的是蒋光慈等一类诗人，《史稿》写在了第三节“反抗与憧憬”中。其实朱自清当年也看过“中国诗歌会”诗人们的作品，但有意回避了，王瑶却不易回避，这里面更多是时代的原因。王瑶在《史稿》里谈到的胡适《谈新诗》的内容及影响，谈到的湖畔诗人、周作人翻译日本的短歌和俳句，冰心和宗白华的小诗、郭沫若的《女神》、新月派，以及李金发和后期创造社三诗人王独清、穆木天、冯乃超，等等，也基本都是以朱自清的《诗集·导言》为大纲的，很多地方直接引用了朱文。如讲湖畔诗人的时候就引用了朱自清关于情诗和四位诗人的评断，讲后期创造社三诗人引用了朱自清对三位的看法，讲李金发的诗时大段引用了朱自清对李金发诗的意见，并最后说到“这批评是很客观中肯的”[6]。《中国新文学史稿》作为现代文学学科的奠基之作，其关于新诗十年的看法自然会为后来人所看重，而这看法又几乎来自朱自清的《诗集·导言》，可见王瑶是同意朱自清的意见的，这也说明了这份导言的重要意义所在。

钱理群、温儒敏、吴福辉所著的《中国现代文学三十年》中第六章和第十六章论述了早期新诗，基本框架与视界也是与《诗集·导言》和《史稿》第二章一脉相承的，只是理论意味更浓，对相关诗人的介绍更细，同时冯至也出现在了文本中。如第六章开篇就写到了诗界革命和诗的解放，将胡适的《谈新诗》列出，指出胡适是第一白话诗人；第二节写到的早期白话诗的具体做法“白描”“比喻”“象征”都在《诗集·导言》中可找到；第三节写到的郭沫若、湖畔诗人、冰心、宗白华，以及用了大量篇幅重点介绍的新月派诗人和早期象征派诗人，都与《诗集·导言》一脉相承。《诗集·导言》中没有写到冯至（但其实朱自清选诗时选到了冯至十一首诗），王瑶在《史稿》里只提到了一笔，说“他们（冯至和韦丛芜）的诗虽不算多，但在形式和技巧上都有比较高的成就”[6]，而到了《中国现代文学三十年》这里，则给了冯至相当的篇幅，并且评价颇高，说他独具风格，较为幽婉，比起同时代的象征诗人，格局更为大气，境界更为深远，这是不同的一点。

程光炜的《中国现代文学史》也是新时期重要的一本文学史著作，关于新诗的介绍在第六章“新诗流派的多样化探寻”中。所列举的诗人除冯至而外，基本都是朱自清在《诗集·导言》中提到过的，如郭沫若、湖畔诗人、小诗派、冰心、宗白华、新月诗人等。不过较前两本著作（《史稿》和《中国现代文学三十年》）而言，《中国现代文学史》关于新诗十年的叙述较为精简，只将郭沫若和闻一多并置：“郭沫若的诗大开大阖，气派宏伟，但‘放’开之后过于汪洋恣肆，于是又有了闻一多的‘收’”[7]，认为郭沫若是中国新诗的“放”，闻一多是中国新诗的“收”，一放一收，中国新诗在发展的路上前进着，给新诗十年梳理了一个宽大的线索出来。在关于湖畔诗人的介绍中亦引用了朱自清的评断，而将胡适、刘半农、沈尹默、俞平伯等开创之人移到了第二章“文学革命与白话文学”第四节“早期白话文学创作”之下，寥寥数语带过。同时除冯至外，将臧克家也入了书，指出其早期诗作受到了闻一多直接影响，在形式上带有新月派明显的风格。

朱光灿的《中国现代诗歌史》作为诗歌史专作，将新诗十年论作“开创时期”，介绍的诗人诗作更为详多，诗歌理论更为深博，但大致的诗人队伍与诗歌论述也是与《诗集·导言》相一致的。如第一章第一节开篇提到的诗界革命、胡适、诗体解放等；第二节讲社团流派时写到了创造社诗人、小诗诗人和湖畔诗人，并直接借用了朱自清“格律诗派”和“象征诗派”的定名，指出这样的划分“虽有欠当之处，但却影响深远”[4]；第三节的诗歌理论论述中，朱光灿提到的语言革新问题、诗的音韵问题、诗的写实问题以及创造社的浪漫主义诗论问题等，也都是朱自清在《诗集·导言》中论述过的，只不过朱自清是站在高处，以点带面，朱光灿则讲得比较详尽、具体。从第二章到第八章，是对各诗人诗作的详细论述，涉及的相关诗人除李大钊、陈独秀、刘大白、田汉、徐玉诺、冯至几人外，其余的胡适、刘半农、周氏兄弟、郭沫若、康白情、冰心、闻一多、徐志摩、汪静之、李金发以及他们所代表的相关流派下的众多诗人，都是我们在《诗集·导言》里看到过的身影。

从20世纪50年代到新世纪，从文学史著作到诗歌史专作，都可见到《诗集·导言》或多或少的影子，那么就某种意义而言我们可以说，朱自清的《诗集·导言》为中国的新诗研究打下了坚实的基础，成为后来人攀向高峰的一块基石。

四、结　语

朱自清为《中国新文学大系·诗集》所作的导言，总结了新诗十年的功绩、划分了初期诗坛的流派、对后来的新诗研究起到了导向性作用，并且“写得简明扼要，历史感很强，复杂的现象经过大刀阔斧的梳理，便呈现出一条清晰的线索”[2]，在完成导论功能的同时，也完成了历史任务，对中国现代诗歌研究具有承上启下、继往开来的重要意义。

参考文献

［1］蔡元培，胡适，等. 中国新文学大系导论集［M］. 岳麓书社，2011.

［2］温儒敏，李宪瑜，贺桂梅，姜涛，等. 中国现当代文学学科概要［M］. 北京大学出版社，2005.

［3］杨义. 新文学开创史的自我证明——为《中国新文学大系导言集》所作导言［J］. 文艺研究，1999，05：62-72.

［4］朱光灿. 中国现代诗歌史［M］. 山东大学出版社，1997.

［5］朱自清. 新诗杂话［M］. 生活·读书·新知三联书店，1984.

［6］王瑶. 中国新文学史稿［M］. 上海文艺出版社，1982.

［7］程光炜，刘勇，吴晓东，孔庆东，郜元宝. 中国现代文学史（第二版）［M］. 中国人民大学出版社，2007.

尼采作为后现代的起点

田佳艺*

（贵州民族大学文学院，贵州贵阳　550000）

摘　要： 尼采思想被认为是后现代主义的理论来源。在“虚无主义”的背景下，他提出“生命意志”“价值重估”等理论观点，这些观点赋予人经验活动，感性体验优先性，为后世哲学美学的差异性和多元化埋下伏笔。
关键词： 尼采；后现代的起点；虚无主义

后现代的出现往往被认为是对现代性的一种反叛，是非系统性的。“后”表现了一种混乱，含糊不清的状态，较之启蒙时代所构建起来的理性原则发生了巨大的变化。因此，想要直接明确的界定什么是“后现代”是非常困难的，不同的评论家在不同的语境下使用这个词有着不同的意义，但这也不能说明我们无法把握“后现代”的范畴。

“后现代主义”思潮集中在第二次世界大战之后，是对“现代主义”的进一步尝试。当代，在资本主义的背景下，技术的飞速发展和全球化趋

* 田佳艺（1997—），女，土家族，贵州民族大学文学院中国语言文学硕士研究生。研究方向：文艺学。

势的加剧，导致空间和时间被资本进一步分割。大众媒体、广告艺术和电视节目充斥着人们的业余时间，艺术就此进入到日常生活，“精英文化”“高雅文化”被冲击，导致“艺术”走下神坛，走向大众，大众也走上了审美舞台的中心。在“资讯爆炸”的时代，后现代主义者所视、所感都远远大于现代主义者，他们主张“差异”，认为我们要尊重差异，维护差异。这种以个人感受为基点而形成的思潮，导致后现代主义内部流派极其复杂。基于这个复杂的背景，想要对“后现代主义”下一个明确的定义是非常困难的，但是，我们仍然可以从众多文学理论批评家的著作中，选取三种具有代表性的学说，并能从其中看到尼采思想的影响。

一、什么是后现代

第一种是以利奥塔为代表的，认为后现代是对元（宏）大叙事的质疑。在《后现代状况》一书中他说道：“我们可以把对元叙事的怀疑看作是‘后现代主义’。”[1] 利奥塔认为，在后现代，宏大叙事已经丧失了他的合法性。其理论是基于维特根斯坦的“语言游戏”理论提出来的，维特根斯坦认为，语言之所以有意义是在行动中获得的而不是本身所具有的，简单地说就是同一种语言会因为外部环境的差异而产生不同的理解。利奥塔认为，“宏大叙事”是将人同一起来的原因。这种叙事方式制定了语言的游戏规则，确立了陈述者和倾听者两个对立方，通过这两个对立方的叙述，把那些能使人团结起来的概念进行描述，比如，宗教、信仰、悲剧等进行描述，以知识为武器，从而达成社共识来解决社会问题，这就是宏大叙事。但是利奥塔认为，在后现代这种叙事方式已经丧失了它的合法性，因为已经没有可以将人类团结起来的宏大概念了。导致这一后果的根本原因是，第二次世界大战给人类社会带来了巨大冲击和改变。比如，极端的种族主义，甚至进行种族灭绝活动、原子弹对世界的威胁，这些都使人们开始怀疑自己所相信的一切是否值得相信，人类信仰着的上帝并不能给我们带来希望，靠着共识解决社会问题的宏大叙事也不能给出答案，于是宏大叙事开始瓦解，小叙事走向了历史的舞台。

小叙事是相对宏大叙事而言的一种叙事方式，主要指人们在使用语言规则的时候可以进行差异的、不同的理解，这就导致语言变得不可靠，充满了主观性、偶然性和任意性，“真理”不复存在，我们只能从各个视角来了解事实，话语已经无法同一的时候就需要尊重各种差异，倾听不同的语言，这也是后现代主义呈现的主要特征之一。

第二种是以哈桑为代表，他认为后现代主义是一种“二元对立”，这种对立是琐碎的，鲍德里亚甚至直接给后现代下定义，认为：“玩弄碎片，这就是后现代。”[2] 后现代的琐碎表现在，在宏大叙事瓦解之后，许多事物已经丧失了古典时期的指示性意义，变成非理性，事物的意义随主体的意志改变。伴随着后现代主义共生的还有消费主义，鲍德里亚认为，在消费主义盛行的时代，一切事物的产生都直接指向了人的欲望。比如说，我们通常会认为一件“艺术品”之所以是美的，是因为它是“审美”的，但在后现代主义这里，这种指示意义被剥夺了，对商人而言“艺术品”变成了获得利益的工具，对人来说则直接与“欲望”挂钩，对于统治阶级来说“艺术品”变成了宣传思想的工具。“艺术品”的审美属性被剥夺，指示已经变得不明。技术的突飞猛进也导致了这种琐碎化的加剧，甚至在走向一个极端，不肯定任何事物，也不否定任何事物，没有立足点的后现代，甚至走向了“虚无主义”。

第三种是以艾柯为代表的，认为后现代主义主要表现为一种反叛精神。艾柯认为，后现代主义并不是历时意义上的对现代主义的承接，而是一种模式，这种模式是西方从古希腊一来一直所具有的，它代表了一种反抗精神。哈桑也持有这样的观点，他认为后现代主义是对西方所有的“讽刺”“反叛”类文学的总称，我们在研究后现代主义作品时，不必拘泥于历时意义，因为文艺复兴时期的很多作品也具有反叛精神，只是后现代主义在此基础上更激进。因此我们在研究具有后现代主义特征作品的时候，并不用拘泥于历时意义上的作品，而应该扩大范围，研究具有后现代主义特征的作品。

从上面三种特征来看，我们能明显地感觉到，要想定义后现代主义是非常困难的。后现代是“矛”与“盾”的结合体，它反抗大一统、反抗本源、反抗自在性、反抗形而上学的范式，因此，我们对它无法有一个明确的定义。艾布拉姆斯在《文学术语词典》一书中也曾说过："后现代主义不仅是对现代主义，反传统的继续尝试（有时趋于极端）而且是抛弃其现代主义的不同尝试。"[3] 这段话表明后现代主义具有两面性，一方面，它和现代主义是共生的；另一方面，它们在本质上仍然是不同的。共生表现在他们都以"人"为主体：后现代主义是基于现代主义发展起来的，现代西方的文化核心是启蒙时期所建立起来的一系列理性原则，认为"人"是一切的根本，是世界的中心，这在哲学史上被称为"主体性哲学"。"主体性哲学"把人作为世界的中心，但实际上却只重视人的理性部分，忽视人的意志，这就造了成人和自然的疏离，人的"理性"超越了"意志"成为人的第一性，人成为知识的附庸，这种认识是片面的。直接导致了其内部分化成两个派别，一是以笛卡儿、黑格尔为代表的"理性形而上学"：二是以尼采、叔本华为代表的"意志形而上学"。前者认为"理性"是人的第一性，后者则认为"意志"是人的第一性，这两个派别的不同也区别了现代主义和后现代的不同。尼采作为"意志形而上学"的代表人物，其思想更是得到了后现代主义者的继承和发展。

二、尼采——作为后现代主义的开端

弗里德里希·威廉·尼采（1844—1900），德国哲学家、思想家。尼采的思想大致可以分为两个阶段：第一阶段受到叔本华的影响较大，代表作品有《悲剧的诞生》（1871）；第二阶段是尼采思想集中迸发的阶段，代表作有《快乐的科学》（1882）、《查拉图斯特拉如是说》（1885）、《权力意志》（1895）等。

尼采的思想很复杂，这种复杂一方面是因为他的表达方式和传统的哲学作品不同，比起哲学作品更像是一部文学作品，另一方面是因为尼采的思想本身就非常复杂。尼采对后世的影响非常大，尤其是对后现代主义和存在主义，可以说，尼采开启了西方哲学从近代到现代的转向，后现代的许多哲学家都把尼采看作铺路人。正是因为这样的意义，"尼采"两个字被赋予了厚重感。

尼采的思想对后现代主义的影响主要体现在他对西方价值观的重建。这种重建表现在“虚无主义”“权力意志”“视角主义”这三个方面。

我们最为熟知的那句话——“上帝已死”是尼采一切哲学问题的起点。“上帝已死”是在欧洲信仰普遍缺失的时代背景下提出来的。在俄国作家的笔下，有过这样的一群人，他们或许出生优越，但是总感觉人生无所适从，找不到生活的意义，他们被称为“ 多余人”。“多余人”的文学形象在俄国文学中占据着非常重要的地位，而这一类人不仅存在于小说中，19 世纪的欧洲大有人在，他们也被称为“时代的忧郁病”。在《父与子》一文中，屠格涅夫把这一类人称为“虚无主义的化身”[4]，他认为“虚无主义者是一个不服从任何权威的人，他不跟着旁人信仰任何原则，不管这个原则是怎样被人们认为神圣不可侵犯的”[5]。

尼采是第一个把“虚无主义”作为哲学问题提出来的人。在《权力意志》一书中，尼采宣告了虚无主义的到来：“虚无主义站在门前：我们的一切客人中这个最不祥的客人来自何方？”[6] 在宣告虚无主义到来的同时，尼采还给虚无主义下了一个定义：“什么是虚无主义？——就是最高价值丧失价值，缺乏目标；缺乏对‘为何’的答案。”[7] 所谓的“最高价值”，在哲学上是指一个人生存的根据、意义、目的。尼采认为，虚无主义的诞生可以追溯到柏拉图的“理念世界”，在柏拉图的哲学体系中，“理念世界”是最高原则，“现实生活”只是“理念世界”的映射，基督教创造出“上帝”的同时也否定了人的存在，虚无主义从这里就已经诞生。因为他们所建立的那个世界，标榜为更真实、更重要的世界，但在这个世界的衬托之下现实世界变得一文不值，人生活和生存的现实生活被否定了，人类真正的堕入了虚无。

同时，尼采还对西方传统主流的“理性主义”和基督教的价值做出了一个彻底的颠覆。虚无主义的提出是对上帝最高价值的废黜，上帝死了之后，神坛上已经没有我们可以相信的东西，于是他提出了我们要“重估一切价值”。

“重估一切价值”，是尼采在上帝已死之后提出来的重要命题，在上帝死了之后我们需要更有价值的东西来引领我们，尼采认为这种价值的具体体现就是人的“生命力”，他认为人之所以有价值就在于他的“生命力”，在《权力意志》中他这样说道：“在其所有知识追求的最后，人们认识的最终真理是什么？是他们的器官。”[8] 他认为人的生命力表现在：“这些琐碎的小事——营养、气候、地域，休息……比人类迄今为止的一切都重要。”[9] 为什么很重要呢？因为“这乃是生命的基本条件”。[10] 尼采把“生命”当成了重估一切价值的标准，这就意味着人肉体的感性活动变成了一切评价的标准。感性和肉体在西方的哲学史上一直是被认为是人需要克制的部分，柏拉图认为我们要“理性节制情感”，诗人应该被驱逐出乐园。但是尼采却颠覆了这种观点，他把人的感性也就是人的“意志”作为衡量一切的标准。尼采认为，人如果在理性世界寻找意义才是最无意义的，他会否定我们现实的全部生活，而人的生命力才是人最强有力的体现。

这种生命力在尼采那里表现为“意志”，“意志”是尼采思想的本质，这也是他被人们称为“唯意志论”的原因。尼采关于意志的学说来源于叔本华，但是和叔本华不一样的是，叔本华强调“群体意志”，尼采强调“个人意志”，叔本华认为人会被这种意志力支配，尼采却认为人要去主动获得这种意志力，支配它，只有支配了意志力人才不会堕入虚无。尼采尤其强调人的个体性，尼采认为一个人，并不应该归属于某一个种族、群体，一个人成为什么样的人在于他自己的选择，他的选择构成了他的存在。

在尼采把“意志”当作衡量一切的标准之后，随之而来的问题是，既然人人都可以是标准，那到底什么才是真理呢？于是尼采提出了“视角主义”，认为所有的真理都有他的视角，所有的理论都是视角主义的结果，世界不存在客观的真理。包括科学所谓的真理，仍然受到了视角主义的影响，不同的学科对真理的把握会大相径庭，社会学、物理学、化学等，这些得到的关于世界的真理都是不同的。尼采认为，没有理性，只有主观性，即便是理性也是经由人判断而得出来的结论。他指出：“在多神论中，已经形成了人的自由思考和多项思考，这是一种力量，即一再创造新视角，并使之成为自己的视觉力量。所以，在一切动物中，只有人的视角视界不是恒定的。”[11] 尼采认为，一个固定的视角只会耽误人们去发现新的可能，这个世界上的一切都是不同的，有无数的其他的世界等着我们去思考、发现。这也是视角主义生命力得以体现的原因。同时，视角主义的意义还在于它不认为世界是一成不变的，它提倡的是一种多角度的思维方式，后现代的许多学者吸收了这个理论，比如福柯后来就提出了话语与知识。

三、尼采对后现代的影响

尼采对西方的传统文化的抨击是猛烈的，他的影响也是非常深远的，哈贝马斯曾经说过：“随着尼采进入现代性的话语，这一争论发生了彻底的变化。”[12] 确实，尼采在现代哲学上的意义十分深远，他提出了“上帝已死”为“虚无主义”的到来敲响了警钟，我们才得以“重估一切价值”，进而肯定人的“生命力”，提出“权力意志”，认为“意志”是人生命力的体现，是衡量一切的标准，而后为“视角主义”开拓了道路，这些理论都给了人们提供了新的可能的视角。

尼采把“神”从绝对不可置疑的位置上拉下来，让价值变得“多元化”，肯定了人的价值，肯定了人的感性，这也是后现代最核心的价值。毫无疑问，尼采是后现代主义的拓荒者，但是我们需要警惕的仍然有：(1)“虚无主义”给我们带来的信仰危机。尼采的虚无主义并不是“无”，而是“多”，即便人已经不能相信上帝，但可以相信自己，通过自生的“生命力”去实现自身的价值，这是积极的虚无主义，但由于尼采本人并没有对此做出明显的论述，我们往往会把尼采的“虚无主义”当作消极的虚无主义，认为人生来就是毫无意义的“虚无”，这是有悖尼采的思想的。(2)“视角主义”带来价值混乱。世界是多元的，我们可以按照自己的“意志”去理解真理，但是这并不意味着我们可以随意曲解真理的意义，为自己的无理辩护。我们必须认识到人自身的局限性，从生物学的角度来说，我们的生理特征就决定了我们在认识事物的时候会得到不同的结果。

一个事物从不同的视角去观察，只会让我们更好地把握真理的范畴而不是否定真理本身，真理是相对概念而不是绝对概念，就像康德所说的，我们要为信仰留地盘，要为不知的领域留地盘，但不能否定它。如果承认真理是无的“视角主义”只会让我们陷入新的一轮“虚无主义”。

从本文对后现代定义的梳理和对尼采理论的阐释，我们可以发现后现代实际上面临着许多挑战，如批判游离于理论，往往和实践活动脱离；同时，后现代主义者自己也无法做到与启蒙时期所建立起来的理性原则完全脱离，被理性原则掣肘，批判不彻底，等等。因此，慎重看待尼采思想才能使我们正确了解后现代的种种现象和存在的问题。

参考文献

［1］利奥塔，车槿山译．后现代状况：关于知识的报告［M］．上海：生活·读书·新知三联出版社，2007：2.

［2］凯尔纳、贝斯特，张志斌译．后现代理论［M］．北京：中央编译出版社，1999：165.

［3］M.H. 艾布拉姆斯、杰弗里·高尔特·哈珀姆，吴松江、路雁、朱金鹏、朱荔、崔侃、林淼、余燕、张文定编译．文学术语词典［M］．北京：北京大学出版社，2014：455.

［4］鲍戈斯洛夫斯基，冀刚、慧芬、希泉译．屠格涅夫［M］．上海：上海译文出版社，1983：317.

［5］屠格涅夫，麗尼、巴金译．前夜·父与子［M］．北京：人民文学出版社，1979：288.

［6］尼采，孙周兴译．权力意志（上卷）［M］．北京：商务印书馆，2007：7.

［7］尼采，孙周兴译．权力意志（上卷）［M］．北京：商务印书馆，2007：10.

［8］尼采，田立年译．曙光［M］．桂林：漓江出版社，2000：288.

［9］尼采，张念东、凌素心译．看哪这人：尼采自述［M］．北京：

中央编译出版社，2000：24.

[10] 尼采，张念东、凌素心译. 看哪这人：尼采自述 [M]. 北京：中央编译出版社，2000：38.

[11] 尼采，黄嘉明译. 快乐的知识 [M]. 北京：中央编译出版社，2001：143.

[12] 哈贝马斯，曹卫冬译. 现代性的哲学话语 [M]. 南京：译林出版社，2011：107.

价值、技术要素融合与学生的社会化实现

——以职业学校教育为中心

王春林*

（吉林大学哲学社会学院，吉林长春　130012）

摘　要：如果把“价值”与“技术”二要素分离开来对职业学校学生的发展问题进行研究，很容易形成或重视价值导向、或重视技术培育等片面性的育人观点。作为职业教育场域内的学生，需要依托实践将价值与技术统一于个体行动中，并赋予技术以人文关怀，才有望超越理性的约束，社会化也才能顺利实现。所以，给“价值”和“技术”要素以明确的定位，让其成为职业学校教育中的“合理性的合理成分”日益重要。

关键词：价值；技术；社会化；职业教育

近年来，随着职业教育在我国经济社会发展中的重要性日益凸显，关于如何通过职业学校教育改革以强化人才培养的问题也被社会各界广泛热

* 王春林（1993—），男，蒙古族，吉林大学哲学社会学院社会学博士研究生。研究方向：青年与社会发展。

议。可是，在当前的职业学校教学和研究中，时常出现或强调技术教育的重要性、或强调价值教育的重要性，很少从整体视域出发将二者统一起来的片面性育人观点。需要指出的是，在职业学校教育中，“价值”和“技术”是不可分割的。因此，忽视任何一方开展教学活动或进行相关研究，都容易造成对主体及相关问题分析不全面、把握不精准等问题，更难以提出具有长远意义的、能够缓解职业学校教育困境的、对学生社会化发展有益的策略。基于此，本文以“价值”与“技术”要素融合为着力点，如何以助推学生的社会化实现为落脚点，对职业学校场域中的复杂关系进行了分析，以期为当前的职业学校教育改革提供一些参考经验。

一、价值：职业学校教育发展的指南

人在使用某种工具时，很容易受到技术因素和价值因素的影响。正所谓“工欲善其事，必先利其器”(《论语·卫灵公》)。一个“欲”字，一个“器”字，隐喻了人在运用技术时所带有的一种目的性的价值选择：“为什么要这么做，这么做有何意义?”由此可见，人、技术和价值三者之间的关系。循着上述论断进一步出发，我们可以对职业学校的价值立意、其价值如何实现等问题进行具体分析。

(一) 职业学校教育的价值立意

在杜威看来，“价值就是价值，它们是直接具有一定内在性质的东西。”[1] 细化具有较高抽象层次的“价值”概念可以发现，“价值”既可以对物质、人的劳动时间等进行货币量衡量，也可以对人的思想、行为等进行意义呈现。而从价值的维度来看，职业学校教育的价值不仅在于它的作用是什么，更在于它是怎样发挥作用的。深入探究职业学校教育的内核，我们很容易发现三个重要元素：职业、技术和教育。价值虽然没有被明确体现，却作为一种隐性的存在，在教师和学生等主体的作用下贯穿于职业学校教育始终，像“筋”一样将职业、技术和教育等要素串联为一个整体。例如，教师引导学生如何在正确的价值观指导下使用互联网技术、学生在专业技术运用过程中的合法性考量，等等。由此可见职业学校教育的价值。可是，随着新一轮人才竞争的兴起，职业学校也出现了日益维艰的境况。上职业学校还有意义吗、能学到什么、未来能做什么等问题，也被学生和家长不断地追问。由此而言，“职业学校教育的当代价值”问题亟待阐析。

2018 年 5 月天津市启动的“海河英才”计划中，对于“资助引进高技能人才”的规定是符合下列条件之一：“（一）世界技能大赛获奖者或专家教练组长、国家级一类职业技能竞赛第 1 名、中华技能大奖获得者、全国技术能手获得者。（二）国家级技能大师（国家级技能大师工作室的命名人，下同），国家级一类职业技能竞赛第 2—5 名、二类职业技能竞赛和全国职业院校技能大赛前 3 名，省级技能大师、技术能手、省级一类职业技能竞赛前 3 名、二类职业技能竞赛第 1 名。”[2] 通过这个事例可以看出，新时代对高技能人才的高要求。基于上述事例我们应该做出的反思是，面对当前的情况，职业学校教育该如何发展呢？《国务院关于印发国家职业教育改革实施方案的通知》指出的一个明确方向是，“深化办学体制改革和育人机制改革，以促进就业和适应产业发展需求为导向，鼓励和支持社会各界特别是企业积极支持职业教育，着力培养高素质劳动者和技术技能人才”[3]。这就是说，职业学校教育必须对接好当下及未来社会的发展需求，以学生不断地融入社会为重点开展教育——授人以“渔”，而不是单纯地基于学校场域——授人以“鱼”。

（二）职业学校学生的价值选择

总体而言，当前社会中主要有三类价值取向。一是利己主义，做任何事情都要以自我为中心。持这种价值取向的人，往往都具有与众不同的“自私性”，广泛谋取私利。二是利他主义，做事情时多为社会及他人考虑。社会工作所倡导的助人理念与之颇具相似性，即以博爱之心爱弱者，使之得到最大程度的帮助。持这种价值取向的人，往往被视作有“菩萨心肠”。三是介于利己和利他之间，可称其为“游离的中间取向”。其表现是既不过度利己，也不全然利他，而是在利己与利他之间寻找一种平衡。所谓的“穷则独善其身，达则兼济天下”（《孟子》）语出同类。通过上面的论述，一个疑问也随之而来：“职业学校的学生该持有何种价值取向？”回答了这个问题，也就回答了“学生的价值取向是否合乎目的性”的问题。

在当代社会中，各种“符号”所具有的影响力不可忽视。从波德里亚对隐匿于消费之中的“符号”所具有暗示价值进行批判来看[4]，作为一种隐性的价值载体，以享乐、攀比、拜金为内核的“符号”能使欠缺社会经验的学生的行为发生“异化”。出现这种异化的外因是上述“符号”对学生的诱惑和控制，深层内因是学生面对这类“符号”出现了自我迷失，转而去追求那些对自己“有利”的符号以及各种满含负能量的主义——例如，享乐主义。从本质上看，追求享乐主义主要是由于人受到某种符号价值观的驱使，投身、陷入某种娱乐氛围中，这对学生的发展是有害的。因为，在现实生活中如果学生选择了向上向善的“符号”则易“从善”，反之则易“从恶”。一则反例是曾引起社会媒体轰动的成都航空职业技术学院学生会“杨主席”官威事件。以上给我们的启示是，在当前的职业学校教育中，教育者和管理者需要引导学生掌握好迷恋各种“符号”的“度”，以控制好自身的言行，这是学生顺利实现社会化的一个重要条件。

综上所述，职业学校的学生唯有以整体性的社会价值为方向，在使用技术方面做出价值判断和选择，方能更好地携技术融入社会世界中。单纯以自我为中心的、与整个社会世界发展相悖的价值取向，都不利于个体的社会化顺利实现。

二、技术：职业学校教育的中介

如何看待技术？李康曾指出：“技术产生于人类的生产劳动，是人类智慧经验与客观物质相互作用、相互结合的产物。”[5] 从这个角度说，技术的本质是知识，具体表现是人控制工具的方法和能力。那么，人类是如何建构起技术与工具之间的联系呢？笔者认为主要是通过如下两种途径实现。一种是通过世代继承的方式，实现技术的传习、继替和发展。如早期人类对火种的保护和使用、以“口传身授”为主传授技能的“师徒制”[6]，等等。而另外一种则是以学校作为场域依托，通过教育将技术作为一种知识传授给学生，以深化学生对于技术的认知和理解。一个直接构型就是职业学校教育。

（一）技术为本的教育及其结果

随着科学技术的飞速发展，现代职业教育本应更加关注如何在“虚拟”和“现实”二维空间中开展教育，以使学生具备不断融入未来社会的能力。可现实却与之相悖，不论是教育者还是学习者，在职业教育场域内都容易因过度注重“技术本身具有的僵化和固定的功能，让工具化的人黏在了自己编织的理性之网中。”[7] 受此影响，学生的主动性、创造性、反思性很容易受到抑制，并沦为技术工具或工具的仆从。[8] 综上所论，以“技术为本”的职业学校教育很容易导致工具主义的泛滥，使学生渐渐成为受制于“理性”的工具。因此，在当前的职业教育改革的过程中，必须深刻反思职业学校教育理念中的唯重技术教育的问题。

（二）以技术为中介的职业教育

综合来看，学校是融合人、技术、工具等要素的场域。按照布迪厄的观点，场域之中充满着关系、位置、角色的矛盾。[9] 那么在学校场域内，技术应该扮演什么角色呢？在此可以用“中介”一词进行说明。一是技术是连接人与技术的中介。在职业学校中，技术主要是通过教与学的互动过程实现传递的。如此看来，技术是连接教师和学生的中介桥梁；二是技术是连接人与工具的中介。人只有在掌握技术的前提下，才能驾轻就熟地运用工具。在这里，技术的中介性，不仅表现为教师、学生等主体通过技术正确地使用工具，还包括在此基础上对技术的进一步完善。综上所论，我们很容易产生一个疑问：在职业学校教育中，学生应该是被动学习技术的主体吗？非也。在教育过程中，学生掌握技术只是职业学校教育的初级使命。更进一步地说，职业学校教育还要让学生在不断领会、掌握技术的基础上，推动技术的更新、发展，推出新技术。从某种程度上讲，职业学校的发展也依赖于学生的主体性、主动性和创造性的发挥。

综上可知，在职业学校教育中，将技术视作“中介”而非“本体”更为合理。马尔库塞有言：“只是在技术的中介中，人和自然才变成可以替换的组织对象。”[10] 可是在现实中，无论是教育者还是学习者，常常都无法做到掌控好技术的“度”。这会造成一个突出的问题是理性对人的束缚，这是单向度技术教育的“恶果”。这样下去，所谓的技术理性、工具主义等便会奴役学生，学生的创造性、自由时间也就无从谈起。所以，在当前的职业学校教育中，给“技术”以明确的定位，让其成为一个“合理性的合理成分”变得愈发重要。

三、实践：价值与技术融合的尺度

以上论述分别阐释了职业学校教育中的价值向度和技术向度的问题。那么，如何让价值与技术二要素统一于职业学校教育中？在此必须重提实践在职业学校教育中的重要作用。因为，“职业教育的实践本位价值决定了学校教育必将成为职业教育的主流，也决定了职业教育不可能脱离生产实践而进行”[11]。由此可知，单纯依靠课堂内的教育和对榜样人物的宣传等手段开展职业教育是远远不够的，必须让学生通过社会实践去理解技术。

让学生形成对于技术的正确理解需要通过实践来完成，此时必须发挥好教师的作用。杜威指出：“教师要成为这样一个人，他考虑到学生得到适当的材料，并且让他们在实际的场合——那就是代表课堂外实际存在的各种关系和情况的场合——使用这些材料。”[12] 所以，走出课堂，以实践唤醒学生对于技术的领会，并把顺应社会发展的主流价值取向融于技术实践中，才能赋予技术以人性。需要强调的是，实践是检验价值与技术融合程度的唯一标尺。这种“唯一性”所体现的是实践的重要性，亦即实践的作用。马克思有言：“社会生活在本质上是实践的。凡是把理论导致神秘主义方面去的神秘东西，都能在人的实践中以及对这个实践的理解中得到合理的解决。”[13] 这一论断指出，实践是“试金石”，学生是否已将正向价值理念与技术统一于自身，通过其在社会实践中的行为便可以观察到。

如果没有实践检验呢？没有实践的检验，学生的发展很容易与社会整体发展相悖。这样一来，他们也很容易以一种听天由命的消极心态面对社会化。所以，如果缺少实践这一关键环节，职业学校的学生不但难以顺利融入社会，甚至还会出现价值观偏颇、技术使用与宏观社会发展立意相悖等现象。因此可以断言，只有丰富的实践过程，才能加深职业学校的学生对知识、技术、价值、社会的正确的认识。

那么，如何实践？马克思有言："'劳动只有作为社会的劳动'，或者换个说法，'只有在社会中和通过社会'，'才能成为财富和文化的源泉'。"[14] 循着马克思的唯物史观我们可以得出的一个观点是"职业教育的劳动教育要与生产实践和专业发展结合起来。"[15] 因此，若让学生携技术融入社会，必须具备如下两个条件：一是要让其在反复的劳动实践中掌握技术的要领，逐步具备控制工具的能力，这是融入社会前的"预备"；二是要让其在社会整体价值取向的影响下，通过驾驭技术形成技能，完成对自身的超越，这是融入社会的"关键"。此刻的技术，才能成为一把打开他们生活世界的钥匙，学生也才会在不断地接触人、事、物的过程中融入主流的社会群体中。这样，技术不但让人找到了立足之地，价值还让学生找到了发展方向和存在的意义。

四、社会化：价值与技术融合的终极目标

对于职业学校教育进行研究除了要关注其发展轨迹外，还要注重其存在的意义，尤其是终极目标。那么，职业学校教育的终极目标又是什么呢？本文认为，是在教育过程中融合"价值"与"技术"二要素，不断提升学生的社会性，促进学生的社会化发展，而这离不开"学校"与"社会"之间的良性互动。

有观点认为，影响职业院校学生"社会化最有力的两大因素是社会和学校。"[16] 而且，校园文化对于职业院校学生的社会化影响重大。[17] 按照戴维·波普诺的观点，"社会化过程涉及广泛的个人、群体和机构。主要的社会化主体包括家庭、学校和同辈群体，以及大众传播媒介。"[18]

综合以上观点，职业学校学生所应遵循的“社会化”逻辑是：“教师——技术——学生——职业”。在此要强调的是，职业学校教育既应关心学生技能的形成，更要注意其身份转向。因为，学生的身份转向中蕴含着某种价值立意——成为什么样的社会人。由此可见，“社会化”同“价值”和“技术”之间的关系不是割裂开来的，而是辩证统一的：如果学生以主流价值取向为导向，则很容易携技术融入社会，促进自身的社会发展。反之，则会携技术脱离甚至是危害社会。因为，社会中的各种条件、机制，不但会加速或者减缓学生社会融入的时间进度，甚至还会改变学生发展的向度。故而，为了实现学生正向融入社会的目标，本文认为需要从三个步骤出发：一是发挥好职业学校的教育作用，培养信仰主流价值观的“匠人”[19]。实现这个目标，职业学校“既要强调技术的自然属性，又要重视技术的社会属性，要正确认识技术的人文价值，在技术教育中加强技术人文教育，培养能够正确发明、使用、操作技术的专门人才”[20]；二是通过反复实践，让学生深刻领会技术的实用性、社会性，并且在运用、改进和更新技术的过程中，增促社会进步。这一过程的重点在于让学生在实践中认清“自我”、保持“自我”，而不迷失“自我”，进而发挥好认知能力、创造能力和控制能力，在不断增进自身社会性的过程中，以“自我社会化”之能，顺利实现社会融入；三是要发挥好学校和社会的协同力量，培养学生正确的择业观和敬业意识。马克思在《青年在选择职业时的考虑》中，有一言值得反思：“在选择职业时，我们应该遵循的主要指针是人类的幸福和我们自身的完美。不应认为，这两种利益是敌对的，互相冲突的，一种利益必须消灭另一种的；人类的天性本来就是这样的：人们只有为同时代人的完美、为他们的幸福而工作，才能使自己也达到完美。”[21]

此外，还需要注意在职业学校教育过程中唯重敬业价值观渗透的问题。职业学校所要培养的应该是具有综合素养的个体，而非单纯的“技术人”或“工具仆从”。上面提到的综合素养主要体现在职业学校学生能够基于对社会主义核心价值观的全面理解和认同，正确使用所学知识和技术，促进自身及社会的发展。

五、结 语

以上从价值、技术融合的视角出发，阐述了如何实现职业学校学生的社会化问题。除上述问题外，职业学校教育改革与学生未来的发展问题、如何把握学生在“虚拟”和“现实”二维空间中“价值”与“技术”融合的问题等亦需回应。依照本文所指，必须在现实的职业学校教学、改革及研究的过程中，根据“以职业立足、以社会立身、以个性立人”的“一体三面”人才培养逻辑维度[22]，将“价值”与“技术”二要素统一于学生的社会化进程中，充分发挥学生的“自我社会化”能力，让学生在主流价值观的引导下主动学习、理解、使用和创造技术，而不是被动地沦为“技术工具”或“工具仆从”。

注意到德国学者薛凤将《天工开物》译为《工开万物》后，杨满福指出：“这一化用既蕴含了对技术知识（工艺）的重要性的高度肯定，又气势恢宏地彰显了人（技术技能人才）在改变世界中的强大能力和主体地位。”[23] 由此而言，在职业学校教育的语境之下，技术不但应使人具备控制工具和改变世界的能力，而且在价值的引导下，技术也应在推动社会世界的进步中，逐步找到人性的依归。

参考文献

[1] [美] 杜威. 经验与自然 [M]. 傅统先译. 北京：商务印书馆，2014：392.

[2] 天津市高层次创新人才引进专项资助实施细则 [EB/OL]，海河英才网，2019-1-23，https://www.tjrc.gov.cn/FileCourier/FileCourierDetail.aspx?ppd=afe9fab7-4e06-40a3-b89d-ab01f68a5e3d.

[3] 国务院关于印发国家职业教育改革实施方案的通知 [J]. 中华人民共和国教育部公报，2019（Z1）：9-16.

[4] [法] 波德里亚. 象征交换与死亡 [M]. 车槿山译. 南京：译林

出版社，2012：5.

[5] 李康. 论教育技术领域中的哲学观 [J]. 电化教育研究，2000 (03)：3-6+39.

[6] 王星. 技能形成的社会建构 [M]. 北京：社会科学文献出版社，2014：56.

[7] 练元浩. 教育与技术的反思："人" 的缺失与回归 [J]. 教育导刊，2018 (09)：12-16.

[8] 司汉武. 价值与工具 [M]. 北京：中国科学文化出版社，2003：476.

[9] [法] 布迪厄，[美] 华康德. 实践与反思 [M]. 李猛，李康译. 北京：中央编译出版社，1998：134.

[10] [法] 马尔库塞. 单向度的人——发达工业社会意识形态研究 [M]. 刘继译. 上海：上海译文出版社，2008：134.

[11] 彭莉洁. 职业教育产教融合的历史演进、逻辑起点与战略要点 [J]. 教育与职业，2019 (06)：19-25.

[12] [美] 杜威. 学校与社会·明日之学校 [M]. 赵祥麟等译. 北京：人民教育出版社，2004：302.

[13] 马克思恩格斯全集 (第 3 卷) [M]. 北京：人民出版社，1960：5.

[14] 马克思恩格斯选集 (第 3 卷) [M]. 北京：人民出版社，1995：300.

[15] 赵伟. 试论劳动、劳动教育和职业教育的关系 [J]. 中国高教研究，2019 (11)：103-108.

[16] 江萍. 高职学生社会化教育刍议 [J]. 教育探索，2011 (09)：92-93.

[17] 彭明生. 高职校园文化与青年大学生的社会化 [J]. 职教论坛，2010 (20)：6-8.

[18] [美] 波普诺. 社会学 (第十版) [M]. 李强等译. 北京：中国人民大学出版社，2007：172.

［19］陈子季. 推动新时代职业教育大改革大发展［J］. 国家教育行政学院学报，2019（05）：3-9.

［20］刘刚. 技术人文教育——高职院校的战略选择［J］. 职教论坛，2011（36）：15-19.

［21］马克思恩格斯全集（第40卷）［M］. 北京：人民出版社，1982：7.

［22］张海燕，王傲冰. "一体三面"：高职教育人才培养逻辑建构与实施路径［J］. 教育与职业，2019（22）：5-11.

［23］杨满福. 儒家价值观对职业教育发展的影响及其超越［J］. 教育研究，2019（02）：104-112.

游戏教学如何引导幼儿深度学习

王彭梅　陈雨青*

（贵阳人文科技学院，文学与新闻传播学院，贵州贵阳　550025）

摘　要：在游戏教学的活动中，采用有效的方法促进幼儿的深度学习，能够培养幼儿的良好品质、开拓幼儿的认知、增强幼儿对周围世界的理解，也能够让幼儿在以后的社会生活中成功地扮演各种各样的社会角色。本文就游戏教学如何引导幼儿深度学习这一问题展开，首先结合了所看的一些有关文章总结了深度学习对幼儿的影响，然后从不同的方面阐述了现存的问题，最后提出了一些引导幼儿深度学习的途径。

关键词：游戏；深度学习

深度学习是一种以解决新问题或发现新事物的主动态度进行的有意义的学习，深度学习是基于理解的学习，学习者通过与环境、他人的互动，

---

* 作者简介：王彭梅（2000—），女，汉族，贵州贵阳人，贵阳人文科技学院，大二生。研究方向：深度学习。

陈雨青（2001—），女，汉族，贵州六盘水人，贵阳人文科技学院，大二生。研究方向：深度学习。

能够批判性地学习新的思想和事实，并融入原有认知结构中。[1] 2012年，教育部颁布的《3-6岁儿童学习与发展指南》中明确提出："幼儿园要重视幼儿的学习品质，要充分尊重和保护幼儿的好奇心和学习兴趣，帮助幼儿逐步养成积极主动、认真专注、不怕困难、敢于探究和尝试、乐于想象和创造等良好的学习品质。"[2] 幼儿阶段，良好品质的学习离不开游戏，游戏是一种快乐、主动的过程，而教师在这个过程中该如何去引导幼儿深度学习，从而达到预期目标是值得深思的。不仅如此，进行深度学习对幼儿的影响以及深度学习目前的状况和所存在的问题也具有非常重要的探究价值。

一、深度学习对幼儿的影响

（一）深度学习有助于培养幼儿的自主探索实践能力

当幼儿能够自由自在的主动进行游戏活动时通常表现出极大的热情，乐此不疲。个体的学习内在驱动力大幅度提升，深度学习可以提供幼儿充足的时间去探索未知事物，去主动提出问题、探究问题、感知问题、反思问题等。在这一系列研究问题的背后，就涉及一个自我监控的过程，元认知监控是指个体在进行认知活动的全过程中，将自己正在进行的意识活动作为意识对象，但对其进行积极的监控和调节。[3] 深度学习是个体的自我监控过程，实现了个体学习的自动化，幼儿学会大胆实践，勇于创新。同时，幼儿掌握理论与知识结合的能力，做到知行合一，深度学习方能实现其真正的价值。

（二）深度学习有助于培养幼儿的良好品质

爱因斯坦说："用专业知识教育人是不够的，通过专业学习，学生可以成为一种有用的机器，但不能成为一个和谐发展的人，使学生对价值（社会、伦理、准则）有所理解并产生热烈的情感，那是最基本的。" 品质一：社会性。当代建构主义理论认为，学习是积极主动的意义构建和社会互动过程。在深度学习的过程中，幼儿之间相互合作，促进了幼儿的亲社会行为。亲社会行为一般是说有利于他人有益于社会有积极影响的行为，如移情、合作、捐赠等。品质二：伦理性。幼儿深度学习能力道德是非常有必要的，在当今社会，教育的五大领域中德育位于榜首，越来越受到人们的重视。让幼儿的德育得以深度发展是一项艰巨但富有意义的任务，幼儿深度学习道德伦理知识，形成自我道德认知、道德情感、道德行为等，促进社会良好道德风气，并最终成为国之栋梁。品质三：准则性。幼儿大多活泼好动，容易对很多事物感兴趣。深度学习可以在保证儿童乐学的条件下，引导儿童学会遵守生活与学习人际交往中的规则，从而为科学做好幼小衔接的准备。深度学习可以完美、准确 、深刻落实“无规矩不成方圆”这一道理，给幼儿充分的“自由”，也要给幼儿一定的“约束”，让幼儿身心健康，可持续发展，做一个遵纪守法的好公民，将来更好地融入社会。

（三）深度学习可以加深幼儿的理解力

深度学习的前提是理解。深度学习所达到的目标是立体化理解研究学习对象的方方面面，克服学习笼统化现象。幼儿天生具有好奇心与好玩心，在教师的良好引导下，幼儿对未知现象进行深层次思考，逐步发展幼儿的知识。伴随《3~6 岁儿童学习与发展指南》的颁布，幼儿全面发展成为近年来的热门话题，何为全面发展？是质量上的全面，还是数量和质量的共同全面。经过现实的检验 ，理应是后者。深度学习的“深”正可以体现在质量上，也就是思维。“度”正可以体现在数量上，也就是记忆。以理解力为媒介，将“深”与“度”结合，相互协调，幼儿的深度学习才可能达到全面、有效、科学的水平。

二、游戏教学在推进幼儿深度学习过程中现状及存在问题

通过看一些有关于大班幼儿深度学习过程中的现状及存在问题的文献得出了以下的结论。

（一）游戏教学在推进幼儿深度学习过程中的现状

1. 幼儿面对玩具时“束手无策”

不少家长害怕自己的孩子输在起跑线上，给孩子报了许多兴趣班，希望孩子全面发展的心情是可以理解的，可是幼儿的发展是由内而外的发展，幼儿自由游戏的时间被用来做其他的事，即使幼儿园提供了适宜的游戏场所和大量的玩具等，有的幼儿也只是反反复复地摆弄玩具，不与其他同伴交往；有的幼儿虽然能与其他同伴一起玩，但是玩着玩着就失去了兴趣也不知道接下来该怎么样玩；还有的甚至只是在游戏时间随随便便玩一玩，简单的对自己看到的进行一下模仿。

2. 有些幼儿园提供的游戏玩具既不丰富也不科学

玩具是儿童游戏的支柱，一个好的玩具其形状是能满足儿童丰富的想象和创造的；其功能是多变的，儿童要能把它想象成许多他们所需要的东西。一个好的玩具是能满足儿童不断萌生的愿望的。[4] 游戏玩具的单一化，不仅满足不了幼儿的需要，而且也不能让幼儿对游戏充满兴趣，不仅如此，还限制了幼儿的想象和创造。游戏玩具的不科学化让幼儿在进行游戏时难以操作。

3. 游戏环境布置不科学

《幼儿园工作规程》第十一条规定：“幼儿园规模应当有利于幼儿身心健康，便于管理，一般不超过 360 人。幼儿园每班幼儿人数一般为：小班（3 周岁至 4 周岁）25 人，中班（4 周岁至 5 周岁）30 人，大班（5 周岁至 6 周岁）35 人，混合班 30 人。”[5] 但是现在大多数幼儿园每班的人数几乎是超过这个规定的，以至于幼儿园的空间有限，无法开展一些有教育意义、内容丰富的大型活动。并且教师面对的幼儿比较多了，每个幼儿不能享受到很好的教育和照顾，也很容易忽视一些幼儿。在游戏教学的过程中，存在不少的安全卫生问题，比如不少幼儿口唇期发育不完善，不能养成良好的卫生习惯，什么玩具都会往嘴里面放；有的幼儿有时会因为过于投入游戏活动而造成自己或者对其他人的无意识人身伤害，而这些是在班级幼儿人数多的情况下，教师无法关注到的。幼儿多了，在做游戏的时候，有的教师无法控制场面，以至于游戏并不能进行，更不必说幼儿在教学中进行深度学习。

（二）游戏教学在推动幼儿深度学习过程中存在的问题

1. 教师没有关注到每个幼儿都有自己的气质与性格

教师在游戏教学时往往更注重游戏的结果而非游戏的过程，并且在游戏的过程中，教师大多是作为指导者而不是参与者，这样就使得游戏的自由度减小，幼儿进行不了深度学习。也不难发现许多教师在面对幼儿提出的问题时会直接给出答案，注重的是幼儿掌握了某一个知识，而不是幼儿从感知、发现到尝试和探究，最终发现规律、积累经验的过程。[6]

2. 开展的游戏与课程内容毫不相干

有的教师会在使用统一编制的教材的同时进行与课程内容毫不相干的各类游戏，这样就会使得课程内容与游戏内容相脱离，教学变得乏味且枯燥，也会影响幼儿的积极性和善于发现与创造的潜能。教师在这个教学过程中，不会去关注幼儿在游戏中所表现出的各种发展状况和兴趣需要，也不会在这些游戏活动中去催生新的课程内容。

3. 教师介入游戏的时机、方式以及退出的时机不合适

细致的观察是教师判断是否需要介入游戏的基础和依据。[7] 教师作为儿童游戏的参与者，理应在游戏教学开展之前，教会幼儿正确使用玩具以及某些玩具的用途，而不是在不利于幼儿发展的情况下盲目地介入游戏中，不仅干扰了幼儿的独立思考，而且也不能促进幼儿的深度学习。有的教师虽然介入的时机适宜，但是介入的方式不合适，在需要教师进行演示的时候用了语言提示，在需要教师直接干预的时候，教师并没有作为。还有的教师虽然时机、方式都合适了，但是退出游戏的时机并不合适，只是帮助幼儿解决当前问题，并没有帮助幼儿接下来游戏的进行，以至于幼儿半懂半不懂，难以进行下一步操作，甚至索性直接参与幼儿接下来游戏的整个过程，以至于幼儿得不到自由的发挥。

三、通过游戏教学引导幼儿深度学习的有效途径

（一）从兴趣中推进深度学习

寓教于乐，幼儿感兴趣的问题是非常多的，幼儿就像是一个“十万个为什么”，每天都会问为什么要这样、为什么要那样，我们就要从中找到最有意义和价值的问题，在解决问题的过程中，我们要做一个参与者而不是指导者，让幼儿的思维层次得到递进式的发展，使幼儿从“知道”到“理解”。幼儿的每一个问题都说明儿童在积极融入这个世界、融入这个时代，正是幼儿深入学习的一个个“动力”。然而，聚焦时代潮流 ，我们现正处于第四次工业革命时代 ，也就是智能化时代，幼儿喜欢的游戏主题、游戏方式、游戏内容也与自身的时代背景紧密相连。基于以幼儿为主体的教育理念，教育者应该了解幼儿感兴趣的问题 ，找好问题切入点 ，以游戏教学的方式让儿童在快乐游戏中深度学习。幼儿感兴趣的问题往往与以下四个方面相联系，我们可以参考以下大致途径，深刻了解幼儿感兴趣的问题。途径一：生动形象的动画影片；途径二：有趣好玩的动作游戏；途径三：惊奇变化的“探险活动”；途径四：来自他人的认同性行为。在游戏教学过程中，具体情况，具体分析。为提升幼儿的活动参与度、体验度以及创造度，引导幼儿进行深层次学习，我们需要充分感受儿童在面对不同事物时的不同情绪体验，如喜、怒、哀、乐等，幼儿执行感兴趣问题时，正面情绪逐步缓解负面情绪，从而使幼儿能够坚持深度学习。

（二）提高幼师的深度学习能力和游戏教学能力

幼师作为幼儿教育活动的引导者，起着重要的活动作用。一方面，为了适应未来社会的发展，幼师需要提高自身深度学习的能力，将这种能力运用到游戏活动中，对各种风险进行安全评估，深刻了解幼儿的心理发生、发展过程，科学引领幼儿健康成长。另一方面，幼师深度学习的效果反馈到幼儿身上时，幼师发挥自身的游戏教学能力，将整个深度学习过程

简单生动化，给幼儿一个开放的发挥空间。例如，幼师在教学之前，呈现事先准备好的引导性学习材料，奥苏贝尔把这种先于某个学习任务本身所呈现的引导性学习材料称为先行组织者。幼师可借助丰富多彩的音乐、玩具、图片等教学途径，增强游戏的价值性。

（三）创设室内区域游戏材料和室外区域游戏材料

游戏材料作为游戏教学的物质载体，有益于幼儿深度学习，一般来说，游戏材料应具备安全性、挑战性、颜色鲜艳性的基本特征。20 世纪 50 年代，德裔青年玛卡·哈斯在以色列的一个小型社区里，独创了一套全新的教育理念：废旧破烂当玩具。这一教育理念充分体现了游戏材料的生活化，并且幼儿不会因为担心玩具会被损坏而自责，从而停止深入学习。因为玩具本身就是坏的，幼儿可以大胆放心地玩耍，从而进行深度学习。此外，那些凝聚了我们传统文化精华的民间儿童玩具，不仅结构简单，变化多样，且价廉实惠，对儿童的智力、体力的发展有良好的促进作用，也有助于幼儿的深度学习。让游戏材料回归到游戏属性这个定位上，而不是变相的学习材料，幼儿学游戏材料应该生活化、现实化、长远化发展。

（四）正确观察幼儿的行为

通过观察幼儿的行为找准介入时机、方式以及退出游戏的时机。当出现这些情况时，教师的介入时机是最适合的，“幼儿求助的时候”“幼儿出现安全隐患的时候”“幼儿产生过激行为的时候”。介入方法有：暗示法，教师在幼儿的附近玩与幼儿所玩玩具相同或不同的玩具，以便于幼儿思路的开展或者模仿；参与扮演法，当幼儿有教师参与的需要或者教师认为有参与的必要时，教师作为某一角色参与到其中；直接干预法，当游戏过程中出现违规、危险等行为时，教师应直接介入游戏，对幼儿进行直接干预，避免事件恶化；游戏的主体是幼儿，教师只是一个引导者，教师不能帮助幼儿完成接下来的游戏。当教师通过对幼儿游戏的介入使游戏能够继续进行时，教师就应该立即退出游戏。避免过多的干预，阻碍幼儿自主性的发挥。

邓小平曾经说过："教育要面向世界，面向现代化，面向未来。"[8] 未来需要越来越多的中高层次人才，更清晰地让我们认识到游戏教学引导幼儿深度学习是幼儿成才的必经之路，探索游戏教学如何引领幼儿深度学习的道路还很长远，我们需要对这一教学模式的现状及存在的问题进行深入探讨分析。立足于现实，找到有效的途径，以游戏教学的方式引导幼儿深度学习，收获深度学习的丰硕成果。

参考文献

[1] 张俊美. 浅谈如何引发幼儿游戏中的深度学习 [J]. 考试周刊，2020，87（2）：173-174.

[2] 中华人民共和国教育部. 3-6 岁儿童学习与发展指南 [M]. 2012：2.

[3] 蔡任娜. 元认知监控的发展 [J]. 佳木斯职业学院学报，2015：213-214.

[4] 邱学青. 学前儿童游戏 [M]. 南京：江苏凤凰教育出版社，2008，(12)：21.

[5] 中华人民共和国教育部. 幼儿园工作规程 [M]. 2016：3.

[6] 秦旭芳，孙晶晶. 在深度学习中提升幼儿的学习力 [J]. 动漫界：幼教 365，2020：94-96.

[7] 陈瑜. 幼儿角色游戏中教师介入的时机及策略 [J]. 教育科研论坛，2008，8（2）：64-65.

[8] 方晓东. "三个面向" 与教育现代化 [J]. 教育史研究，2013：1-2.

民族文化旅游视域下武陵山区土家族饮食文化资源分析*

王砂砂　赵　艺**

（贵阳人文科技学院，贵州贵阳　550025）

摘　要："民以食为天"。饮食不仅是人类生存的第一需求，也是旅游行业发展中的重要影响因素。我国社会主要矛盾已经转化为人民日益增长的美好生活需要和不平衡不充分发展之间的矛盾，人们对美好生活的需求包括了对旅游多样化的精神需求。在"大旅游"发展背景下，以体验美食及饮食文化为主要动机的旅游模式从逐渐兴起到走向大众，且在旅游消费六要素中，"住、行、游"是定量，而"吃、娱、购"已成为旅游消费中最大的变量。本文主要以武陵山区土家族饮食文化资源为主线，通过归纳分析武陵山区土家族饮食文化旅游资源的开发现状及存在的问题，为进一步探究土家族饮食文化旅游资源良性开发，助力巩固提升武陵山区脱贫攻坚

---

* ［基金项目］：本文系 2019 年度"四川省哲学社会科学重点研究基地""四川省高校人文社会科学重点研究基地""川菜发展研究中心"（项目编号：CC19G21）阶段性成果；2020 年贵州省高校人文社会科学研究青年项目"贵州传统村落保护与乡村振兴协同发展研究"（项目编号：2020QN047）的阶段性成果。

** 作者简介：王砂砂（1987—），女，汉族，贵阳人文科技学院讲师。

赵艺（1997—），女，汉族，贵州民族大学 2020 级硕士研究生。

成果。

关键词：武陵山区；土家族；饮食文化；旅游资源

一、土家族饮食文化资源概况

武陵山区土家族主要分布在湖北、湖南、重庆、贵州四省市交界区，其分布主要集中在湖北恩施土家族苗族自治州、湖南湘西土家族苗族自治州、渝东南、黔东北地区。武陵山区土家族饮食文化习俗有着“大同小异”的特征，其中湖北土家族主要以玉米（苞谷）、洋芋、红薯等杂粮为主食，辅以大豆、蕨根，以“社饭”为特色，饮则以咂酒、苞谷酒、米酒（又名甜酒、醪糟）、油茶汤、熬茶为主，喜食酸辣，有名菜“八宝合菜”“酢辣子”“酸泡菜”等，以及宴席菜“十大碗”。其饮食习俗可从《巴东县志》中窥见一二，其文中记载：“里中以脱粟、大小麦为上食，荞麦、燕麦次之，采蕨根作粉，佐以大豆，则为下食。”[1] 湖南土家族喜食酸和辣，日常饮食以苞谷、荞麦、豆、粟米等旱粮为主食，铺以萝卜、白菜、南瓜之类的瓜菜，有挖地窖藏番薯习俗。重庆土家族主食以稻谷、玉米为主，杂以小米、红薯和洋芋，较为有特色的是季节性主食粑粑和团馓，以及宴席菜“土家八大碗”，同样喜食酸辣，热爱豆制品，基本上家家都有酸菜缸，用以腌泡酸菜。贵州土家族日常主食除米饭外，以苞谷饭最为常见，喜爱吃粑粑（糍粑）、腊肉等食品，热爱豆制品，如铜仁的绿豆粉（米粉）、石阡“神仙豆腐”。可见，武陵山片区土家族饮食习俗虽各具特色，但在总体上相似度较高，主食都以稻谷、玉米为主，辅以其他杂粮，都喜爱“酸”和“辣”，喜吃豆制品等，其饮食习俗主要体现在日常食俗、岁时食俗和礼仪食俗中。

（一）日常食俗

在主食方面，土家族集居在高山峻岭区域，因山多田少，主粮以稻谷、玉米为主，杂以小米、荞麦、红苕（地瓜）和洋芋（土豆）。然而粗粮较硬，难以消化，智慧且勤劳的土家族人则用碓磨加工，制作成粑粑食用。如玉米粑、高粱汤粑、糍粑、糯米包子、油糍粑、苦荞粑、红苕泡粑等。其中，土家族“合渣”深受当地人喜爱，是武陵山区土家族餐桌上的主菜之一，也是农家乐的主打菜品。“合渣”是使用以黄豆为主要材料的混合蔬菜汤，土家族“合渣”的制作过程虽简单，但是在磨黄豆时，必须要随时加水，才能使“合渣”变得嫩滑有弹性。

在肉食方面，土家族十分擅长“烟熏腊肉”，土家族历来就有养猪的习俗，因此家家户户都有猪，每到年冬腊月，杀猪庆祝春节的到来。为了使猪肉能长时间存放，土家族人采取烟熏猪肉的方式来达到对猪肉长时间的存放，其做法主要是将新鲜猪肉腌制一段时间，再用香柏树枝进行熏烤，制成土家族特有的腊肉。土家族“烟熏腊肉”的做法非常多，其中一些腊肉成品还形成了产业化发展，如恩施的土家族“思乐”牌烟熏腊肉和宣恩“大派”牌腊香肠。在2021年春节之际，电视剧《江山如此多娇》中也大力宣传湘西土家族烟熏腊肉，成功打响土家族“烟熏腊肉”的饮食文化品牌形象。

在饮品方面，土家族在饮品上主要有两大类——茶和酒。《酉阳直隶州总志·风俗》载：土民“俗尚俭朴，春秋佳节，炒米为花，烹荚为茶，不知所谓珍惜也，惟宴客稍丰”。[2] 油茶汤是土家族最具有代表性茶，它不仅是茶，而且还是茶饮汤质的点心小吃。油茶汤也是土家族招待宾客的重要饮品，是主人欢迎客人到来的饮食文化符号。武陵山区土家族除了油茶汤，还有提神养气作用的罐罐茶、规范式的土家四道茶、土家神茶等茶文化。咂酒，土家族饮用咂酒的习俗文化从秦汉以来传承至今，展现了土家族人乐观豁达、豪放的性格。土家族人洒脱不羁、热爱自由的性格和当地酒俗文化有着密切关系，土家族人热爱酒，更热爱生活，性格和酒一样烈，酒在土家族生活中占据着重要地位。而咂酒是最具土家族饮食特色的饮品，逢年过节必不可少，同时也是招待尊贵客人的特色饮品。

（二）岁时食俗

武陵山区土家族非常重视节日饮食文化，从年初到年终，可谓是月月都有节。土家族在不同的节日中会准备不同类型的饮食，且食用的方法区别于日常饮食习俗，也会出现一些平时不食用的饮食，体现了土家族独特的节日饮食习俗。如土家族传统节日——“赶年”，是纪念明朝抗倭土家族英雄的节日。相传由于土家族战士因抗战来不及等到除夕吃团圆饭，于是土家族人提前一天过节团圆，因此得名“赶年”。为了庆祝“赶年”节的到来，土家族有做糯米粑、苞谷粑、杀猪祭祖、煮咂酒、做糖鳝、扫尘、送亮、守岁、插柏梅等习俗来庆祝。重要的农事节日——“社日”，是每年农历二月二日。土家族人认为蒿子是春天最早破土发芽又能食用的植物，人们依靠它才得到生存繁衍，认为蒿子是土地、土地神对土家族人的恩赐。因此，土家族每年二月二要将蒿子做成社饭，供奉土地神，感谢土地神的恩赐。此外，还有“土地节”。土家族人十分信奉土地神，因此在这一天，土家族人会拿出家里好吃好喝的食物去敬拜土地神，以此祈求次年粮食能有好收成。

（三）礼仪食俗

玛丽·道格拉斯在《洁净与危险》一书中写道：“禁忌有赖于某种形式的团体性共谋，团体中的成员如果不遵守它，这个团体就不能存在下去。”[3] 正如玛丽·道格拉斯所说的一样，每一个民族都有自己独特的饮食礼仪和禁忌，只有依赖于这些礼仪和禁忌才能形成自身独特的文化符号，区别于其他民族。武陵山区土家族迎接客人到来时会备上最具代表性的特色饮食，在酒礼上非常讲究，他们在奉迎宾客、拜访亲友、报恩致谢等社会关系中均要用酒。《巴东县志·生活民俗》中记载道：“酒以碗酌，非此不为敬客。”[4] 土家族人吃砸酒必须用大碗，由主人家年长的妇女开坛请客，女主人端上开水一碗，就竿一吸，再将碗内的开水倒入坛中，不溢不流，土家族人称为“恰好”。然后在主人的邀请下，客人依次吸酒，客人每饮一次，主人便注一次酒水，前面一个客人吸过，抹坛拭竿，后面的客人便接着赴桌再吸，如此次第传吸。而且在用餐时不能酒饭同吃，这是对长辈的尊敬，吃饭不能在客人和长辈还没动筷前抢先动筷，这是对长辈的不尊敬，也是对客人的不尊敬，客人还未走不能扫地等，这些用餐礼仪彰显了土家人热情好客、真诚待人的淳朴文化内涵。可见，武陵山区土家族的饮食礼仪和禁忌是当地人代代相传传承下来的，是中华民族多元文化中的一部分，更是土家族饮食文化内涵的体现。

二、土家族饮食文化特征

武陵山区地处我国中西结合部，地跨湘鄂渝黔四省（市），包括7个市州，60多个区县。武陵山区主要以土家族、苗族、侗族、蒙古族等少数民族相互交错聚居，形成了武陵山区独特的民族特色和地域文化。由于历史、文化、地理等因素影响，导致各少数民族社会经济发展水平不平衡，但也促使武陵山区形成了多层次的饮食文化资源。武陵山区土家族主要聚居在贵州、湖北、四川、湖南等交界处，其民风淳朴、热情好客以及喜酸辣的独特食俗，饮食文化具有原生态、保健、淳朴豪情和多样化等特点，是当地旅游文化资源符号，为实现“武陵山旅游圈”积淀了丰富的文化资源。

（一）地域特色鲜明

武陵山区山多田少的自然地理条件造就了土家族人取山之产，依靠自身智慧在自有生态环境中生存并形成了具有地域民族特色的饮食文化和多元饮食文化结构。武陵山区土家族在主食方面以玉米、洋芋、小米、高粱、红薯、荞麦等粗粮为主，这些粗粮被制成多样且独具特色的衍生食品。例如用玉米和大米做成的“苞谷饭”，又称为“金包银”“蓑衣饭”，黄白相间，做法简单；用高粱、凤尾等做出的高粱粑、凤尾粑等；玉米和洋芋做法多样，深受当地人喜爱，常为孩子们手里的零食；部分土家族人喜欢吃豆饭，豆饭是一种用大米、绿豆、豌豆三种食材，放入锅中一同煮沸而成的食物。

此外，土家族人普遍喜爱“酸”“辣”“烟熏”等食物。在“酸”方面，土家族“苞谷酸辣子”中的酸与其他民族菜肴中的酸是有所不同的，土家族的酸并非来自粮食发酵所制成的酸，而是从各家各户中的酸菜、酸鱼、酸肉等食物中所提炼出来的酸，这种酸开胃爽口。在“辣”方面，由于武陵山区气候湿润，雨水丰沛，还形成了土家族人喜用花椒、辣椒，形成了土家族独特的饮食风味，这种风味深受游客的喜爱。2004 年，台湾三立电视台到贵州沿河拍摄了《土家海椒大集》，让沿河土家族的辣椒菜享誉台湾。

（二）民族特色浓郁

土家族由于历史、文化、地理等因素影响，导致各少数民族社会经济发展水平不平衡，但也促使在其历史发展过程中创造了极其丰富的民族饮食文化，如社饭、合渣、土家十大碗、油茶汤、咂酒、绿豆粉、糍粑、糯米包子、豆腐干、灰豆腐等特色小吃，这些特色美食都会在土家族过“赶年”、吃新、社日、牛王节等民族节日中出现。例如春节，是一年中最隆重的节日，经过一年的辛勤劳作，人们在春节期间载歌载舞、走亲访友、互致祝福、尽情享受。春节是所有节日中时间最长的，时间跨度大，礼仪繁杂，因而食俗浓郁，花样繁多，土家族亦不例外。但土家族与其他民族过春节的不同之处就是过“赶年”。为了庆祝“赶年”，土家族人会做糯米粑、苞谷粑、杀猪祭祖、煮咂酒、做糖鳝、扫尘、送亮、守岁、插柏梅等习俗，展现出土家族独具魅力的饮食文化标识。

（三）讲究医食同源

李安导演在其作品《饮食男女》中曾提道：“饮食男女，人之大欲，不想也难。”每天极其普通的一日三餐中却深藏着大学问。土家族传统日常饮食主食中红薯富有一种特殊的维生素 C 和 E，仅仅只有红薯中含有，名列抗癌食品第一位，而且土家族主要以杂粮为主食，杂粮中所含有的粗纤维能促进新陈代谢，清除体内毒素。土家族所处的地理位置造就了丰富物产资源，经常能采摘的各种可食用菌类，很多菌类里含有高蛋白食品所需的氨基酸，以及丰富的钙、磷等矿物质。药理学认为菌类不仅营养丰富，同时其含有的多糖类物质还可提高人体免疫力，促进肝脏的健康；此外，土家族人喜酸、辣，在食物中都十分喜爱放入花椒、辣椒等作佐料煮菜，这样不仅可以增加食物香味和开胃助消化，还可以驱寒气，煮死病气之物，起防病延年的功效。因此，土家族传统的日常饮食不仅维持了土家族人民的生活，而且还是他们健康体魄，旺盛精力，聪明才智的重要物质基础。

三、土家族饮食文化旅游资源开发现状与存在问题

（一）土家族饮食文化资源开发现状

1. 饮食种类多样

随着人们生活水平不断提高，人们追求美好生活的需求也随之提升，因而人们在“吃”的方面变得越加精细化，尤其在“大旅游”时代背景下，旅游出行品尝当地美食成为必不可少的旅游打卡项目。武陵山区土家族饮食文化资源丰富多样，除了日常饮食中的金包银、郁山擀酥饼、嘟卷子、土家十大碗、土家粑粑、腌熏腊肉、土家掉渣饼、苞谷酸辣子等食物，还有其他地区所没有的特色饮食和饮品，如合渣、社饭、油茶汤、罐罐茶等，多样且具民族特色的饮食饮品为开发武陵山区土家族旅游发展提供了丰富的饮食文化资源。此外，由于武陵山区山多田少的地理条件限制，提供土家族人靠山吃山，用本土的食物烹饪方式制作本土食材，以达到食材绿色健康，保留了土家族原生态饮食习俗。

2. 旅游资源丰富

武陵山区旅游资源丰富，主要体现在以下几个方面。一是民族文化特色浓厚。武陵山区有 30 多个少数民族聚居，经过漫长的历史长河，每个民族都孕育了本民族独特的文化旅游资源。二是历史遗迹众多。武陵山区是人类社会文明的发源地之一，有着众多较高文化价值的历史遗迹和革命旧址。例如凤凰古城、苗王城、土家木鱼寨等历史遗迹以及贺龙故居、赵世炎故居等革命旧址，这些历史遗迹和革命旧址在武陵山区文化旅游发展中发挥着重要作用。三是丰富的非物质文化遗产资源。武陵山区拥有多项非物质文化遗产资源，如土家族摆手舞、土家打溜子、土家族撒叶儿嗬、女

儿会等多众多国家级非物质文化遗产，而且当地政府还推出“土家摆手节”等系列活动，采用节庆模式吸引游客。因此，在武陵山区众多的旅游资源中，可依托各类旅游资源优势，结合土家族饮食文化资源开发，通过当地旅游发展让更多消费者认识和了解土家族饮食文化，同时打造土家族饮食文化品牌，带动当地旅游产业发展，形成互利共赢的局面。

3. 餐饮行业发展态势良好

根据2020年全国居民人均消费支出及其构成来看，我国人均消费支出主要包括食品烟酒、居住、交通信息、医疗保障、教育文化娱乐、生活用品及服务、衣着、其他用品及服务，其中居民人均消费支出排名第一的是食品烟酒，占全部的30.2%。[5] 可见，人们在饮食烟酒上的消费是一种常态化的“刚需”消费。在经济快速发展的背景下，人们的经济水平不断提高，消费理念也在悄然改变。曾经一日三餐大都在家吃，现在更多的年轻人习惯了在外就餐或是点外卖，消费观念和消费方式的改变带动了餐饮消费急速增长，同时也推动了餐饮行业的快速发展，尤其在以美食闻名的旅游景区或是旅游名城，餐饮行业得以快速崛起，进而带动了周边其他相关产业链发展。如成都、重庆、长沙、西安、广州等城市，尤其是重庆、成都，号称是小吃、火锅的美食天堂，以饮食文化的知名度带来了餐饮行业的发展，以及周边产业发展，带动了当地旅游经济快速持续增长，在2020年中国城市旅游排行榜中，排名第二、第四的重庆和四川的发展，和当地饮食文化的品牌知名度息息相关。因此，武陵山土家族饮食不仅是土生土长、独具地方特色的物质产品，更是每个区域独特的文化符号。恰恰正是多种多样且独具地方特色的饮食，在不断满足各地各类消费群体对味蕾新的体验，是当下基于美食旅游消费者的一种旅游发展方式，而餐饮行业的快速崛起以及国家对于饮食的统一规划管理，有助于武陵山区土家族饮食文化资源形成规模化发展，降低饮食成本，减少浪费，为消费者提供一条龙服务。

（二）土家族饮食文化资源开发中存在的问题

1. 经营者思维受限，注重短期受益

人才是任何行业发展的主要推动力，更是旅游产业发展和品牌建设的

“软件设施”。武陵山区土家族饮食文化旅游资源的开发和经营大都是本地居民，而大部分居民没有接受过统一的、专业化的餐饮行业相关培训，这导致部分餐饮经营者的经营行为不规范，在饮食卫生与健康上也是参差不齐且无保障，特别是一些老年人所经营的饮食小吃店，受生活环境影响，在经营过程中不能及时对接社会发展需求，出现经营低效甚至对饮食产业发展产生负面效果。此外，还存在部分既得利益商家，为了快速牟取暴利，而使用廉价劣质食材等，这种行为虽可获得短暂的利益，但却无法带来长期的、良好的循环消费。因此，当地人所经营的特色小吃店由于没有统一的管理和培训，在饮食文化旅游资源开发、管理及经营体制方面都存在问题，导致旅游目的地饮食服务的标准不统一，不能及时发现和处理经营中与消费者之间产生的矛盾，从而阻碍了武陵山区土家族饮食文化旅游的品牌形象打造，削弱了土家族饮食文化对旅游者的吸引力。

2. 缺乏对饮食文化的重视

随着生活质量的不断提高，消费群体的消费形式越来越趋于多样化、个性化。武陵山区旅游圈主要以丰富的少数民族文化资源而受到关注，在旅游业的发展过程中地方更多的是重视民族服饰、民族建筑、民族历史文化等宣传，而忽视了地方民族饮食文化资源以及开发有关于饮食文化的衍生产品，在旅游业中并没有重视饮食的文化内涵挖掘以及制作饮食文化有关的旅游纪念品。此外，在观赏土家族饮食制作技艺的过程中主要停留在“走马观花”的形式，缺乏深入体验，在菜品方面也是盲目迎合大众，未能呈现出具有武陵山区土家族饮食特色的菜品。在饮食文化与旅游目的地活动结合上，缺乏创新意识，始终停留在传统的观光模式上，难以满足年轻消费群体的心理期待。例如可以通过举办土家族美食节庆、土家族美食竞赛等饮食文化旅游项目，以此吸引消费者的注意力，从而在体验的过程中，激发消费者的积极性、创造性、主动性，寻求更好的体验感，使消费者获得饮食文化体验较高层次的一种旅游活动。

3. 周边竞争激烈，动力不足

在国家旅游政策的支持下，我国的旅游市场日趋成熟，旅游目的地不断涌现，旅游景区之间的竞争愈加激烈，旅游发展模式趋于相似。如大部分旅游目的地发展古镇模式、民族文化村模式、博物馆模式、主题公园模式、红色文化地模式等旅游模式，旅游目的地的发展模式雷同性较高，缺乏创新性和独特性，未能很好地挖掘当地特有的文化资源，一味盲目的打造旅游目的地的发展模式，以此迎合旅游市场消费走向。因此，武陵山区应牢牢抓住土家族丰富的饮食文化资源，打造具有当地特色饮食的文化符号，激活武陵山区旅游的内生动力。另外，武陵山区的土家族饮食文化旅游相对于周边城市而言，知名度较低。尤其是周边有重庆、云南、长沙等著名的饮食文化旅游城市，比如重庆的担担面、酸辣粉、重庆火锅等；云南的宣威火腿、过桥米线、饵块、鲜花饼等；长沙姊妹团子、口味虾、臭豆腐、糖油粑粑等美食的知名度远在武陵山区土家族饮食文化旅游之上，这种情况就必然会增强武陵山区土家族饮食文化资源开发的难度，缺乏市场竞争内生动力。因此，如何在众多景区中抢占先机，吸引游客的注意力，也成为武陵山区土家族饮食文化旅游发展的一大阻碍。

四、结　语

自2018年文旅融合以来，从“以文促旅”到“以文塑旅”，文旅融合的程度进一步加深，文化是旅游的灵魂，旅游是文化的重要载体，其中饮食不仅是人类日常生活中的“刚需”，更是旅游业中的重要组成部分，间接影响着旅游目的地的兴衰和可持续发展。同时，地方特色饮食作为一种独特的旅游文化资源，象征着该地区的历史文化、风土人情、民族文化、乡愁情结等。因此，对于土家族饮食文化资源的开发，有助于在旅游活动中展现土家族饮食文化的魅力，激活饮食文化旅游内生动力，提升当地旅游经济发展。如何在旅游过程中展现土家族饮食文化的吸引力，激发游客的食欲，满足游客的求知欲和好奇心，让游客感受到旅途中的乐趣，增强对旅游者的吸引力，是值得进一步研究和深思的问题。

参考文献

[1] 彭英明. 土家族文化通志新编 [M]. 北京: 民族出版社, 2001 (11): 290.

[2] (清) 冯世瀛, 冉崇文等纂修. 酉阳直隶州总志 [M]. 成都: 巴蜀书社, 2009 (7): 511.

[3] 玛丽·道格拉斯著, 黄剑波译. 洁净与危险 [M]. 北京: 民族出版社, 2008 (9): 3.

[4] 湖北省巴东县志编纂委员会. 巴东县志 [M]. 武汉: 湖北科学技术出版社, 1993 (10): 609.

[5] 统计局最新公报: 2020 年文化和旅游大数据 [EB/OL]. http://info. audio. hc360. com/2021/03/021424547805. shtml.

小学低年级班主任管理工作方法探析

——以C市K小学为例

魏　菁*

（贵阳人文科技学院，贵州贵阳　550025）

摘　要： 小学低年级教育管理是整个小学阶段管理工作的重要环节，这个阶段对儿童实施的教育会帮助他们树立正确的价值观，促进行为、认知、习惯等诸多能力发展，影响着学生儿童时期的教育质量。班级是学校实施教育的最小单位和最重要环节，发挥着不可替代的作用，班主任管理更渗透着育人智慧，体现着教育目标，实践着科学方法。本文采取观察法，通过分析C市K小学低年级班主任管理工作的具体实践，研究小学低年级班主任管理工作中，如何提高教育效能，促进学生全面发展的有效工作方法。

关键词： 班级管理；班主任行为；低年级

2021年3月，教育部印发《关于大力推进幼儿园与小学学科衔接的指

---

* 作者简介：魏菁（1987—），女，汉族，贵州民族大学民族文化与认知科学学院教育管理硕士研究生。研究方向：教育管理。

导意见》对小学低年级教育管理工作提出进一步要求，要求规定小学教育管理尤其是小学低年龄段的教育管理应加强有效性，应统筹推进小学生入学适应教育，促进幼小衔接工作有序地开展。对于刚刚步入学校，年纪尚幼的小学低年级儿童来说，班集体和班主任的教育影响对于他们适应新环境、建立良好的生活学习习惯尤为重要。低年级儿童有其自身的行为特点：活泼好动、自控力不强，对老师家长具有强烈依赖心理。同时他们处于适应小学生活的起始阶段，正面临各种挑战。刚入学的儿童既表现出强大的可塑性和发展潜能，但自身对环境要求又难适应。如何帮助他们迈好入学第一步，需要班主任在班级管理工作中承担起监督、引导的责任。

一、小学低年级班级管理中三个突出问题

管理对象的特殊性决定了班主任工作的特殊性。小学低年龄段儿童刚刚由以活动为主体的幼儿园教育转入以科目学习为主要内容的小学，面对小学40分钟的课堂，他们对于时间安排和学习内容的改变需要新的适应。据观察，低年级班主任在管理中需要积极树立自身威信和严肃班规班纪，创建班级文化，构建家庭学校共育，以帮助学生顺利实现幼小衔接和心理过渡。而大多数儿童在刚入学阶段表现出缺乏对班主任老师角色的清晰认识，对班级规范的理解认同存在困难，难以约束自己的行为等特点。由此产生了小学低年龄段儿童班级管理中的三个突出问题：班主任立威信和尊重学生需求的问题，低年级学生平衡他律和实现自律的问题，如何协调学校教育理念和家庭教育观念的问题。

（一）班主任立威信和尊重学生的需求的问题

班主任应该把树立威信放在首位，这是班级管理工作顺利开展的第一步。新教师常常被建议在学生面前要刻意表现出“凶”的形象。刚入学的学生的确会对严厉的教师表现出敬畏，但教师不能仅凭严苛的态度管理班级，以防年龄尚小的学生对教师产生畏惧和不信任，影响管理工作的效率。然而，如果教师以绝对平等的身份和学生相处，就会发现学生对教师

过于依赖，学生行为自由散漫，课堂上随意插话，打扫卫生消极怠工、写作业字迹潦草等现象，也会影响班级管理效率。低年龄段班级管理需要承认儿童对教师的合理依赖，教师甚至有时需要手把手地教学生如何做、如何说。如果班主任脱离学生的需要盲目地树立自己的威信或面面俱到而忘记立威信，学生会对各项活动的要求自动忽略、不予执行。这些都不利于班级工作的开展。因此，如何协调班主任立威信和尊重学生个性的表达是班主任工作的首要任务。班主任应充分了解学生的实际情况和需求，树立自己的威信，使学生明确学校教育要求和教师对他们的期待，并使学生充分表达自己的愿意，乐于付诸实践是非常重要的。

（二）小学低年级学生平衡他律和实现自律的问题

对于刚进入小学的学生，实现从他律到自律的过渡是小学德育的重要课题。依据科尔伯格的道德发展理论，小学低年级儿童正处在道德发展的前习俗水平。他们对事情能否正确的判断主要依据事情结果是否符合自己的喜好。常常是教师在场时学生表现出良好状态，教师不在时他们就不会好好表现。甚至有时即使班主任在场，学生仍不能严格约束自己的行为，上课插话、坐姿不端正等现象常常发生。教师需要在学习和生活中明确地告诉学生什么是可以做的什么是不可以做的，帮助他们建立正确的是非判断能力。由于小学低年级学生刚刚进入学校，他们的座位安排、学习内容、交流方式都与幼儿园时期的要求存在很大差异。并且小学班级规模比幼儿园班级规模大，班级管理不能仅依靠教师的不断提醒。为提高管理效率，教师应思考如何帮助学生实现自我管理，实现从他律到自律，实现学生在群体中相互监督、自我监督等问题。

（三）协调学校教育理念和家庭教育观念的问题

学生来自不同的家庭，每个家庭对于孩子的成长和教育持有不同的期待和观点。有些家庭要求孩子严格服从家长的指令，有些家庭对孩子的发展采取放任态度，没有给孩子具体的要求和指导，有些家庭父母对于孩子的陪伴较少，孩子在爷爷奶奶的溺爱下成长，等等。有些家长甚至会对学校的教育理念持有否定或拒绝的态度，这些都使学校教育开展举步维艰。小学低年龄阶段的学生在语言、行为、理念等各个方面都有其家庭的印记。有些孩子在家人的影响下不说普通话，有些孩子由于父母的忽略而在行为习惯上存在一些差别。班主任的管理需要重视这些差异，平衡学校理念和家庭教育观念，让家长理解并支持班级管理的理念和要求，使家长一起参与到学生的发展中来。《中小学德育实施手册》提倡家庭学校合作机制，提倡教师了解学生的家庭情况，积极寻找家庭教育和学校教育的共同点。通过帮助家长成长，促进共同成长，组织亲子活动等方式发挥各方教育优势。

二、发挥班主任班级管理领头羊的作用

小学低年级阶段的班级管理主要任务是帮助儿童顺利实现从幼儿园儿童向小学生过渡，以适应小学生活。不同于高年级段的管理者，低年级班主任在这个过程中是学生严格的师长、耐心的助手和公正的裁判员。

（一）严格的师长

小学低年级班主任需要帮助孩子建立对新环境的正确认知和合理规则。“儿童开始能逐渐转变他们看待由多个部分构成事物的方式，当给他们拼图时，他们不把它看成某个事物，而是把拼图每个部分看成不同的事物”。[1] 这个时期的儿童还处在认知发展的萌芽阶段，班主任帮助儿童建立规则，确立明确清楚的班规尤为重要，作息纪律、值日纪律、仪表纪律、课堂纪律等必须严格制定。让学生明确纪律和要求，以及违反纪律的惩罚措施是班主任发挥教育功能的第一步，也是班主任树立威信的关键。例如，把纪律要求编成小口令，在学生可能犯错的时候提醒强调，并作为每次教育活动的总结内容。在班级纪律面前，班主任应该是严格的师长，通过实施这些手段，学生明白班级的要求和期待、教师的威严。

（二）耐心的助手

根据皮亚杰的认知发展阶段理论，这个阶段的儿童需要把抽象的知识和具体的形象相结合才能正确地理解老师所讲的内容。在班级管理活动中，班主任需要成为学生们耐心的助手，手把手地教给他们做事的方法。比如，学生进入小学需要尝试拿笔写字，教师要亲自示范正确握笔姿势，同时需要走到学生身边观察学生的握笔情况，亲手调整学生的握笔姿势。学生刚开始负责班级卫生，不懂得把卫生角的纸屑全部打扫干净，班主任需要在学生劳动之后亲自检查验收，和学生一起拿起扫帚再次清理。所有班级管理过程中班主任老师都充当了学生助手的角色，亲力亲为，从细节上体现对学生的教育和引导。

（三）公正的裁判

学生的成长和变化需要班主任给予及时公正的评价，以使学生明白什么行为是被认可的，而哪些行为是不允许的，实现学生合理行为习惯的正强化。教师密切关注学生的行为和取得的成绩。学生年龄偏小，对于某些行为是否应该做通常不太确定。班主任应该在学生表现出积极行为时给予及时的肯定，使学生加深印象。在学生出现消极行为时，确保给予提醒和合理的惩罚，避免错误再次出现。这样做的目的是让学生明确合理行为是哪些，应该如何做，如何避免自己之后的消极行为带来的惩罚。经过反复的评价和强化，学生正确的行为习惯才能固定下来。比如，对于上学迟到的现象，班主任需要积极了解学生和其家庭的情况，对学生做到及时提醒和帮助。依据学生迟到情况登记表和小组加减分制度实施管理，绝不能仅仅简单批评或不了了之，任由学生的不良行为继续发展。对于学生表现好的地方也应及时在全班给予表扬，以强化学生的好习惯定型。

三、以制度建设强化班级管理规范

低年级班主任管理的具体实施需要依托班级管理制度作为保障，班级纪律要求需要落实到具体制度才能得到有效实施。在这里，笔者将通过 K 小学的案例，展示三项有效的低年级班级管理制度。

（一）以学生为主体的小组管理制度

这是通过划分学习小组，以学习、劳动、纪律等各项内容进行评分，并通过评比分数予以奖励，达到比学赶超效果的一种管理制度。在 K 小学二年级某班，学生被分为 20 个小组，教师每周第一天把小组编号写在黑板上以便教师们给学生加减分，周五进行总分评比。加减分项目包括同学上课问题的情况、小组打扫卫生情况、学生座位卫生问题、上课坐姿问题和纪律问题，等等。每周分数较高的前两名小组的学生得到奖状并拍照片留念。班主任会把照片分享到班级群。学生对这样的加减分制度非常认可。

小组加分制度令学生信服。因为学生认为这样的制度公平并引发他们对小组荣誉的高度重视。小组管理制度受到学生欢迎有几点原因：一是教师树立威信，对班规进行了规范和解释。二是班主任对于学生的行为提出明确的要求并获得班集体支持，赏罚分明。三是加减分内容包括上课回答问题的表现，卫生情况，纪律情况，加分机会涵盖面广，增加学生为小组加分的机会。

尤其对于大班额的管理，班主任把学生分成若干小组管理的办法是可取的。当班主任一个人的教育影响无法保证时刻辐射班级所有学生，为了提高班级管理效率，引进了小组管理、相互管理是必要的。另外，“学生主要生活在由家庭、学校及同辈群体构成的三重社会之中”[2]。事实上班主任把自己的管理权力分解为小单元，无形中使学生在学校的行为规范增加了一份监督和评价的保障，它源自学生群体。这种方法不仅被应用于班级管理，在课堂管理中依然能发挥。例如课堂上某个学生由于坐姿不端正，被同桌提醒就立刻坐正。“提醒”这一行为体现了学生群体中的相互管理。为了小组的集体荣誉，学生自动形成了相互规范的风气，共同学习的气氛。学生受到教师和同学的提醒会马上改正。可见，作为低年级班级管理工作实施运用小组管理并辅以表扬、奖品、加减分等评价的管理效力。这是尊重了儿童的荣誉感和对群体的归属感，进而提高班级管理效率的有力例证。

（二）他律和自律结合的师友互助制度

另一个班级管理制度是师友小组制，这是一种通过学生群体间的互助来学习和交往的制度，鼓励学生沟通、思考和实现社会化交往。在四人小组的前提下，同桌两个学生又组成师友小组，一个是教师，另一个是学友。担当教师角色的孩子负责在课堂互动环节中辅导和帮助其他的学友。比如教师教授了一些字的读音，允许学生相互监督练习时，学生可以就课堂上没学会的字请教他的小老师。师友身份并非一成不变，决定因素是每次考试的成绩，成绩好的学生自动成为教师，成绩较低的学生即为学友。

这样的学习制度可以促使学生在课堂或作业环节相互监督和鼓励。因为年纪较小的孩子对教师权威具有一定畏惧心理，同伴的交流可以让他们暂时摆脱教师权威，不用迫于教师的压力而不敢提问和表达，拥有和同学交流的机会，回到同伴交流的场域中，充分表达自己的困惑，形成相互学习的风气。学生群体交流不同于师生交流，在年龄较小的儿童认知观念里，教师代表着管理者、代表着知识的权威，而同学相对平等。学生相互交流时神情状态放松自然，有别于课堂上被教师提问时的状态。以语文课为例，充当教师的孩子可以分配自己和学友回答问题的哪个部分，并且能在问题回答完毕后对他的学友回答问题的情况进行点评，而其他学生等他们回答结束后还可以对刚才的答案进行纠正或补充。这是教师把管理权适当让渡给学生的表现。

这样的管理方法把课堂还给了学生，让学生有计划的学习，学会倾听和交流，同时学生社会性发展也可以从这个过程中实现。“德育主要是指培育受教育者道德品质的实践活动，他是德育主体适应社会普遍伦理道德的要求、遵循受教育者品德发展规律，通过创设有利于受教育者实现个体品德社会化的价值环境，促进个体品德不断发展和完善的过程”[3]。小组展示的结果是小组加分的依据，学生会调整自己的行为以实现加分。是小组制度的实施过程，是学生社会化的过程，也是学生他律行为向自律行为转化的过程。

（三）蕴含人文关怀的加分制度

这是一种基于集体评价的加分制度，它将对学生表现的评判和加分权由教师过渡到学生群体，鼓励学生对班级管理中的问题进行评价，以集体的力量帮助学生改正错误，发扬优点。以语文课堂为例，第一，教师对学生的评判不以唯一答案为标准；第二，鼓励学生对同伴的回答进行思考和评价，参与整个思维过程；第三，教师依据全班共同商量的结论进行加减分。比如，课堂上教师要求给某个字组词，只要学生的答案言之有理，受到大家支持，都会加分。学生的回答偶尔超出教师备课的范围，也会得到教师的珍视和求证，而不会简单否定学生的回答。遇到学生的错误回答，教师会让全部学生一起判断正误，在集体商量的基础上再实施加分或减分。

“社会背景、家庭风貌、学校教育和同辈群体都对其不断成长和发展提供了源泉”[4]。教师注重加分制度和人文关爱相结合。教师和学生经常进行非教学语言的沟通。有些时候学生会思考出不同答案，这时教师的语言包括：“这种情况不一定、我们一起来看看、这个问题有例外情况、有谁想补充”等。这些话术的使用体现了尊重学生观点而不直接指出学生是错的。师生一起对学生的回答进行再思考，在这个过程中让学生自己决定和判断，最后实施加减分制度。这样的管理制度体现出对学生发展的尊重和对规则的人性化解读。这项管理制度的效果在学生的作业中得到印证。比如二年级语文上册第五单元让学生写留言条，大部分学生能够完整叙述并能使用敬语和商量的口气。这表明学生在学习过程中形成的人文素养已经可以迁移到生活情境之中。

四、班级文化建设增强集体认同感

《中小学德育工作指南》提出的“建设班级文化，鼓励学生自主设计班名、班训、班歌、班徽、班级口号等，增强班级凝聚力”[5]。班级文化建设不应仅局限于物质文化层面，定期完善班级板报、布置宣传墙、张贴标语等。班级文化应包括物质文化建设、制度文化建设和精神文化建设。班级板报、橱窗等布置等属于物质文化的内容；班级规章制度、纪律规范属于制度文化层面；班级精神面貌、行事风格属于精神文化层面。班级文化建设的范围应该从物质文化逐步扩展到制度文化和精神文化层面，为学生创造文化基础、实现自主发展、增强社会参与度。在班规中融合人文关怀，获得各方支持；在管理过程中融合多方资源，体现家庭学校共育；在一日活动中提出多层次要求，实现以学生为主体的多维度发展。为了增强班级凝聚力，低年级班级文化建设应包含以下几方面：首先，整合教育资源，开发第二课堂。班主任利用学校开展的教育活动，把价值观教育和学生实践活动相结合。比如学生需要每天读课外书，教师可以给学生阅读书目建议，定期举行读书交流活动，引导读书、思考、交流、价值观引导相结合的班级活动。其次，沟通家长理念共享，家校合作优化文化环境。鼓励家长参与孩子的读书活动，填写读书存折，见证儿童的进步，一起获得奖励。另外，教师要规范自己的言行，表现出对工作的热情和对学生的诚恳，作为良好示范。并且在学生和家长中寻找优秀例子，适时公开表扬优秀的榜样，让学生和家长在文化创设中明确自己的分工，见贤思齐。班主任对班级文化建设取得的成果及时通报表扬，在学校、班级、家庭、社区相互帮助鼓励的氛围中实现班级文化建设有效的开展。

“所谓‘全面发展’，是指受教育者个体必须在德、智、体、美诸方面都得到发展”。[6] 班级管理的直接目的是为学生的发展创造良好的环境，最终目的是促进人的全面发展，这也是马克思主义教育学说的核心内容，是社会主义教育的终极追求。作为管理者，应充分尊重儿童当前的经验和认知条件，在此基础上，积极树立自身威信、严肃班纪、创建班级文化、构建家庭学校共育系统，以帮助低年级学生顺利实现过渡。上述班级管理案例具有其自身教育价值和意义，通过对案例的描述和分析，我们可以勾画出班级管理中班主任采取的管理制度，管理理念和教育行为的特点，为今后进一步研究其背后的原因和意义打下基础。

参考文献

[1] 雷雳. 毕生发展心理学 [M]. 北京：中国人民大学出版社，2014：96.

[2] 吴康宁. 教育社会学 [M]. 北京：人民教育出版社，1998：223.

[3] 班建武. 德育原理 [M]. 北京：高等教育出版社，2018：45.

[4] 白芸. 理解学生文化——上海市一个初中班级的个案研究 [C]. 华东师范大学，2003：7.

[5] 中小学德育工作指南 [M]. 北京：教育科学出版社，2017：8.

[6] 王道俊，郭文安. 教育学 [M] 北京：人民教育出版社，2009：104.

双创背景下非物质文化遗产传承和保护研究*

——以贵州省双创金奖“银凤钗头”项目为例

伍元凤**

（贵州民族大学社会学与公共管理学院，贵州贵阳 550025）

摘　要：非物质文化遗产作为民族文化符号，随着时代的高速发展，大众对文化的体验和需求出现了新的消费趋势和审美走向，非物质文化遗产为适应过快发展的时代步伐，不得创造性的转化、创新性发展，正在以一种新的姿态呈现在我们面前。本文以2019年参加第五届中国“互联网+”大学生创新创业大赛的《银凤钗头——国家级非物质文化遗产西江控拜苗银的传承与创新》项目为例，通过对“银凤钗头”项目的研究，探讨在“互联网+创新创业”的时代背景下，我国非物质文化遗产的传承和保护“返本开新”的发展姿态，以及如何实现“双创+非遗”的创造性转化和创新

* 基金项目：本文系多彩贵州文化协同创新中心资助课题“少数民族非遗助力2020年后武林山区扶贫的长效机制构建研究”（项目编号：DCGZXTCX2019-18）阶段性研究成果。

** 伍元凤（1996—），女，汉族，贵州开阳人，贵州民族大学社会学与公共管理学院民俗学专业硕士研究生。

性发展。并根据“银凤钗头”项目在发展中存在的不足提出改进的对策建议，让非物质文化遗产在更广阔的天地展现其生命力。

关键词： 创新创业；非物质文化遗产；银凤钗头

2014年夏季达沃斯论坛开幕式上，李克强总理首次提出“双创”的概念，由此兴起了大众创业、万众创新的浪潮，全国各高校积极响应“双创”背景下的时代号召，在教育体系改革、人才培养、机制体制上纷纷做出调整和完善，不仅为当代大学生探索创新创业之路指明了方向，更激发了大学生创新创业热情，营造良好的创新创业的氛围，使当代大学生成为推动“双创”发展的生力军和排头兵，2019年10月，贵州民族大学人文科技学院创设的创新创业基地带领在校大学生以《银凤钗头——国家级非物质文化遗产西江控拜苗银的传承与创新》项目，斩获第五届中国“互联网+”大学生创新创业大赛高教主赛道金奖，不仅实现了贵州省在全国“互联网+”双创金奖的零的突破，更是成为非物质文化遗产创新性传承、保护和发展的一枝独秀，为“非遗+双创”的创造性转化和创新性发展提供了可供借鉴的经验。

一、“银凤钗头”的创立和发展

“银凤钗头”是将匠心技艺运用到现代审美上的中国西江控拜苗银锻造的第一银饰品牌，致力于传承中国传统非物质文化遗产锻造技艺，融入“无限创造，成就经典”的产品设计理念及创新思路，汲取贵州少数民族特色文化元素，结合西方艺术手法，为苗银注入传承的血脉和现代的样式，打造出具有东方文化代表符号又独具现代审美的时尚轻奢系列首饰。

（一）因传承而缘起

李娜是黔东南西江控拜村人，她的家乡西江控拜村被誉为“中国银匠第一村”，从小就耳濡目染银饰制作工艺，并作为新一代的大学生和非物质文化遗产第16代传承人，她比任何一个人都渴望将非物质文化遗产产品带上更广阔的舞台。2017 年，李娜开始组建参赛团队，并申请参加比赛，源于对少数民族文化的热爱，2018 年李娜多次到家乡进行苗银制作的调研考察，搜集整理了大量的苗族银饰图样，寻找银凤钗头的创作素材，探寻非物质文化遗产本真性的创新设计，更加坚定了李娜将家乡文化传承下去并为之不断努力的信念。李娜接受采访时说道，创立“银凤钗头”项目的初衷是为了让非物质文化遗产苗银不成为抢救性保护对象，为了让苗银锻造技艺能够继续传承发展下去，也为了让那些勤劳朴实的乡亲们能够靠自己掌握的苗族银饰锻造技艺过上更好的生活。

（二）因市场而发展

随着经济的快速发展和信息化时代的到来，社会开始关注非物质文化遗产的传承保护，各种民间工艺中的商机开始显露出来。2016 年，民族风浪潮的兴起成为当下的一种流行风格，市场开始将眼光投入到少数民族元素的挖掘中，在现代设计中赋予了非物质文化遗产新的活力与审美，掀起了一场新的非物质文化遗产热，带动了新的经济活力，提高了人们对非物质文化遗产的关注，越来越多的国际服装品牌将视野转向了挖掘少数民族文化内涵，使我国传统银饰品行业得到快速发展。李娜及其团队看到了传统西江苗银在轻奢首饰领域中巨大的市场潜力，对项目进行产品细分和利益定位后，找到专业的设计师和工匠，把“银凤钗头”独特的历史文化底蕴和个性张扬出来，并在微店上注册了南时文化手工银饰企业店，售卖的商品都是手工苗银锻造的首饰。如项链、耳坠、胸针等，虽然价格昂贵，但产品还是一售而空。

（三）因创新而突破

在学校的支持下，2018 年 5 月李娜成立了“银凤钗头”文化创意公司，并注册了贵州南时文化传播有限公司，打算将非物质文化遗产与时尚相结合，为非物质文化遗产传承发展开拓新的路径，努力寻找大众群体的表达文化，加强大众对非物质文化遗产文化的体验感和认知感，以文化创意来推动苗银饰品的发展。而“银凤钗头”正是将现代审美运用到传统的匠心技艺上，致力于传承非物质文化遗产锻造技艺，以“无限创造，成就经典”作为非物质文化遗产产品的设计理念，汲取贵州特有的少数民族特色，融会时代潮流元素和创新思路，打造出具有文化内涵又具现代审美的时尚轻奢系列首饰，突破了以往非物质文化遗产产品的固有的形态美。

二、走上“双创”国家赛道的“银凤钗头”

（一）初入赛道，追逐梦想

2017 年，李娜开始正式组建项目团队，由于前几届“双创”大赛的获奖项目基本上都是民办院校相对薄弱的高科技项目，贵州民族大学人文科技学院副校长黄玮决定结合学校的自身情况和贵州省内灿烂的民族文化，取长补短，避开民办院校相对较弱的高科技项目，重点培养创新创业型人才。2018 年 5 月，在学校及领导的大力支持下，李娜创办了“银凤钗头”文化创意公司。2018 年 9 月，银凤钗头——“互联网+”非物质文化遗产西江控拜苗银项目立项，李娜带领该项目参加了第四届“互联网+”大学生创新创业大赛，冲出省赛的重重包围后，最终获得第四届贵州省“互联网+”大学生创新创业大赛的金奖，并代表贵州省唯一一个进入国赛的民办院校参加了第四届中国“互联网+”大学生创新创业大赛全国总决赛，最终拿下了第四届中国“互联网+”双创大赛总决赛铜奖。此次大赛，使“银凤钗头”项目成为全国进入双创国赛的六所民办高校之一，贵州省唯一入围全国总决赛的民办院校。

（二）再次启程，终获金奖

继 2018 年“银凤钗头”项目获得第四届中国“互联网+”大学生创新创业大赛铜奖后，“银凤钗头”项目组厚积薄发，再次启程。为参加 2019 年举办的第五届“互联网+”大学生创新创业大赛，李娜及其团队又组建了《银凤钗头——国家级非物质文化遗产西江控拜苗银的传承与创新》项目团队，本次大赛的省赛于贵州师范大学举行，参赛高校有贵州大学、贵州师范大学等高校，共计 59 所院校参赛，报名大学生超过 2.5 万余名，接近6000个项目投稿参赛，参赛学校及参赛项目的数量较往年再创新高。经过项目计划书讲解和路演答辩环节的多轮赛事后，贵州民族大学人文科技学院5支项目团队成功进入贵州省省赛总决赛，“银凤钗头”冲出省赛的重重包围进入国赛后，与来自世界各地名牌大学、百年老校同台竞技。李娜团队所在的小组赛道中，就包括了清华大学、浙江大学等在内的19个著名高校的参赛团队，经过为期两天的激烈比拼，《银凤钗头——国家级非物质文化遗产西江控拜苗银的传承与创新》项目团队以第一名的好成绩获得了高教主赛道金奖，此次获奖，实现了贵州省“互联网+”大学生创新创业领域金奖零的突破。

三、“银凤钗头”项目成功的原因

（一）优秀传统文化的强大号召

优秀传统文化是中华民族各族人民赖以生存的精神寄托和民族信仰，是民族之魂，也是文化创意产业的基石和载体，大力传承和弘扬优秀传统民族文化，有利于提升民族自信力和认同感。经过苗族历代匠师对银饰锻造技艺的不断摸索和创新，使苗银有了固定的锻造方式和基本的形态，银饰的打造工序逐渐完整且丰富，也相对烦琐，因此对银饰的打造要求也十分严格，一件银饰的打造少则十来天，多则数月，“一套完整的银饰打造流程一般要经过熔炼、捶打、拉丝、焊接、洗涤、錾刻等30多道工艺”[1]。苗族银饰锻造技艺中展现的劳动状态和民族智慧，赋予了苗族银饰独具一格的审美风格。2006年5月20日，苗族银饰锻制技艺经国务院批准列入第一批国家级非物质文化遗产名录。“银凤钗头”项目以苗族银饰的锻造技艺为表现载体，不仅展现了巧夺天工的苗银锻造技艺和匠心精神，更是苗族历史、文化的文化积淀和集中体现，反映苗族人民的审美情趣、民族信仰和价值观念，“银凤钗头”在继承苗银锻造技艺文化基因的基础上充分融合当下的时代潮流，打造出一条与众不同、符合时代潮流的创新发展路线，是其成功的主要原因之一。

（二）差异化错位发展获得竞争优势

如今，“互联网+”大学生创新创业大赛已经举办了五届，历届大赛情况如表1：

表1 双创大赛历届比赛情况

首届（2016） 主题：“互联网+”成就梦创新创业，开辟未来	冠军		
	项目名称	学校	主要负责人
	Unicom无人直升机系统	北京航空航天大学	李琛
	智能视力辅具及智能可穿戴近视防控设备	浙江大学	李响
	亚军		
	项目名称	学校	主要负责人
	广州优密移动科技股份有限公司	华南理工大学	陈策
	季军		
	项目名称	学校	主要负责人
	Visbody人体三维扫描仪	西安电子科技大学	杨少毅
第二届 主题：拥抱“互联网+”时代，共筑创新创业梦想	冠军		
	项目名称	学校	主要负责人
	微小卫星	西北工业大学	扬中光
	亚军		
	项目名称	学校	主要负责人
	nsta360全景相机	南京大学	刘靖康
	季军		
	项目名称	学校	主要负责人
	ofo共享单车	北京大学	戴威
	越疆DOBOT桌面机械臂	山东大学	刘培超
第三届 主题：搏击“互联网+”新时代，壮大创新创业生力军	冠军		
	项目名称	学校	主要负责人
	杭州光珀智能科技有限公司	浙江大学	白云峰
	亚军		
	项目名称	学校	主要负责人
	ULBrain机器人视觉解决方案	北京航空航天大学	陈震
	季军		
	项目名称	学校	主要负责人
	分子精准调控的吸波导磁材料及工业解决	厦门大学	王鹏
	全息3D智能炫屏-南京万事屋科技有限公司	东南大学	周全
第四届 主题：勇立时代潮头敢闯会创扎根中国大地写人生华章	冠军		
	项目名称	学校	主要负责人
	中云智车-未来商用无人车行业定义者	北京理工大学	关文超
	亚军		
	项目名称	学校	主要负责人
	罗化新材料：全球激光荧光陶瓷的领航者	厦门大学	罗雪方
	人工智能影视制作-聚力维度	北京邮电大学	赵天奇
	季军		
	项目名称	学校	主要负责人
	邦威科技全球高性能结构材料领跑者	浙江大学	孙超杰
	枭龙科技AR智能眼镜	北京理工大学	史晓刚

从表1可以得出，前四届“双创”大赛的获奖及参赛团队基本上都是世界双一流的名牌大学，相对于办学条件有限的民办院校而言，名牌大学的技术水平和学生的综合素质相对较高，学生获取的资源也相对较多，无疑加大了民办院校的竞争难度，且参赛项目主要倾向于民办院校相对较弱的高科技项目，导致民办院校进入比赛的难度大，以至于一些民办院校在这一领域一直没有新的突破，于是学校和在校“双创”团队将视角放到贵州省省内灿烂的民族文化，取长补短，避开民办院校相对较弱的高科技项目，结合自身的资源优势，重点培养创新创业型人才。“银凤钗头”项目之所以成功，在于规避了自身的不足，展示自身的资源优势获得竞争优势，拿下金奖。

（三）“非遗+双创”激发文化传承和保护的活力

非物质文化遗产作为一种复杂的文化形态，深深地根植于民族、地域文化的传统文化中，它并非静态的，而是一种具有延续性和活态性的文化事象。非物质文化遗产需要在新时代焕发新生机，展现新活力，实现活态传承，不断变化和创新才能赋予其新时代的精神内涵和审美体验，因此对非物质文化遗产不仅要进行抢救性的保护措施，实现非物质文化遗产资源的生产性保护和可持续发展才是对非物质文化遗产活态传承最好的保护和延续。就文化而言，“银凤钗头”作为西江控拜村苗银手工艺血脉相连的活态传承，通过树立“非遗+双创”的传承发展理念，利用文化创意手段承载传统文化基因，对西江控拜苗银进行展示和传播，吸引更多的年轻人愿意走进非物质文化遗产、了解非物质文化遗产。就经济而言，随着文化产业的兴起与发展，创意经济的提出，有效解决了过去不少非物质文化遗产“囿于一隅”的困境，凸显了非物质文化遗产的经济价值和文化价值。如护肤品牌“润百颜”与故宫首次进行IP合作的故宫口红，将故宫博物院中收藏的红色国宝器物上色调融入口红色号中，口红包装外壳的创作灵感则来源于清宫妃子服饰，故宫系列口红一经推出，润百颜故宫口红一年收入接近15亿元，超过了护肤品行业的1300家上市公司。[2]

（四）新时代“双创”青年让非物质文化遗产旧貌换新颜

李娜作为90后创业的新青年代表、非物质文化遗产第16代传承人、贵州民族大学人文科技学院2016级人力资源专业的大学生，她接受过新时代的洗礼和正规的专业教育，有较为开阔的眼界和思维，以及不同于过去老一代传承人对非物质文化遗产产品及非物质文化遗产市场的见解和感受，这些新时代的青年有敢打敢拼的勇气，有敢为人先的实践作为，能够积极利用“互联网+”大学生创新创业平台所带来的机遇，运用新的创作观念、新的设计理念、新的传播观念和营销观念去传承和保护非物质文化遗产，用新平台为非物质文化遗产带来新发展，让非物质文化遗产产品旧貌换新颜，她身后更有国家和学校的支持，因此让“非物质文化遗产走向现代生活”不再是一个口号。随着电子信息技术及互联网销售渠道的发展，如依托天猫、淘宝、抖音、京东等交易平台建立起的网络商店，通过微信、抖音、微博等社交平台的建立，向消费群体推送相关文章，最大限度地吸引消费者阅读并产生购买欲望，拓宽了非物质文化遗产产品的市场渠道，市场渠道本身也为“双创”青年更好地利用互联网等新媒体，开拓非物质文化遗产传承和保护的新路径，使非物质文化遗产市场旧貌换新颜。

四、“银凤钗头”项目发展中存在的不足

（一）目标市场薄弱，受众有限

传统苗族家庭制作银饰主要作为女儿银妆出嫁的祝福，不做商业用途，由于制作工艺粗糙，标准化生产困难，且传统苗银主要以大、厚、重的形态美和工艺美著称，多数作为展览品进行观赏，产品特性与消费者的消费习惯出现严重不匹配，根据对轻奢品市场分析，男性占比11%，女性占比89%。[3] 因此，非物质文化遗产产品的受众主要倾向女性群体，且以25—40岁为主要消费对象，年轻消费者更倾向于选择奢侈的大牌饰品及时

尚简约的韩流饰品，苗族银饰的追捧群体大部分是苗族妇女，导致非物质文化遗产产品的受众有限，目标市场相对比较薄弱。

（二）宣传力度不够，后继乏力

由于“银凤钗头”项目产品的广告宣传推广力度有限，没有充分发挥互联网信息载体的优势来打造自己的网络形象，缺乏专业的宣传团队，无法打造完整的品牌效应链，笔者上网进行搜索，发现目前与“银凤钗头”有关的信息还停留在“双创”的平台上和学校的公众号上，百度上关于该团队的相关详细资料少之又少。通过实际调查发现，现在“银凤钗头”成了只有小众了解和消费的产品，许多人目前对“银凤钗头”还闻所未闻，这是“银凤钗头”目前最大的问题——不能被看见。虽然该团队目前已经成立了自己的微信公众号和微博号，但是却没有很好地利用它，该团队的微信公众号一个月平均推送两次，微博号却并无相关内容推送，导致微博粉丝只有两位，也没有开通抖音账号实时记录团队的创业历程，这对于热衷于网上冲浪的年轻群体来说，就直接切断了其想要了解产品及团队的来源，从而限制了该团队的知名度和未来长远的发展。

（三）产品市场定位不明晰，缺少优势产品

从目前情况看，“银凤钗头”还没有涉及有利于自身产品和品牌稳步发展的市场定位，一是作为刚刚成立的小众公司，摆脱不了小微企业僵化的经营模式，对产品市场定位的重视程度不够，没有明确的目标客户、粉丝群体、固定的消费规模和区域规模。二是缺少优势产品和特色服务，创新能力还有所不足，没有推出“银凤钗头”的主打产品和优势产品，没有完整的产品系列，没有建立具有自身特色的企业文化和服务体系。对“银凤钗头”的市场性、商品性、创新性、经营性分析不透彻，导致其缺乏竞争力。

（四）未实现“互联网+”深度融合

“互联网+”是一种新兴的经济形态，是在互联网时代，为了让各种传

统企业实现多方面发展提供的网络营销平台，如依托天猫、淘宝、抖音、京东等交易平台建立起的热门网络商店。“银凤钗头”目前并未依托热门网络商店进行产品售卖，没有结合现代科技手段当中的VR技术向顾客展示产品的技艺手法，也没有通过短视频、直播等方式进行产品宣传出售。无法利用精准的大数据向大众推送商品的匹配服务，为企业实现采购管理信息，不能为其提供可以合作的供应商、匹配供应商信息、提供在线服务和交易等服务，因此，未实现与“互联网+”的深度融合，就无法为其打通上下游的生态链，导致“银凤钗头”转型困难，限制其发展。

五、“银凤钗头”项目改进的对策建议

（一）精准定位受众，打开目标市场

随着我国银饰品行业的快速发展，关注消费者当前的饰品需求和消费特点，做好市场细分，充分张扬“苗族银饰”独特的历史文化底蕴和个性，在产品开发上要主打时尚化、个性化，吸引年轻消费群体眼球，在产品规划设计时做出高端产品系列、中端产品系列、低端产品系列等一整套较为完整的市场营销产品定位方案，满足低收入、高收入及不同年龄段消费群体的不同消费需求，做到精准定位受众，扩大目标市场，

（二）加强宣传，实现非物质文化遗产的造血机能

非物质文化遗产不是独立的文化形态，是各民族最具延续性和活态性的文化事象，在互联网的迅猛发展时代下，如何寻找非物质文化遗产产品未来的生存发展之路，实现非物质文化遗产的造血机能，是非物质文化遗产传承发展目前的大问题。因此，要充分发挥互联网信息载体的优势，利用互联网环境对“银凤钗头”等非物质文化遗产产品的宣传创造有利条件，如可以在抖音、B站上建立视频号，发布与产品相关但侧重点不同的视频，吸引特定用户及粉丝群体主动关注。微信公众号及微博平台在文化传播和宣传中也具有非常重要的意义，使商家可以利用视频、文章、图片

等多媒体手段，将产品信息更直观、全面地传递给消费者，更好地引导消费者了解非物质文化遗产产品，扩大产品的信息曝光度，从而最大限度地实现非物质文化遗产的造血机能。

（三）推进后孵化，促进新品牌

“银凤钗头”作为刚出道小微企业，突出问题在于没有市场经验和经营管理经验，对市场的开拓显得无从下手，团队的核心产品技术不高，项目启动资金不足和产品影响力不够等。在经济全球化和互联网信息时代的背景下，客户需求以及对产品的审美呈现出个性化的趋势，如何设计出既能满足客户的审美需求，又能使企业获取利润的产品，是“银凤钗头”在千篇一律的非物质文化遗产产品中脱颖而出的重要途径。因此，强化产品在各方面的创新，增加产品的文化附加值，开发实用价值与审美价值于一体的产品，使其转化为可盈利商品。从“银凤钗头”自身文化内涵的基础上再孵化出新的优势项目，将其转化为文化产品，促进新品牌的形成，才是非物质文化遗产传承与保护的可行性方法。

（四）抓牢“互联网+文创”的创意经济机遇

“互联网+”是新兴的互联网发展经济新业态，“文创”是现代化产业发展推出的新产品，“互联网+文创”的新创意经济的诞生。对企业来说是新的发展方向。在当前的时代背景下，文化产品借助互联网的快速传播效应下，发展“IP”产业。有人说“得 IP 者得天下”，继故宫文创产品取得成功后，“敦煌研究院”“苏州博物馆”等都开始运用“互联网+文创”的发展模式进行文化创意产品的开发。“银凤钗头”作为传承非物质文化遗产文化基因基础下的创意项目，必须抓住当前的互联网创意经济机遇，依靠“互联网+文创”的活性基础，开发出新文创产品，借助互联网大数据进行宣传和细化市场定位，在“互联网+文创”的视野下快速实现产品定位，抓住目标市场，开发新产品，牢牢抓住“互联网+文创”的创意经济所带来的发展机遇。

随着大众创业，万众创新政策的提出，“非遗+双创”的发展模式提供了新的创新创业途径与平台。“银凤钗头”项目团队结合“双创+非遗”的传承发展思路，在新的历史时期唤醒了人们对非物质文化遗产文化、民族历史的记忆，真正实现了非物质文化遗产的创造性转化、创新性发展，帮助非物质文化遗产真正的“活”起来，也希望高校加大培养高层次、专业化、应用型创新创业型人才，在新经济、新时尚、新市场的现代化背景下，帮助非物质文化遗产融入市场，带领非物质文化遗产产品实现经济创收，在实践中检验非物质文化遗产，提升非物质文化遗产的文化内涵，寻求新的创新点，使用和交流共享才是对非物质文化遗产最好的传承与认可。

参考文献

［1］郎光忠. 论编著《贵州苗族银饰锻造技艺》实训教材的必要性［J］. 西部皮革，2018（20）：114-115.

［2］故宫彩妆停产背后：商演“宫斗”大戏，文创年入15亿［EB/OL］，https://baijiahao. baidu. com/s? id = 1621967423493189460&wfr = spider&for=pc.

［3］银饰品行业发展趋势分析［EB/OL］，中国报告大厅，http://www. chinacir. com. cn/02/ebgefghb. shtml.

探究新闻纪实片对受众媒介素养建构的意义

——以《生命缘》为例*

肖婷婷　何燕燕**

（贵阳人文科技学院，贵州贵阳　550025）

摘　要：媒介素养作为现代公民应具备的探究、表达和交流的基本生存技能，是同科学素养一样重要的，帮助受众在复杂的信息环境中保持理性判断的能力。大众传播媒介是建构与培养受众媒介素养的重要途径，本文以北京卫视打造的、国内最早的、获得了极高的收视率和受众口碑医疗类新闻纪实片《生命缘》为案例，探究其节目传播的专业的科学知识、负责的媒体态度和深厚的人文关怀。当下的此类纪实片由真实的医疗个案开展叙事，在传播科学知识、修正认知偏差、调和医患关系、培养受众媒介素养及搭建健康传播的桥梁中都起着重要作用。

关键词：媒介素养；健康传播；医疗类新闻纪实片

---

* 基金项目：2021年度贵州省教育厅高校人文社科项目“融媒时代贵州高校学生媒介素养研究”的阶段性研究成果［编号：2021FDY007］

** 作者简介：肖婷婷（1993—），女，贵州贵阳人，讲师。研究方向：媒介伦理与法规 、影视传播。

何燕燕（1995—），女，贵州遵义人。研究方向：植物生理与分子生物学、植物资源与利用。

全球传染性危害管理司司长布里安德博士认为，互联网中出现的众多消息像病毒一样在虚拟的网络世界里肆意传播，过多的信息（正确或错误）导致人们难以发现值得信任的信息并获得可靠的指导，各种混乱的信息甚至会对人们的健康产生危害。她把这种威胁人类健康的互联网传播乱象称为“信息疫情”。现代社会，公民需要具备科学素养以抵御病毒疫情，同时也需要具备一定的媒介素养以在复杂的信息环境中保持理性判断，这是一个国家、民族整体文明程度与文化发展水平的标志。所以，对于新时代的公民来说具备良好的媒介素养，才能在“信息疫情”中实现自身的“免疫”。[1]

一、医疗类新闻纪实片的社会价值

真实反映社会现实状况，并对现实状况进行创造性处理，从而呈现社会热点话题是新闻纪实片的传播目的，这是一种以摄像或摄影手段对新闻事件做系统完整的纪实报道，并给受众一定的审美作用的新闻作品类型；与其他新闻作品不同，纪实片追求拍摄真人真事，要求直接取材于现实生活或历史资料，并以尽可能生动和富有表现力的手段予以再现，不容许有虚构或导演的成分。医疗类新闻纪实片则是在此基础上以医生、病患等人员为叙事对象，以医疗事件的发展为叙事脉络，展开对当下医疗现状报道的新闻节目。节目包括阐述了医疗影像反映的医者对患者和家属的关照、极高的工作压力，难以避免的失误，诊疗团队的合作与沟通以及家属的理解与体谅，医患失衡问题，以及如何解决这种不平衡的。由此可见，医疗类新闻纪实片一方面能传播科学知识、提升受众的医学认识；另一方面也能引发受众对生命、医疗等问题的思考，从而促进受众对医者工作的认知与理解，进而缓解医患的紧张关系。

健康问题历来是涉及人类社会生存与发展的本质问题，“十四五”规划在2035年基本实现社会主义现代化远景目标提出的“五个建成”，其中就包含建成健康中国。健康传播作为助力健康中国建设的重要力量和倡导健康文明生活方式的主要手段，在新媒体时代发挥了举足轻重的作用，因为健康信息的传播离不开传播工具和传播渠道的不断拓展，健康传播作为助力健康中国建设的重要力量和倡导健康文明生活方式的主要手段，在新媒体时代发挥了举足轻重的作用。[2] 考察健康传播离不开当下的媒介环境，换言之，当前的媒体环境改变了媒介的运作逻辑和人们的媒介使用习惯——融媒体的信息时代遭遇信息疫情，社会突发事件加剧了我国媒介生态环境的复杂性，多元媒介共存共生、媒介竞争激烈、媒介等级客观存在、绿色媒介缺失缺位等问题，印证了在信息爆炸的时代，拥有对信息的选择、认知和批判能力是极其重要的，这正是现代社会公众媒介素养的建构重要意义——人们追求真相时不得不需要借助媒介素养的能力。英国通讯局将这种能力定义为："受众在复杂的社会情境下人们接触媒介、理解媒介和积极使用媒介进行创作性交流的能力。"[3] 媒介素养是大众在媒介接触活动中应该具备的一系列能力，具体来说，是指大众能够理解媒介信息的含义，能够判断媒介信息的真实性和传播意图，能够掌握媒介信息制作的一般流程以及能够积极主动地参与媒介信息的创建。[3] 简言之，这应是现代公民具备的探究、表达和交流的基本生存技能。综上所述，在健康中国的大背景下，媒体进行健康传播，普及科学知识，消除谣言不良影响时媒介如何传播信息和受众如何免受不良媒介信息影响的免疫能力，以及对信息选择、理解、质疑、评估能力同等重要。[4]

在互联网高速发展的今天，人人都可以通过各种平台发声，网络信息纷繁复杂真假难辨，数字社交网络促进了另一类"病毒"——错误信息的产生，且错误的科学信息被无节制泛滥和传播，混乱阻碍建立民众的公共信任、达成民众共识以及采取后续的行动，摧毁了民众对政府的信任，不利于科学真实信息的传递。可见，医疗类新闻纪实片关照的是社会生活的热点，采用客观的方式记录并呈现真实的生活内容，立体展现医患媒介形象和医患关系及其背后衍生出的其他社会症结[5]，如中央新闻记录电影制片厂制作以现代外科手术发展历史的《手术两百年》、上海电视台和上海市卫计委联合策划拍摄当下知名度最高的医疗类纪实片之一的《人世间》、专门聚焦妇产科，取景于武汉大学中南医院妇产科的《生门》都是取得收视率和口碑双丰收的佳作。本文选取北京卫视打造的国内最早开播，播出时间最长，综合遴选全国最具权威性、代表性的医疗事件和高难病例的全新医疗纪实片《生命缘》为研究对象，分析其特有的传播叙事模式，探讨对受众媒介素养构建的重要意义。

二、《生命缘》的影像叙事与传播

《生命缘》于2014年在北京卫视播出，是国内最早开播的医疗纪实节目之一，首播时就取得了全国35个城市0.64%的收视率，随后几期全国最高收视率0.79%，成为北京卫视原创自制且在省级卫视阵营中独树一帜的纪实品牌节目，被国家新闻出版广电总局评为“2014—2015年度广播电视创新创优栏目”；第一季和第二季还分别荣获第二十五、第二十六届中国新闻奖电视专题类作品一等奖[6]；2020年以“抗疫”为主题拍摄制作的《生命缘·来自武汉的报道》通过写实的手法、动人的故事和温暖的画面，以独家的视角和温暖的叙事赢得了受众的喜爱，被网友评价为“抗疫期间最好的纪录片”，全国的收视率高达1.27%。《生命缘》自第一季开播以来至今已播出了八季，每一季在豆瓣平台上的评分均在9分左右，可见实属佳作。

（一）多维影像记录事件的完整和真实

北京协和医院ICU教授陈德昌曾评价《生命缘》既无故弄虚玄，也无不懂装懂和作秀，称是其看到的第一部成功的医疗剧，“它之所以动人，是因为真实”。[7] 新闻纪实片属于新闻的范畴，即必须符合新闻真实、客观的原则，于是该纪实片采用第三人称的叙述视角，这种平衡全知叙事视角直接通过画面展示，只讲述事实，不掺杂观点，传递信息，符合客观性原则，强化媒体叙事不偏不倚的公正立场；此种做法不仅有利于事件的解释，还便利了受众梳理人物关系、时间地点、事件进程和医学科普等。[8] 在《生命缘》的各期节目中，无论以何种视角展现的故事，也不论以何种角度叙事，医疗过程的完整和真实都是支撑着整部新闻作品的核心关键，为了体现纪实性，在拍摄时着重对医疗场域的实地拍摄，经常使用近景、中景、远景等景别及特写镜头来刻画。为了最大限度地还原客观场景，对影像技术的使用不会过多，常常是在需要向受众解释复杂的医学专业理论或不宜传播的手术画面时才加以动画、图示、马赛克等元素来辅助呈现。这种多元的传播方式，融合真实影像、图片、动画、情景再现、实验场景等数字化技术手段，使得叙事真实客观、生动有趣、易于理解。

（二）传递科学知识以增强理性认知

在针对当前社会现实类纪录片的研究中，学者提出“作品探讨焦点不在医疗问题本身，而是借医疗之壳传递普世情理”，医疗类新闻纪实片是一个特殊纪实篇题材，讲求用科学的方法和视角揭示自然和社会现象，具有真实性、专业性、科学性和趣味性等特点，具有传播科学知识、展示科学技术的作用，从而促进受众的理性认知。[9] 根据现有的研究显示：目前我国医患矛盾问题的根源在于——医患双方信息不对称，这实质是双方不理解与不信任造成的，患者的认知中没有对医生和医疗过程理解，医生对于诸多专业问题又难以解释。一位从业 20 年的儿科蒋医生在访谈时表示：“一方面患者可能比较难理解医生说的话，以为自己懂了，实际上没有懂，还有些人喜欢从网上搜，其实不专业不靠谱，但就不信任医生了，这也是专业知识的不对称。”[10] 在此背景下新闻媒体的科普性就十分重要了，此纪实片不但给受众科普正确医学知识和诊疗过程，还客观呈现医生群体的真实工作状态。《生命缘》通过克制的叙事手法讲述充满变数的生命故事，充分考量大众的知识接受范围和审美需求，运用动画等技术手段，或是医生形象的解释，为受众普及必要的科学素养。

（三）兼具传媒伦理和医学伦理

新闻传播过程中矛盾颇多，如真实还原事件和保护当事人隐私就是行业内一直探究的热点话题，这一矛盾其实在纪实片中同样存在——真实完整记录就诊过程则会涉及侵犯到当事人的隐私空间，公开传播与保护隐私之间的平衡，对于拍摄涉及的出镜人员，无论医护人员还是患者来说，“知情同意”是十分重要的。在拍摄前征求拍摄对象意见很有必要，获得准许后方可进入到拍摄的状态，同时接下来的拍摄还需要遵守的原则性问题之二，即拍摄素材过程中不可无故干扰正常的医疗工作。以上两个原则性的要求是在拍摄纪录片过程中需要由始至终坚持的，拍摄牵涉到的不是一小部分人员，或者某一群体，而是医院相关人员、患者、患者家属等多个角色、多种社会关系，为了避免出现法律上的问题，或者引发出相关方面的伦理问题，遵循上述两个原则是必不可少的。《生命缘》拍摄过程中始终遵循这“无伤害，有利，尊重和公正”的医学伦理评价标准，尊重拍摄对象的知情同意，保护患者的隐私，遵守医学伦理和传媒伦理的共同要求。

三、《生命缘》对媒介素养建构价值

北京电视台副总编辑徐滔对《生命缘》是这样评价的：“现在的节目，作秀的太多，假故事也太多，观众已经不想再看催人泪下的假故事了，我们所做的，没有彩排没有干扰，只是将它真实的反映出来，我们拍摄的故事中有奇迹也有失望，我们不会刻意的表达些什么，只是站在一个最客观的角度告诉大家，手术室里面医生是怎样努力地抢救，手术室外家属是怎样焦急的等待，这样的记录也能一定程度上的改善我们医患关系……”[7]

（一）修正认知偏差，重塑医学人文精神

李普曼提出大众传播中存在“刻板印象”现象，并阐述了其在舆论形成中的特殊作用。所谓的刻板印象指对某种角色和事件的一种固定的、难以改变的认知。它形成是由于一种作为认知结构的基模的存在，基模会让我们记忆时将某对象在头脑里归类，并且将其简化和抽象化，导致在下次处理信息时基于基模做出判断。作为社会性动物的人，在与世界的交互中形成了对社会职业的刻板印象，而新闻报道往往发挥了极大的作用。的确，在过去一段时间内，由于媒体的新闻报道医生推销高价药品中饱私囊、误诊导致患者死亡等案件，经由媒体报道后不断被发酵放大，尤其是在一些想赚取流量的无良自媒体过分夸大、扭曲事实，煽动情绪、渲染对

立的文章形成了舆论气候后，不断污名化医护人员的社会形象。这正是媒介“议程设置”的体现，大众传播媒体报道数量越多的问题，越易被公众认定为是当前最重要的问题；人们在“想什么”不仅能够被大众媒体预知，还能准确地让人们“怎么想”——受众的认知视角狭窄，对医护人员的理解自然单一且刻板。

优秀的新闻作品，不仅能揭露和反映社会现象，还能有助于肃清社会风气。以《生命缘》为代表的一系列医疗类纪实节目的广泛传播，将常年位于屏幕背后广大的医护人员生活被前置化，工作细节、日常生活等场景通过客观镜头呈现给公众，医护人员的内心世界和生活状态能全方位、多视角地传播，形成一个立体的、客观的形象，兼具故事性和细节性，不仅描绘有故事的个体医生形象的塑造，而且从细节深入，兼顾文本科学和审美考量，通过对相关专家的采访、评价，亲历者或受益者的回忆、故事的补充等，使人物形象更加鲜活。医疗人文纪实节目借由丰富的镜头语言对医学人文精神的凸显，内置的人文精神通过一个个具体事例和个人精细化的展现，受众对其的认知视角多了，才更能理解医护人员的工作，共情医护人员，给予足够他们信任。经过精良制作的医疗人文纪实节目蕴含广泛、深刻的内涵，其在社交网络上的广泛传播，在患者、患者家属、医护人员三者之间树立起良好的医学人文精神。

（二）发挥价值引领，培养受众媒介素养

医疗类新闻纪实片通过真实呈现的客观手法，重塑了医护人员丰富立体、多层次、世俗化的媒介形象；患者和其家属的媒介形象也不再局限于无助的弱势群体或言行过激的施暴者，而是有着难以穷尽的患者形象类型，以及更加多元的家庭属性与个人性格特质，即从过去媒介传播中“医患对立框架”转变为了“医患沟通框架”。通过全程拍摄以纪实手法多角度展现，采用内聚焦视角，对医院日常故事的记录，穿插解说向受众娓娓道来医院和患者的故事，不仅能展现出医疗救治多个方面的复杂因素，多个微观事实得以具象化，使得患者和家属对于医疗救助现状整体上保持客观立场。这样的优势是可以让节目真正发挥健康传播的作用。塑造成熟的

互动系统对于医疗纪实节目的流传有着至关重要的作用，能够让观众和参与节目者改变固有的观念，以及对新型医患间的关系更深地理解，同时也能够让他们感受到自己是作为传播者的一环。由此，就能让参加者体会到传播者的主体地位，不会流失传播所具有的价值。将各种有效途径融合来提升参与者的主动性，用真诚的言语回馈参与者的看法，让参与者提高参与度，如此反复，形成良好趋势。

节目通过做有温度的内容，转换表述框架，进而为受众展现更多现实中的幕后故事，为受众展现一个医生角色的背后细节。节目选择生活中的普通人为故事主角，以日常生活场景展开叙述，完成传播场景构建，为其产生共情奠定了基础。在制作的过程中，节目穿插使用了动画等特效，将复杂难懂的医学术语用简单易懂的图示和动画表示出来，完成健康知识的普及，提升了受众的媒介素养。

四、结　语

医院是展现人类出生、衰老、疾病、死亡、痛苦、暴力、抑郁等最集中的地方之一，也是出现“意外”与“冲突”较多的场所，在这里出入的人时常展现出深刻的喜、怒、哀、乐，这些集中的“特殊”事件和情况本身就是受人关注的，对其进行展现以纪录片形式无疑是最好的选择，通过运用生动的镜头语言来诉说医患之间形形色色的故事。同时传达出与自己息息相关的医疗知识，启发大众思考生老病死的终极问题，引发观众思索生命的真谛，感知医务工作者的辛劳就成为医疗类新闻纪实片的主要方向。[11] 随着社会的发展和人民生活水平不断提高，大众对健康话题的关注度越来越高，越容易轻信“小道消息”，越来越以谣言作为真相去行动。而长期以来，媒体都难逃消费“医患矛盾”“过分煽情”等问题，《生命缘》和当下热门的一系列医疗类新闻纪实片、纪录片的播出，不仅是简简单单叙述了医者和患者的日常点滴，更多的是向受众传递出一种科学世界观和方法论。首先，以德为先应永存医务人员心中。承担社会救死扶伤的责任，也应标榜良好医风医德。抱着尊重患者、公平公正、一视同仁的态度，给予每一位患者关怀和爱护。其次，患者也应秉承感恩的心态。珍惜并尊重医务工作者的付出，体谅他们的难处，并积极配合医生工作。及时与医护人员沟通需求，不做出非理性的暴力行为。最后，社会公众也应该参与到这场敬畏生命的课堂。当面临着社会施加的压力时，有些人选择迎难而上、直面困难，也有一部分人选择轻易地放弃自己的生命。从古至今，生死话题虽然一直是老生常谈，但是现如今自杀率的背景下生死观教育的重要性尤为凸显。生命可贵，人们需要学会珍惜，在宝贵的岁月中奋斗青春。同时，应梳理正确的生死观，不必谈死色变，明白向死而生的真理，有计划、有目的地拓展生命宽度，让人生发光发热。

参考文献

[1] 肖婷婷. 健康传播中媒体“信息流行病”现象探析［A］. 贵阳人文科技学院. 人文与科技（第五辑）［C］. 贵阳人文科技学院：贵阳人文科技学院，2020：12.

[2] 赵雅兰. 健康传播语境下受众媒介素养教育研究［J］. 新闻研究导刊，2019（20）：20-21.

[3] 罗雁飞. 媒介素养研究核心议题：基于 CSSCI 期刊关键词网络分析［J］. 中国出版，2021（02）：59-62.

[4] 张之琨. 国产医疗纪录片的创作嬗变与健康传播［J］. 青年记者，2020（29）：79-80.

[5] 陈丽娟，徐红，等. 医疗类纪录片的健康传播价值分析——基于框架理论的视角［J］. 传媒观察，2019（03）：66-72.

[6] 北京卫视.《生命缘》：一部讲好中国医患故事的温暖现实主义作品影响亿万中国人的生死观［EB/OL］. https://www. sohu. com/a/149396611_174791.

[7] 北京广播电视台.《生命缘》［EB/OL］. http://www. brtv. org. cn/web/2021/2/19/ARTI1613715324312535. html.

[8] 周兰. 纪录片：影像对历史的传播［M］. 成都：四川大学出版

社，2010.

[9] 王筱卉，侯娅珂. 医疗类纪录片影像叙事与传播研究 [J]. 当代电视，2020 (08)：67-69.

[10] 吴红雨，江美仪. 重塑中的医生与患者媒介形象对公众医疗认知的影响——以《人间世》等四部纪录片为例 [J]. 新闻大学，2020 (01)：86-100.

[11] 黄新炎. 当前我国医学类纪录片的社会责任与审美特征——以《急诊室故事》和《人间世》为例 [J]. 南京师范大学文学院学报，2017 (03)：132-136.

湖南省隆回县口头传统的传承与变迁

徐小玲*

（贵州民族大学社会学与公共管理学院，贵州贵阳　550025）

摘　要：口头传统是集体智慧的结晶，是历史的见证。本文就湖南省隆回县的口头传统的内容以及现状进行分析发现，由于社会语境的变化、教育的普及以及新型媒体的出现，导致湖南省隆回县的口头传统处于衰落状态，从而提出挖掘、搜集当地优秀的口头传统、建设公共文化场所、加大传承人的保护、举办口头传统的活动、利用大数据进行保护与宣传等对策，力求促进湖南省隆回县的口头传统在新的历史条件下得到更好的发展，从而发挥民族文化的独特性与丰富性，在创新中得到保护与发展。

关键词：隆回；口头传统；传承；变迁

一、湖南省隆回县的口头传统传承人

（一）口头传统理论

口头传统是传统民族文化的重要部分，也是全人类的文化遗产和精神

---

* 作者简介：徐小玲（1996—），女，汉族，贵州民族大学2019级社会学硕士研究生。研究方向：民俗学。

财富。2003年联合国教科文组织颁布的《保护非物质文化遗产公约》中明确指出非物质文化遗产五个方面，其中第一种便是口头传统和表现形式，包括作为非物质文化遗产媒介的语言。[1] 中国民俗学网提出广义的口头传统指口头交流的一切形式，狭义的口头传统指传统社会的沟通模式和口头艺术。口头传统是人类学领域和民俗学领域热门研究的话题，田野调查是口头传统的关键之处，通过田野调查对口头传统进行细致的观察、记录、描述、分析、总结等，达到对口头传统文化本体的研究。但人类学以无文字社会的历史为研究重心，而民俗学以神话、传说、歌谣、谚语、谜语等民间文学或口头文学为研究重心。阿尔伯特认为，口头传统是以口头的形式传给别人，以口头的形式学习，以口头的形式创作，也会给人带来模糊的印象，但对口头的理解是从技巧的意义上去理解的。[2] 鲍曼认为，口头艺术是一种表演，表演则是一种交流的模式。[3] 朝戈金认为，广义的口头传统是指人类用声音交流的一切形式，狭义的口头传统特指在传统社会的语言艺术，如歌谣、故事、史诗、叙事诗等。[4]

（二）湖南省隆回县自然传人的口述史

自然传人是传统民间文化来源与发展的见证，承载着文化的内涵，被称为传统民间文化的活化石。自然传人与文化部公布的非物质文化遗产项目性代表性传承人不同，是指在生活中自然而然的传承传统文化的传人。冯骥才在《冯骥才》作品中提到在农耕文明时期，所有民间文化都是自然传承的，所有传承人都是自然传人。口头传统记载着一个民族文化的变迁以及历史，具有民族性、时代性、历史性等特征，其世代相传，传承方式往往以口传心授为主。因此，传承人是口头传统的重要载体。在口头传统的传承中传承人往往有着常人的记忆力和理解力，并且善于与人交流，能够把代表民间的文化活动与个体的经验和群体知识相融合，进而达到传播与传承的目的。对传承人的保护是保护口头传统的关键，加之口头传统口传心授以及无形性的特征，记录传承人口述史是对口头传统进而对非物质文化进行保护的最佳方法。口述史研究仅仅只是运用到对历史上重要人物或著名事件的记录，在对传统民间的传承人进行口述记录，见证他们身上留下历史的和民族的文化也是极好的方法。原因是运用口述史方法研究不仅将无形的口头传统转化为有形，而且能够对传承人的生活背景、学艺历史等进行详细的研究。同时，对传承人口述进行记录，落实到文本，从而对其进行分析与传承保护。

二、湖南省隆回县口头传统的口述内容研究

自然传人所口述的内容与其个人生活经历相关，且口述内容适应社会的发展，随着时代的发展而发生相应的变化，有较好的融入性。通过对家乡故事讲述者的个人经历以及故事讲述方式的了解，发现能够讲述大量故事的讲述者们，对故事以及闲聊家常的事情有着极高的敏锐度，同时超于常人的记忆力以及特有的记忆模式，他们都会把故事细节与自我经历融合，使故事成为他们自身的一部分。当然故事并不是在故事讲述者的脑海里形成后就一成不变，故事讲述者们也会根据社会的发展进行一定的改变，让故事能够顺应时代被接受与传承。自然传人记忆的口头传统内容及类型丰富，根据其内容可以分为一代传一代得以继承的传统文化类、亲身体验、实情实感的个人经验类、与社会发展同步的时代背景类。

（一）传统文化类

传承人对口头传统最初的文化记忆，是生长环境所呈现的氛围以及长辈们的身传心授。这样的文化记忆是在成长过程中被反复提及，通过常见声音被强化。在平时生活互动中，只要有相关实物、图像等出现，这类文化记忆便会在脑海中重温并激发人们的情感引起共鸣，从而促进文化的被传递。传统文化具有集体性，所以这类口头传统具有集体性，但也因口头传统具有口头性，自然传统在学习和传承过程中，形成了兼具集体性和独特性的文化记忆。例如春节一家人在灶台前烤火，妹妹玩火，爷爷突然讲到“灶公和灶婆”的故事。

小时候我们烤火，我爷爷不准我们玩火、不准把脚搭在灶台上，

这是对灶公、灶婆的不敬，来年收成不好，这是有根据的。从前，有一对老夫妇，家里很穷，花了所有积蓄给家里唯一的一个儿子娶了一个媳妇，儿子怕老婆，儿媳妇对他们不孝顺，只准他们两个坐在灶台边吃饭，一顿只给一小半饭，吃也吃不饱，只要儿媳妇不顺心就要骂他们："老不死的，天天就知道吃吃吃，什么也干不了，早点死了算了。"年复一年，老夫妻想起自己以前辛辛苦苦种田，养育自己的儿子，还卖了几旦谷子买了新锅碗……终于有一天受不了，两口子烧起熊熊烈火，跳进灶台，死了。从此变成灶台公和灶台母，因为生前吃不饱，怪罪大家，不给敬饭来年收成就不会好……[5]

从这段材料中可以看出，"灶公和灶婆"的故事讲述的是农业社会吃不饱，人们祈求丰收以及孝敬老人的思想，这种传统文化类的口头传统是世代相传，有一定的教育意义以及对社会的反映。在一定的情境中会自然而然被激活，从而被人们传递与传承。

（二）个人经验类

口头传统中很大一部分与传承人自身经历有关，这种类型的口头传统内容更具体、细节更全面，能够真实地反映某种民俗或者社会现象，并且在讲述过程更有热情，能够唤起传承人的情感体验。传承人诉说这种类型的口头传统往往对当时岁月的倾诉，期待听诉的人共感获得或者获得他人的理解，从而得到心理上的慰藉。口头传统最重要的方法是田野调查，在调查研究中，对传承人的生活历程进行了解是很重要的一个步骤，只有站在传承人生活背景下才能获悉他们诉说的文化，才能准备把握口述材料。笔者二爷爷年轻时走南闯北，在游走时对土匪暗语、走夜路暗语、防鬼怪等方面积累了一定的经验。他回忆道：

我在汇仁的贵州边界的炮膛，在贵州边界那些地方，八十五里的界路，我第一次走，我只听到当地人这样讲："师傅，你今天跑这个路你就要吃饱啊。"当地人就提醒你，当时没有吃的，你吃点什么都要粮票，身上有钱是假的，我买了两碗饭吃了，吃完饭后把那松子糖买了一两斤背着放袋子里，饼干称一斤，今天要是有什么饿死鬼、倒路鬼逮着我出了怪了，后来到了，也没遇到什么。[6]

从这段文字可以看出，亲身经历的事情细节全面，途中当地人讲的话以及买的吃的都记忆犹新，也能真实地反映当时的社会机制。正是因为每位传承人经历、生活不同，从他们独具一格的文化记忆感受到孕育着丰富历史的文化记忆，这也丰富了口头传统的内容。

（三）时代背景类

时代不同所产生的文化不同，各个时代背景孕育着独特的文化内涵，传承人的口述史反映了一定的时代背景，不过随着时代背景在变，口头传统也紧随时代在变化。时代背景类的口头传统素材既有可能是传承人经历的也有可能是听某人讲的，但这种类型的口头传统处在社会的大背景下，往往一谈及就涉及一定的政策，一听便知道是在历史上哪个时期，是来自民众在当时社会环境中最直接的感受，有利于对历史的回顾。笔者爷爷和二爷爷经历了“斗地主”时代，他们回忆到：

当时我们徐家铺有一个好地主啊，对我们这些人是真的好，作田的人一个月两块肉吃，那个时候哪吃过什么肉，有东西吃都是好的了，后来斗地主的时候被抓了要枪毙，我们整个地方的人都去给他求情，包括砖屋院子好多人都来了，写了联名书，后来还是没保住他……[7]

这段话能够反映中国土地改革时期社会不太稳定，地主势力太大，批斗地主的一个场景，这是专属于那个时代的人的记忆，是对这段历史文化的记忆传承，时代背景类的口头传承正是通过非正式的湖南省隆回县互动交际的口吻把历史诉说，让听众感同身受。

三、湖南省隆回县口头传统的意义

口头传统与文字记载的文化相对，是一种口头传承的语言艺术，其承载着沉淀的历史文化，口头传统依靠集体智慧创造，属于集体文化记忆。口头传统不仅是中国传统文化的组成部分，而且具有教育意义和娱乐意义。

（一）文化传承意义

口头传统是对各民族各地区历史的体现，丰富文化的积淀的呈现，口头传统的传承也就是一个民族或地区文化、民俗、理论和内涵的传承。如文章所列的“灶公与灶母”“龙王”“鬼节”等故事传说，并将故事传说中的仪式习俗传承下去，体现了当地人崇宗敬祖、祈求美好生活的愿望。社会在不断变化，口头传统在传承文化的过程中不断变化，但是口头传统同时基于当地的文化传统，维系本民族精神依然不可动摇。此外，口头传统与生产劳作等相关，具有实践意义，如“四月的雨下得大，就好种菜”“大雪落，虫儿冻，来年好收成”，这些谚语都是劳动人民经过多年的观察实践积累的经验。

（二）教育意义

中国作为一个文化大国，拥有五千多年文明，而且在中国民族的土壤上形成了极其丰富的民族民间文化，口传神话是广大民众集体创作和口头传承的结晶，不仅内容上与人们生产生活中的哲学、文学、历史、宗教、婚姻家庭、伦理道德等密切相关，而且在社会发展进程中发挥着重要的教育作用。[8] 口头神话属于口头传统的一类，因此，口头传统也具有极其重要的教育意义。笔者爷爷讲述的故事中一直强调心善，例如：

> 两个卖“阳戏”的盲人，其中有一个心地善良，一个凶得很，善良的盲人有天躺在一个寺庙里……最后，善良的那个，眼睛也好了，还家财万贯，凶狠的那个最后没有落得一个全尸，人啊，还是要心善。[9]

从这段话中就能体会到口头传统教育我们善良的美德，很多口头传统中包含勤快、遵守规矩、学习等教育意义。

（三）娱乐意义

口头传统是一种在互动交际中诉说、探讨，除了文化传承和教育意义外，还能放松、娱乐身心。口头传统的娱乐性使活动者具有很高的参与积极性，口头传统是集体性的创作，从而形成了广泛的群众基础。如在田边劳作的人们趁午休时间对歌、家人们一起剥玉米时讲述神话、晚上乘凉时听老人讲故事，这极大丰富了人们的娱乐生活方式。通过口头传统，在繁忙的工作之余人们相聚在一起，通过声音的交流诉说各自的情感，最直接唤起人们参与热情，借此消除了日常身体和心里的疲倦，达到放松身心和释放压力的效果。

四、湖南省隆回县口头传统的衰落

现阶段，口头传统普遍呈现衰落的趋势，就湖南省隆回县口头传统的情况分析，主要有社会语境的变化、教育的普及、新兴媒体的出现等原因。

（一）社会语境的变化

随着社会的发展，农村地区生活方式发生了天翻地覆的变化，跟随城市的脚步，农村也渐渐步入了快节奏的生活，农村地区选择外出工作的中年人与青年人越来越多，笔者就自己爷爷所居住的地方井子坳统计 32 户人口，老年人 9 户，中年夫妻加小孩 2 户，中年妇女加小孩 3 户，其余 18 户外出务工。从这个数据来看，农村现居住人口多为妇女老人和小孩，而一般的中年青年选择外出，在外长期生活必然潜移默化接受城市的思想文化，在过年过节回到老家时又会将其传播过来，农村的文化被外来文化冲击再形成文化的融合。这些变化对口头传统的发展造成了不利影响。一方面，老年人在农作上只能起到辅助作用，无中年人青年人的主力，已经无法出现以往一起上山砍柴、一起放牛、一起农耕等干活时休闲娱乐解闷的场景，口头传统的原生语境被破坏。另一方面，一半以上的人员外出务工，出现有人讲故事无人听的局面，此外，深受城市文化影响的中年人以及年轻人慢慢适应快节奏或者赶时髦，出现不愿听或者听也找不到共鸣的局面。

（二）教育的普及

教育不仅带来了新思想并且带来了文字。在校园中为了方便来自全国各地学生的交流，统一普通话，为了促进学生的全面发展，学习多样课程，接触到新的文化知识、新思想。学生们要花大量的时间与精力学习，加之个人发展的爱好兴趣，从而渐渐把自己家乡的口头传统遗忘。教育同时教会了学生书写文字，文字的书写也是造成口头语言艺术衰落的一个重要原因。书面文字出现后，大量故事、歌谣等口头传统被记录下来，这对口头传统的保护起到了一定的作用，但忽略了口头传统口头性与创作性等特点，书写的口头传统形成了固定的版本。加之人们越来依赖书面文字，对原本口头传统的形式渐渐淡忘。口头传统是依靠的特点是口耳相传，讲述者和受众是不可或缺的，讲述者和受众在某种场景中，眼神、肢体或口头上的互动，有时讲述者和受众的身份也会转变，正是这种灵活性与随意性，原生态的口头传统能达到共鸣的境界。口头传统是在放松的状态下自然的学到某种文化，而不是通过严格有序的文字学习文化。

（三）新兴媒体的出现

随着互联网的发展，新兴媒体呈井喷式发展，对口头传统的传承造成了巨大的冲击。当今，为了丰富人们的精神世界，越来越多的电视节目、娱乐软件、游戏被开发，现代人学习、工作、娱乐都离不开手机和电脑。虽然出现了很多录像工具能够把每个讲故事的场景从头录到最后，并进行长久的保存与修复，比口头传统的原生态形式有更直观的视觉化体验。由此，人们更愿意看电子产品中的故事，不愿坐在爷爷奶奶身边听故事。同时手机和电脑实现了足不出户得知天下事，正因如此，在人们越来越追求快、精、简的时代，口头传统的悠闲、慢节奏已经变得不适应。对于这个现象，笔者的二奶奶谈道：

现在小孩一回来就拿着手机玩，从起床玩到深更半夜，早上怎么喊也喊不起来，也不跟我们坐在灶台边讲讲话，吃饭也看手机，话也不说一句，不像我们以前一起床就喊伴去割猪草，讲闲话……以前我家那个老家伙能讲一天一夜，整天拉二胡，我们没事就坐着听。[10]

该段话可以看出新型媒体已经成为当代大部分青年人的娱乐的工具，对口头传统基本没有概念，这也是造成口头传统衰落的一个重要原因。

五、湖南省隆回县口头传统的传承对策

湖南省隆回县的口头传统随着社会的发展、思想文化、生活方式等因素的变化，出现了前所未有的危机，如何保护和传承这些积淀了深厚浓重底蕴的口头传统成为当务之急，针对隆回县口头传承出现衰落，提出了挖掘、搜集当地优秀的口头传统，建设公共文化场所，培养地区文化认同感，举办口头传统的活动，利用大数据进行保护与宣传等措施。

（一）挖掘、搜集当地优秀的口头传统

口头传统是在长期的社会历史发展过程中所形成的，聚居湖南省隆回县的人们，经过漫长的历史发展，在长期的生产生活中形成了内容丰富的口头传统，创造出了五彩缤纷的文化娱乐活动。这些口头传统反映了当地人们的热情以及开朗和向往美好生活的思想情感，亦反映出当地文化的地域性、乡土性、民族性等特征。隆回县的口头传统对当地的生产、生活都产生了一定的影响，对当地发展也起到了一定的推动作用。笔者对井子坳地区 12 位老人进行调查，人均能讲 20 个故事，有 3 位能讲 50 个，但由于长期未讲，很多故事渐渐遗忘。当前隆回县的口头传统尚未进行系统的搜集整理，因此要加大对当地优秀的口头传统的进行系统的挖掘、搜集、分类、建档、录入数据库等对口头传统进行保护，重点梳理出具有当地特色的口头传统，同时搜集自然传人的个人生活史与当地的民俗风情，有助于更精准地把握当地口头传统的内涵。

（二）建设公共文化场所

随着城市化进程的加快，大批的农民特别是青年大量流向城市，农村的生活发生巨大变，人们的价值观念逐渐渗透到城市生活中，农村的公共文化空间已经渐渐消失，使得农村地区的特色文化活动无法进行有效的开展，农村传统民俗文化的发展将面临严峻的挑战。文化是一个地区发展的象征，标志着这一地区的文化发展现状，在隆回地区建设公共文化空间，重建集市、广场等生活公共文化空间，有利于推动当地文化的有力发展。口头传统的持久生命力，在于动态的口头文化活动的开展以及活跃程度，而不是静态的文化资料呈现与展览的丰富度，因此建设公共文化场所是很有必要的，例如一个小广场、一间乘凉房等，休闲之时老人小孩们前往公共文化场所，自发组织成故事、歌谣等小团队，以更好地增强该地方口头传统的活力。

（三）加大对传承人的保护

口头传统的口传性、变异性等特点，让口头传统在娱乐活动丰富的今天更加艰难了，而传承口头传承的关键是口头传承人。湖南省隆回县井子坳在以前家家户户的老人都能讲上几个故事，但由于生病、年纪的增长、讲述无人听而减少讲述等因素，导致隆回县的口头传统已经面临濒危，部分口头传统已经消失，目前，井子坳仅有6位老人能长时间地讲述。因此，保护口头传统传承人是当务之急，可以发挥政府力量、民间力量共同保护口头传统传承人，不仅要对当地口头传统传承人讲述的内容进行记录整理，而且要对口头传统的讲述给予鼓励和支持，对优秀的口头传统传承人给予一定奖励，鼓励传承人有传承口头传统的动力。

（四）举办口头传统的活动

每个民族都有自身的口头传统文化，但每个民族的口头传统传承都带有其自身的土壤，离开了自身土壤的口头传统就会失去原本的韵味。因此，隆回地区政府应关注这些民间土壤中孕育出来的文化，举办口头传统的活动，调动群众的积极性与热情，丰富民众的精神世界，进而让传统的口头文化在自身土壤中越发壮大。例如2019年杭州萧山区就举办了首届文化遗产故事大会“兴惠杯”，传承萧山历史文化，并提升萧山文化遗产的影响力。因此隆回地区也可以举行故事赛、歌谣赛等，推进自身文化的传播，助力新时代文化强区建设。同时把口头传统与民俗节日融合，共同发展，如在元宵节讲谚语、猜谜语等，提高民众热情，为隆回口头传统的发展提供了良好的社会土壤。

（五）利用大数据进行保护与宣传

随着社会的不断进步，科学技术的加速发展，我们已经步入大数据时代，大数据影响着每个人的生活，当今社会，每个人都成为大数据的参与者。因此，在新兴媒体发达的时代，利用大数据对口头传统进行保护和宣传是文化传播以及传承的有效途径。在校园内，文化传播的途径主要是以书本资料为主，然而在大数据的环境下，借助新媒体技术，将隆回口头传统文化数字化进行保护与宣传。例如可以把口头传统的活动制作成一个完整的宣传片，投放到各大网络媒体平台进行宣传，使众多人能够观看到，使其文化得到更广泛的传播。在现代社会中，网络的普及率和使用率越来越高，各类人群中使用网络和移动终端的频率也在不断攀升，各类海量的大数据每天都在产生。可以通过网页、微信公众号、微博等社交软件上宣传和分享隆回口头传统文化，让更多的人能够了解接触到隆回口头传统，增强人们对口头传统的兴趣，推动口头传统文化的热潮。

参考文献

[1] 中国非物质文化遗产网. 中国非物质文化遗产数字博物馆. 保护非物质文化遗产公约（2003）[EB/OL]. 2003-12-08. http://www.ihchina.cn/zhengce_details/11668.

[2] 阿尔伯特·贝茨·洛德著，尹虎彬译. 故事的歌手 [M]. 上海：中华书局，2000.

[3] 理查德·鲍曼著，杨利慧，安德明译. 作为表演的口头艺术 [M]. 广西：广西师范大学出版社，2008.

[4] 朝戈金. 口头传统概说 [J]. 民族艺术，2013，06：17-19+24.

[5] 访谈人：徐小玲，访谈对象：徐聚元，访谈时间：2020 年 2 月 5 日，访谈地点：湖南省隆回县井子塆。

[6] 访谈人：徐小玲，访谈对象：徐平元，访谈时间：2020 年 2 月 5 日，访谈地点：湖南省隆回县井子塆。

[7] 访谈人：徐小玲，访谈对象：徐平元、徐聚元，访谈时间：2020 年 2 月 5 日，访谈地点：湖南省隆回县井子塆。

[8] 王宪昭. 口传神话研究应关注的几个维度 [J]. 文史论丛，2019，4：142-147.

[9] 访谈人：徐小玲，访谈对象：徐聚元，访谈时间：2020 年 2 月 5 日，访谈地点：湖南省隆回县井子塆。

[10] 访谈人：徐小玲，访谈对象：刘玉连，访谈时间：2020 年 1 月 31 日，访谈地点：湖南省隆回县井子塆。

湖南卫视《舞蹈风暴》的创新性探究

闫利超[*]

摘　要：近年来，我国舞蹈类节目层出不穷，节目形态多样但收效甚微。2019年，湖南卫视舞蹈竞技类节目《舞蹈风暴》多方面有力创新，为舞蹈等小众艺术垂直类节目提供了可供借鉴的成功经验。360度全景摄像提升视觉冲击，舞蹈叙事情感共通，在传统媒体和社交媒体的互动引流中，引领价值取向，推动舞蹈艺术“破圈”，使得舞蹈之美、艺术之美和人文之美在节目中得以具象呈现。通过对《舞蹈风暴》节目研究，以期为更多同类型小众艺术节目大众化传播以及本节目下一季提供可借鉴和参考的实践经验。

关键词：《舞蹈风暴》；创新性；小众艺术

近年来，舞蹈类综艺节目层出不穷，有明星参赛的《新舞林大会》、明星导师的《这！就是街舞》、推广广场舞的《一起来跳舞》等多种形式。在微博、微信、短视频、互联网视频平台等社交媒体大行其道的当下，传统电视节目《舞蹈风暴》仍能借社交媒体之势，寻求节目创新，在全媒体时代下一举夺得12期节目收视全满贯。本文将对湖南卫视竞技类节目

---

* 作者简介：闫利超（1997—），男，汉族，山东大学文化传播学院新闻学硕士研究生。研究方向：口语传播。

《舞蹈风暴》的创新性进行探究，以期为今后艺术垂直类节目有效传播提供借鉴意义。

《舞蹈风暴》节目自2019年10月5日开播以来，目前在《人民日报》《工人日报》等多家主流媒体相继发表多篇文章，已有数十篇学术论文对其进行研究。学者对《舞蹈风暴》的相关研究主要集中在“期待更多‘破圈’效应，专业综艺能否引领原创综艺突围”[1] 的思考以及从舞蹈艺术学角度的研究上，对于广播电视学以及传播学相关理论研究相对薄弱。本文综合运用个案分析法和对比分析法，比对湖南卫视小众艺术垂直类节目《声入人心》，探索从行业爆款到大众爆款成功创新经验。

一、技术为辅：全景定格，提升观赏性

《舞蹈风暴》采用了360度的全景摄像，有效提升节目辨识度。舞者的表演不受机位限制的同时，便于多角度画面组合，全方位地为观众展示舞者表演的整个过程。节目专门设计了“风暴时刻”环节，就是在节目中要为每个竞技舞蹈专门设计一个动作，而这个动作是通过在圆形舞台周围设置的128台高清摄影机，对舞蹈表演形成的360度环绕式全景定格，达到时空凝结的效果，为观众创造新的视听体验。这种制造时间静止的旋转镜头早在1999年电影《黑客帝国》就已经让大家见识过子弹停在半空的360度旋转镜头，而且该节目重新给这种镜头起名“风暴时刻”，暗指此摄影技术的应用已经从电影进入综艺。这种技术虽在深圳卫视《起舞吧，齐舞》中也曾有过运用，但并未引起相关热度，因其在舞蹈表演过程中使用，反而因割裂了舞蹈的连贯性而受到诟病。

舞蹈艺术作为在场的时空艺术，“风暴时刻”恰好弥补了电视舞蹈节目中缺失的剧场空间内“浸入式”体验。“风暴时刻”是对舞蹈作品的特殊处理，通过对其中最能体现舞者精神的标志性瞬间的捕捉与展示，使得作品的精神内核得以具象化呈现。同时，它更是一块检验舞者功力和舞蹈理念的试金石，在定格的瞬间聚焦细节、将可能因0.1秒的恍惚而错过的震撼之美扩大化，在不同舞种之间创造统一的条件，提供统一的欣赏维度

和评价标准。

二、故事先行：舞蹈叙事，打破圈层壁垒

陈昌凤教授认为："在《舞蹈风暴》中，我们能够感受到艺术蕴含的人文力量，这种人文力量蕴含着思想感情，还有人的修养修为，真正地让电视节目成为艺术而非只是娱乐。"[2] 全媒体时代用讲故事的方式传播时代之声，节目中通过何炅这一"风暴伙伴"的角色设定，以出镜记者的身份深入后台，通过访谈的形式讲述出舞者作品创作的心路历程，从而丰富剧本来源。

生动形象的教科书式普及，传播舞蹈文化与知识。中国舞《醉忆生声》运用了安徽花鼓灯的元素，风暴见证官沈培艺给观众介绍了安徽花鼓灯在中国民族民间舞中的重要地位，同时让表演者张翰现场示范了什么是"溜得起，刹得住"；另外，朝鲜族舞蹈《忆乡人》里有着假面舞，制作方也用"小贴士"和类似"回课"的方式给观众普及舞种特点。

三、价值引领：重塑偶像，培养社交媒体受众

价值层情感联结，传播高雅艺术温度。节目组从真实、尊重、团结、理解度、多样性、包容这六大价值观着手，确认了每一位参赛舞者的本真初心，架构出现今节目的气场与品相。胡沈员表演的剧目《儿时》，表现出小时候与母亲相伴的幸福快乐，和成年离家打拼后对母亲深深的思念，是每个在外打拼的年轻人的真实写照，所抒发的情感深深打动每一个审美主体的心。敖定雯和王占峰所表演的肩上芭蕾，通过一曲《九儿》跳出了中国大地上的爱情故事，将中国经典的传统歌曲与西方芭蕾舞相结合，不仅为芭蕾赋予全新的生命力，也体现了舞蹈中的共通性和包容性，传递出包容、理解、尊重、团结的舞蹈精神，提升作品的人文艺术属性，提升受众的审美能力，满足其审美需求。

《舞蹈风暴》兼顾了艺术垂直类节目的专业性和综艺节目的话题度。参赛的舞者功底扎实，兼具专业性和话题度，有曾在"桃李杯"凭借舞蹈

作品《花落知多少》荣获青年男子一等奖的李响，与杨洋并称“军艺双子星”的刘迦等院校科班舞者；有在综艺节目中走红的街舞舞者王晨艺、李子璇等人气流量明星；还有在著名舞蹈艺术家杨丽萍老师所编创的舞剧《平潭印象》《春之祭》中崭露头角的朱凤伟、胡沈员等独立舞者。《舞蹈风暴》打破了以往的舞种界限，不同舞种的舞者在同一舞台相互切磋竞技，改变了节目的单一性，也给观众带来了极致的视觉享受，同时也呈现出舞蹈本身的包容性及多样化特征。

而风暴见证官（评委老师）的选择上，兼具权威性与趣味性、国民度与流量值。有代表青年人喜好的人气偶像刘宪华和彭昱畅，为广大受众投出他们作为“普通观众”的一票；还有三名具有扎实舞蹈专业背景的评审老师，著名国际编舞家沈伟、中国舞剧表演教育领军人沈培艺和资深舞蹈电视节目制作人扬扬，由他们五位组成节目组的专业评委。

走进剧场看舞蹈是舞者们对未来观众的期望。国人对舞蹈的审美和认知还处于一个比较初级的阶段，我们的观众走进剧场看舞蹈的频率和认知还不能像走进美术馆看画展一样从容，像看演唱会那样自如。在社交媒体时代，《舞蹈风暴》才得以实现跨屏传播、双向引流，得益于湖南卫视的平台效应，也充分体现电视屏幕之于综艺娱乐节目的声画震撼与移动端媒体的用户生产内容（UGC）交互式裂变传播样态。在当今全媒体时代背景下，艺术与娱乐的边界日趋模糊。网络审美中最突出的特点是“网感”，它是囊括网络思维方式和表达方式在内，从观众角度出发、强调观众至上的互联网思维方式。[3]

相较于音乐类节目，《舞蹈风暴》“长尾效应”明显不足，要根据节目内容找到独特的宣传渠道，比如音乐类、听书类、短视频等三方 App，而这恰恰是音乐类节目优于舞蹈类节目的“长尾效应”所带来的优势。

四、结　语

近两年湖南卫视一直致力于“综艺造星”模式，因此，挖掘更多的新领域对于综艺节目来说迫在眉睫。想要创作出更多优质的原创综艺节目，必须立足本土文化特色，研发应用科学技术提升视听节目辨识度和观赏力；深挖垂直细分领域资源，内容层、嘉宾层和价值层多方聚力；借力新媒体平台优势，充分把握社交媒体特性，最大程度上增加小众文化的娱乐性与趣味性，重塑小众文化的意义构建与审美效果。

参考文献

[1] 管璇悦. 期待更多“破圈”效应［N］. 人民日报，2019-11-08（11）.

[2]《舞蹈风暴》研讨会在京举行。制片人洪啸透露第二季筹备中［EB/OL］，中央广电总台国际在线，2020-01-14，http://ent.cri.cn/20200114/8abaa5a3-29a8-4f15-2639-107fc5495c4e.html.

[3] 路春艳，张琳瑜. 影感与网感的平衡——“年度精品网络电影”创作特征分析［J］. 艺术教育，2019（06）：107-109.

赵理伦生平及相关古迹考

杨　豪*

（贵阳人文科技学院，贵州贵阳　550025）

摘　要：赵理伦作为贵州历史上的一个小人物，由于史料的语焉不详，导致对于赵理伦的记载众说纷纭，文章通过多重材料，对赵理伦的生平事迹进行考究，并对其留世古迹进行考证。最终形成本文观点：赵理伦，本名赵维经，字理伦，贵阳府青岩人，生于乾隆五年（1740），受封过登仕郎、修职郎、文林郎、资政大夫等文散官衔，卒于道光二十三年（1843），享年103岁。古墓存于贵州省贵阳市花溪区孟关苗族布依族乡红星村，并有钦赐的赵理伦百岁坊立于今青岩古镇定广门内。

关键词：贵州历史人物；青岩古镇；赵理伦；百岁坊；墓碑

赵理伦，何许人？贵州近代史上一个名不见经传的地方人物，但他的子孙却在贵州历史舞台上演得不同凡响。他是震惊中外的“青岩教案”的制造者赵国澍的祖父、云贵历史上首个文状元赵以炯的曾祖父。学术界关

---

* 作者简介：杨豪（1994—），男，土家族，贵阳人文科技学院专职教师。研究方向：中国少数民族史。

于赵理伦的研究，现有的成果多是以其青岩古镇百岁坊为研究对象，如刘兴祥、周天胜的《凝固的艺术之碑》（《贵州民族报》2007 年），金牧华的《青岩古镇牌坊：西南石刻艺术精品探究》（《艺术科技》2017 年），等等，文本中谈到赵理伦，也是只言片语带过。因此，对于赵理伦人物的专门研究，显得相对薄弱。笔者在贵州省贵阳市花溪区孟关苗族布依族乡进行田野调查时，无意间发现了赵理伦古墓，由此揭开了对赵理伦的研究。从文献到碑刻，从生平事迹到存世古迹，赵理伦人物逐渐浮现在贵州历史长河中。

一、赵理伦生平事迹考

赵理伦生前未做过大官，受封的散官职衔只是因为清王朝的养老制度中有奖励寿者的优待政策，“国朝有给老民顶戴之例：八十、七十者，九品；九十者，八品；百岁者，七品；百二十以上，六品。生员应试，文理稍通者，八十以上，恩赐副贡；九十以上，恩赐举人；举人贡生百岁以上，恩赐翰林检讨衔。此前代之所无也”[1]。因此，赵理伦生前的出名之处在于年岁过百，表彰其年龄的百岁坊名气盖过了其本人生平事迹。地方史志中，对于赵理伦的记载亦只是附于《耆老志》的名单列表里，有名而无传。所以赵理伦的生平事迹，由于史料记载的语焉不详，其生卒年与字号等个人基本信息都是众说纷纭。

关于赵理伦的生平事迹，笔者从碑刻、地方史志、谱牒、专著、当地官方及民间讲述等方式搜集了几种材料。首先，从墓碑碑文上可得知，赵理伦，字理伦，曾受封过文林郎散官职衔，受赐过百岁坊，其墓碑立于道光二十三年（1843），生有二子，长子赵玉方、次子赵玉墀。发动青岩教案的爱国将军赵国澍是其孙，云贵两省历史上首个文状元赵以炯是其玄孙也。其次，据青岩古镇定广门内的赵理伦百岁坊上所刻的文字载：“道光二十三年正月二十四日，总督部堂巡抚部院会进士□部□正九品，敕授登仕郎，诰封文林郎，赐赠修职郎赵理伦百岁有二，奉旨建坊。”再者，道光《贵阳府志》卷二十三《选举表十·耆寿》贵阳条载：“百有三岁者，赵理伦，五世同堂，巡抚贺长龄题旌"[1]。第四，据2007版的《贵阳市花溪区志·人物传》载："赵理伦（1737—1842），字维经，生于乾隆二年（1737年），卒于清道光二十二年（1842年）。祖籍湖南长沙府湘潭县，随其父赵良胜入黔定居青岩。赵理伦为状元赵以炯之曾祖父。"[2] 第五，据欧阳震等人于2003年编写的《青岩状元赵以炯》的第二编《赵氏家族》记载："曾祖讳维经，号理伦，候选库大使，性好施济，历久不倦，亲戚乡里赖存活者无算，寿享百龄，奉旨建坊，御赐升平人瑞，七叶衍祥匾额，敕授修职郎，晋封资政大夫。妻黎氏，敕封孺人，晋封太夫人。庶妻吴氏。"[3] 第六，青岩古镇里的状元府内这样介绍赵理伦："赵理伦，祖籍湖南，为赵以炯之曾祖父，曾候选库大使。赵理伦家训有方，一生乐善好施，济困扶危，德高望重，远近敬服。道光二十三年辞世，旨建百岁坊，晋封资政大夫正二品之尊也"。第七，笔者在赵理伦墓做实地调研时，有幸遇到自称为青岩赵氏第九世孙的周之海①，据其口述："赵理伦一共活了103岁，他的家族是从湖南迁来青岩居住的，赵理伦是青岩古镇的第一个筹建人。"

以上诸材料对于赵理伦生平事迹的记载和考证，相互之间存在几处矛盾，笔者综合各家材料予以考证。

其一，关于赵理伦生卒年及其最终年龄。2007年版《花溪区志》记载，赵理伦生于乾隆二年（1737），卒于清道光二十二年（1842），即赵理伦活了105岁。2013年花溪区文物保护管理所出版的《贵阳市花溪区第三次全国文物普查成果·花溪遗真》记载："赵理伦（1742—1843），贵阳青岩人，'青岩教案'当事人赵蔚三之祖父，清道光二十三年（1843）卒于乡，享年102岁。"[4] 按此说，赵理伦生于1742年，卒于1843年，年龄应为101岁，该书观点自相矛盾。而道光《贵阳府志》记载赵理伦为"百有三岁者"，即活了103岁，这与自称青岩赵氏第九世孙的周之海所述相吻合。根据第一手资料赵理伦墓碑文字显示，赵理伦墓碑立于道光二十三年（1843）冬月，青岩古镇官方根据赵氏家谱亦言赵理伦道光二十三年辞世，而赵理伦百岁坊上的文案记载："道光二十三年正月二十四日，总督部堂巡抚部院会进士□部□正

① 据其所述，因抱养到周家而改周姓。赵理伦墓被盗之后，他多次前往现场进行简单的修复。

九品，敕授登仕郎，诰封文林郎，赐赠修职郎赵理伦百岁有二，奉旨建坊。”由此可见，道光二十三年正月二十四日御赐百岁坊时，赵理伦尚在人世，而道光二十三年正月二十四日的时候，赵理伦是“百岁有二”，证明赵理伦的出生日期不在正月。道光二十三年冬月为赵理伦立墓碑时，赵理伦已离人世，而此时他已年满103岁。所以可以肯定的是赵理伦的出生日期介于正月二十四日到冬月之间，百岁坊的建造与其逝世之年亦可断定同为道光二十三年，百岁坊建在前，赵理伦离世在后，建造百岁坊的时候赵理伦尚在102岁之年里，去世之时其已至103岁年头。因此，可以确定的是，赵理伦卒于道光二十三年（1843），享年103岁，由此可推其生于乾隆五年（1740）。

其二，关于赵理伦的名与字。2007年版《花溪区志》记载，赵理伦，字维经；《青岩状元赵以炯》一书根据青岩赵氏家谱载“曾祖讳维经，号理伦”；民间文献《青岩赵氏家谱》中的“青岩赵氏族表”与“维经支系”皆称赵维经，字理伦；根据赵理伦墓碑碑文显示墓主人字理伦，百岁坊上亦刻有“赵理伦”字样。古代男子成年以后，不便直呼其名，便会在20岁举行成年冠礼时取字，“凡人相敬而呼，必称其表德之字。”因此，字是与本名含义相关且以表其德的别名，又称表字。赵理伦作为德高望重的百岁老人，在纲常伦理制度森严的古代封建社会里，必定备受尊重，不论是史书还是碑文牌坊，固然不会直呼其名，因此“理伦”显然为赵理伦的表字。而“维经”应是赵理伦的本名，古人不称帝王与尊长的名字，这叫作讳，故有赵以炯修谱时称“曾祖讳维经”之说。

其三，关于赵理伦的官职封号。据2007年版《花溪区志》载：“理伦一生未做过大官，仅候选库大使，但家训有方。一生乐善好施，济困扶危，其品德远近敬服，寿享百龄。辞世后道光二十三年（1843）旨建百岁坊，御赐‘生平人瑞’‘七叶衍祥’匾额并得敕封修职郎（正八品），晋封资政大夫（正二品）。”[2]《青岩状元赵以炯》一书说赵理伦为候选库大使，敕授修职郎，晋封资政大夫。青岩古镇里的状元府内介绍赵理伦，曾候选库大使，晋封资政大夫正二品之尊也。赵理伦百岁坊上雕刻记载：“（赵理伦）敕授登仕郎，诰封文林郎，赐赠修职郎。”墓碑碑文亦载“皇清诰封文林郎旌表百寿显考赵公字理伦府君墓”。综上，赵理伦生前并未做官，曾参与过库大使一职候选，然未能入职，他虽未入仕做官，但受封赐过多个文散官衔虚职，有登仕郎（正九品）、修职郎（正八品）、文林郎（正七品）。这三个散阶职衔是赵理伦生前因长寿而受到的封爵，这刚好对应了顺治十六年（1659）制定、雍正七年（1729）修改的大清“优给老民”之制，“国朝有给老民顶戴之例：八十、七十者，九品；九十者，八品；百岁者，七品；百二十以上，六品。”[1] 由此可推，赵理伦的散官职衔获得时间分别是嘉庆二十五年（1820）八十岁时敕授登仕郎（正九品）、道光十年（1830）九十岁时赐赠修职郎（正八品）、道光二十年（1840）一百岁时诰封文林郎（正七品）。而《青岩赵氏家谱》所提到的“晋封资政大夫”（正二品）应是赵理伦逝世很久以后才加封的，也许因其孙太常寺卿赵国澍，或因其曾孙状元赵以炯而恩惠追赠诰封的，否则其墓碑上不可能不彰显资政大夫正二品之荣誉。

其四，关于赵理伦的家族世系。《花溪区志》载：“祖籍湖南长沙府湘潭县，随其父赵良胜入黔定居青岩。赵理伦为状元赵以炯之曾祖父。有子名玉墀，号庭瑶，清嘉庆戊寅年（1818）恩科举人，官正安学正，贞丰州学正。有二子，长子国澍（畏三），次子雨三。国澍生四子：以焕、以炯、以炳、以奎。”[2]《青岩状元赵以炯》一书转录《赵氏族谱》记载：“由楚入黔，始祖讳良胜（赵良胜），始祖妣氏李。二世祖讳士英，二世祖妣氏杨，旌表节孝，敕封孺人。高祖讳登科，貤封修职郎，高祖妣氏张，貤封太孺人。曾祖讳维经，号理伦。”[3] 再结合《青岩赵氏族表》与赵理伦墓碑碑文可知，青岩赵氏在清康熙十七年（1678）从湖南湘潭迁徙至黔，最初居住在贵阳的南京街（今中华北街），后又迁居酸汤堡（今贵州贵阳市花溪区洛平村），康熙四十一年（1702）正式定居在青岩。青岩赵氏入黔始祖赵良胜，字洪美，妻李氏；二世祖赵世英，字人杰，妻杨氏；三世祖赵登科，字联步，妻张氏；四世祖赵维经，字理伦，妻黎吴氏；五世祖赵玉墀，字庭瑶，妻刘氏；六世祖赵国澍，字尉三（又作畏三），陈氏；七世祖赵以炯，字仲莹，又字鹤林，妻包氏。青岩赵氏自清前期入黔，延嗣至今已有十一至十三代，其间人才辈出。晚清是青岩赵氏的鼎盛时期，成为名副其实的晚清贵阳文化世家。自赵以炯高祖父赵登科时，赵氏注重修身、养性、齐家，到赵以炯的曾祖父赵理伦时，青岩赵氏也成为大富人家，上升到地方的富绅阶层。到赵以炯的祖父赵玉墀时，青岩赵家上升为仕宦之家。其父赵国澍以武功起家，时值贵州咸同之乱，“乃散家财，倡团练，城青岩自守，随官军四出剿贼。”[5] 咸丰十一年（1861），制造了中国近代史上震惊中外的“青岩教案”，成为晚清的一位爱国将军。赵以炯在先祖奠定的基础上，最终夺魁，成为贵州建省以来以状元及第而夺魁天下的第一人。物质第一性，经济是基础，可以说青岩赵氏在晚清的崛起，得益于赵理伦的努力，使得青岩赵氏一跃成为富绅阶层，为后世的入仕铺平道路。今日青岩古镇打造的状元府遗址，实则筹建者是赵理伦，只是赵以炯自小在里面生活与苦学，十年寒窗而后一举成名天下尽知。

因此，综上分析可得出：赵理伦，本名赵维经，字理伦，贵阳府青岩人（今贵阳市花溪区青岩镇），生于乾隆五年（1740）。赵理伦一生未做过大官，仅候选库大使，乐善好施，济困扶危，其品德远近敬服，寿享百龄，依次受封过登仕郎、修职郎、文林郎等文散官衔。道光二十三年正月二十四日，102 岁的赵理伦奉旨受建百岁坊，道光皇帝御赐“升平人瑞”“七叶衍祥”题额，其百岁坊至今仍屹立于青岩古镇定广门内。道光二十三年（1843）冬月，赵理伦与世长辞，享年 103 岁，葬于贵州省贵阳市花溪区孟关乡红星村瓦厂坡，其死后又被追封为资政大夫。青岩赵氏自康熙年间由湘楚入黔，始祖为赵良胜，赵理伦为第四世祖，是晚清赵氏兴盛的奠基石，云贵首个文状元赵以炯是其曾孙。

二、赵理伦墓葬考

赵理伦古墓位于孟关乡红星村瓦厂坡附近的坟山上，这里地势比较平坦，加上花溪到孟关的公路途经于此，而且古墓的占地面积也比较大，所以赵理伦墓在附近众墓中格外显眼。墓坐东南向西北，土封石围，呈圆丘形，底径 5 米，坟高 1.7 米。走近古墓，映入眼前的首先是高大的墓碑，其次看到的是墓碑碑身上雕刻精美的图案，这不仅令人震撼，同时使人产生庄重敬畏之感。整个墓碑由碑帽、碑身、碑扇和碑座四个部分组成。碑帽形如屋顶状，其规格大致为长 144 厘米，高 62 厘米，厚 75 厘米，最上端雕刻有‘二龙抢宝’图案，碑帽下端有卡槽将碑帽与碑身牢牢地镶嵌在一起。碑身是一整块大理石打造而成，高 261 厘米，宽 105 厘米，厚 37 厘米，刻于其上的图案如同一座四柱三间三楼四阿顶式的牌坊，牌坊各柱子之间有墓主人的基本信息及其后世谱系的雕刻文字，最上端契着“荣封寿考”四个大字，象征着墓主人生前以寿著称的社会地位。碑身牌坊式图案上分别攀爬着 7 个头朝下的石狮子，其中 5 个分布在牌坊图案上三层框中，其形状与青岩古镇赵理伦百岁坊上的下山狮相似，剩下的 2 个在底部形成‘狮子戏球’图。由于年久风化以及盗墓者的破坏，这 7 个石狮子分别有不同程度的断落，唯底部的戏球狮保留得相对完好。碑扇原本镶嵌在碑身两边，上面亦有碑文，但由于 2012 年赵理伦墓被大规模盗掘之后，两块碑扇不翼而飞了。碑座是一大块打造粗糙的长方体石头，碑身与碑座无缝衔接在一起，碑座埋于土里，其固定作用使得碑身屹立在坟前而不倒。

图 1　赵理伦墓碑正面与侧面图

注：此图为笔者实地调研时所拍。

赵理伦墓主碑上的文字依然清晰可见，碑文主要包括抬头、正文、落款、立碑时间，以及墓联[①]和墓地朝向。如图所绘，碑文的抬头、正文是“皇清诰封文林郎旌表百寿显考赵公字理伦府君墓”，这里透露了以下信息：“诰封文林郎”表明墓主人的生前正式受封过的散官为正七品文林郎，“旌表百寿”刚好印证了墓主人生前受赐过百岁坊，“显考”表明立碑人与墓主人是父子关系，“赵公字理伦府君墓”则标明了墓主人的姓名。碑文的落款处为墓主人子孙名字的世系表，从儿、孙、曾孙一直到元孙，共二十七人名字。但从碑文的正文可知，赵理伦墓的立碑人应为其二子赵玉方和赵玉墀，而落款处的“仝祀”证明墓主人享受子孙后世的共同祭拜。墓碑的立碑时间处刻有“道光二十三年仲冬月吉日立”，由此可知，墓主人应逝于道光二十三年（1843）冬月及以前。墓碑上有一副墓联，上联“地灵毓秀人文蔚”，下联“天水流芳世泽长”，横批“荣封寿考”。墓碑的朝向是“乙山辛向”，这是中国传统文化中用来描述阴宅风水的词汇，大致相当于坐东向西的布局。据被访者所述，墓碑的主碑两侧分别嵌有一块碑扇，后来惨遭盗墓贼破坏，碑扇不见踪影。两块碑扇上都刻有文字，但今天已经难以知晓文字的内容，据碑文的书写格式推测，盗走的两块碑扇上的文字应该是墓主人的墓志铭，详情有待考证。即使遭遇多次盗墓的破坏，但赵理伦墓的墓碑今天依然保存的相对完好，碑文与图案都清晰可见，这主要得益于墓碑材质的坚硬以及雕工的精湛。赵理伦墓碑不仅具有较高的学术研究价值，同时还具有其独特的艺术价值。2013 年，贵阳市花溪区文物保护管理所在进行花溪区第三次全国文物普查后，将赵理伦墓列入花溪区“新发现不可移动文物”。

笔者在 2015 年发现赵理伦墓的时候，已是惨遭盗墓贼洗劫过后留下的残状，据了解这并非赵理伦墓首次被盗。赵理伦墓第一次大规模被盗发生在 2012 年的时候，据当地人回忆，盗墓贼从古墓的左前方破洞而进入古墓里面，当时对古墓的外形破坏很大，砌墓的石块散落在坟墓周围，墓碑被推倒，碑扇被盗走。2013 年花溪区文管所联合赵氏族人对古墓进行了修

---

① 墓联是指刻在墓碑或墓地其他附属物之上的对联，是我国墓葬习俗的一种文化现象。

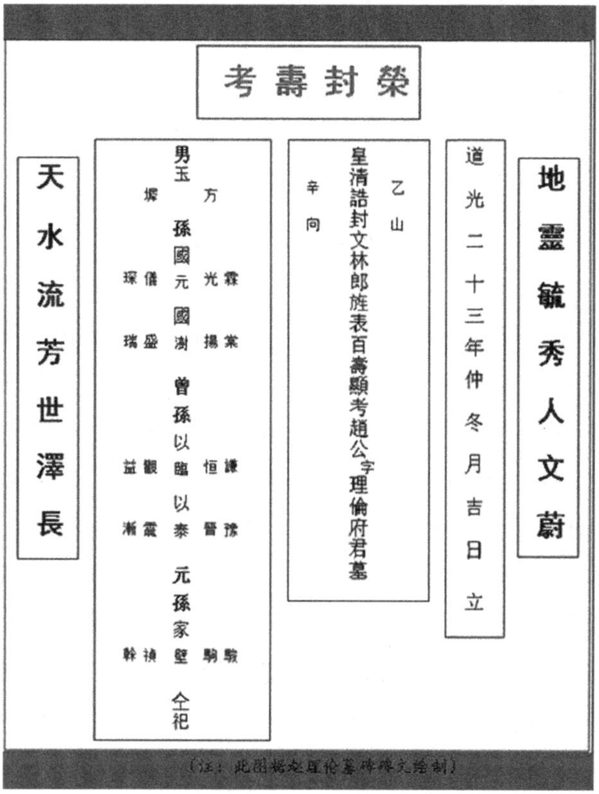

图2　赵理伦墓碑碑文

注：此图据赵理伦墓碑碑文绘制。

缮，将墓碑重新立起来，并用朱红色的涂料将碑文刷新，对此，花溪区文管所还发文记录，据《花溪区文物保护管理 2013 年工作总结及 2014 年工作计划》公布：2013 年花溪区文管所对赵理伦墓开展了维修维护及环境破坏的整改修复工作，有效地排除了文物点存在的安全隐患，确保了文物的安全。2015 年的盗掘，盗墓贼从墓的左后方掘洞而入，对赵理伦主墓坑进行疯狂的破坏，盗洞入口处堆积着从墓里刨出来的泥土，泥土里掺杂着石灰块、棺木碎片、黑漆碎片、尸骨碎块和陶器碎片，可见赵理伦墓被破坏的严重程度。比较幸运的是，盗墓贼感兴趣的是墓里具有经济价值的陪葬品，而没有破坏墓碑，因此尽管惨遭两次盗墓贼的洗劫，赵理伦墓墓碑保存相对完整，碑文依旧清晰可见。然而令人惋惜的是，这位生前“乐善好施，济困扶危，其品德远近敬服”德高望重且受到过官府表彰的百岁老人，本以为在这片远离繁华的荒郊野外能入土为安，却在死后仅长眠一百六十多年的今天，竟被盗墓贼打扰，尸骨支离破碎！

三、赵理伦百岁坊考

说起赵理伦，也许多数人都不知是谁，但谈到赵理伦百岁坊，很多人都知道是立于青岩古镇定广门内的省级文物保护单位。在交通限制的古代社会，青岩古道作为贵州段茶马古道的重要组成部分，商旅游人熙熙攘攘，赵理伦百岁坊立于茶马古道上，亦是必经之地。而在旅游繁盛的今天，青岩古镇作为国家5A级旅游景区，日游客量有达29600人的纪录[6]，赵理伦百岁坊作为青岩古镇重要的旅游景点，极高的艺术观赏价值，是游客们游览取景的常选之地。久而久之，赵理伦百岁坊便成为人们熟知的一座著名的石牌坊。赵理伦百寿坊坐北朝南耸立在由广顺、惠水而来的道上，牌坊高9.5米，宽9米，呈四柱三间三楼四阿顶式。百岁坊由青岩本地石材白绵石建造而成，颜色洁白，历久弥新。正中横梁上镂空雕有“二龙抢宝”图，牌坊上有垫背石凳5个，居中为“龙鳌图”，内嵌“圣旨”二字立匾，两面皆同。左右4个石凳，刻有各种神话人物浮雕，神态各异，惟妙惟肖。牌坊两边四根石柱上各有两尊护柱石狮，狮高1.5米，前爪护宝，后爪登柱倒立，形貌生动，称作“下山狮”[7]。赵理伦百岁坊建造雕刻精美绝伦，是一件不可多得的艺术品，同时牌坊各间垫板两面与柱子四面分别刻有文字，这使得牌坊具有极高的史料价值，是研究赵理伦及晚清社会的重要资料。

赵理伦百岁坊是清道光二十三年（1843）正月二十四日为庆贺赵理伦百岁有二而奉旨建造，至今保存完好，牌坊上的文字也大多都清晰可见。中门上石柱为镂空雕“二龙抢宝”图案装饰的横匾，匾额为道光皇帝御赐，北面刻有“七业衍祥”题额，其正上方刻有“钦赐”字样；南面刻有“升平人瑞”题额，其正上方亦刻有“钦赐”字样；肩楼上的正面和背面

图3　位于青岩古镇定广门内的赵理伦百岁坊

注：此图为青岩古镇内赵理伦百岁坊实拍图。

正字两旁均刻有“赵理伦百岁坊”楷体字样。侧门二柱北面楹联为：“琴鹤守家风三万六千余日月，冈陵开国瑞一堂五世拜经纶”；南面的楹联为：“试问寿如何绛县名贤输廿八，欲知春几许皇家盛典重期颐”。中门楹联为但明伦所书：“天意若私于一家百寿齐登艳说难兄难弟，皇恩无靳乎重赐双旌并建还歌自南自北”。左肩楼对联：“紫极飞纶云成五色，青城献瑞寿纪双星”。右肩楼对联：“九代中身花开益寿，三朝逸老木赐声风”。左间垫板南面和右间垫板北面刻有：“道光二十三年□月初七日嘉庆己卯科举人待选县知事方嘉庆戊寅恩科举人待选知县丙戊大挑□□，遵义府正安县学政王厚谨建”。右间垫板南面和左间垫板北面刻有：“道光二十三年正月二十四日总督部堂巡抚部院会进士□部□正九品敕授登仕郎诰封文林郎赐赠修职郎赵理伦百岁有二奉旨建坊”。前文已述，赵理伦墓碑雕刻的图案形如牌坊状，仔细观察可发现其墓碑浮雕图案宛如赵理伦百岁坊的缩小复制，而其碑文标明“旌表百寿”正突显的是赵理伦因年逾百岁，官府为其立牌坊赐匾额，以示表彰的光荣事迹。中国古代人崇信“事死如事生”的观念，赵理伦死后，其子孙便将百岁坊刻制在其墓碑上，也许百岁坊是赵理伦生前留下的最有价值的遗物，这不单是牌坊本身，更重要的是牌坊背后象征着封建朝廷赐予青岩赵氏的无限荣光！2013 年 3 月 5 日，国务院公布，赵理伦百岁坊列为“全国重点文物保护单位”，作为茶马古道（贵州段）青岩古道·赵理伦百岁坊。

参考文献

[1]（清）周作楫修；（清）萧琯等纂.（道光）贵阳府志·卷二十三［M］. 黄家服主编. 中国地方志集成·贵州府县志辑［C］. 成都：巴蜀书社，2016：351.

[2] 贵阳市花溪区地方志编纂委员会. 贵阳市花溪区志［M］. 贵阳：贵州人民出版社，2007：784-785.

[3] 欧阳震，刘庚梅. 青岩状元赵以炯［M］. 贵阳：贵州人民出版社，2003：34.

[4] 贵阳市花溪区文物保护管理所编. 贵阳市花溪区第三次全国文物普查成果·花溪遗真［M］. 贵阳：贵州科技出版社，2013：281.

[5]（民国）赵尔巽. 清史稿·忠义列传·赵国澍［M］. 北京：中华书局，1977：13660.

[6] 贵阳接待游客逾八万人次·青岩古镇最受欢迎［N］. 贵阳日报，2019-05-02.

[7] 贵阳市地方志编纂委员会. 青岩镇志［M］. 贵阳：贵州人民出版社，2003：332.

绩效导向视域下的独立院校财务管理控制研究

杨　眉　吴　双*

（贵阳人文科技学院，贵州贵阳　550025）

摘　要：对于独立院校的发展而言，财务管理控制是其中的一个重要环节，绩效作为一种有效的管理与激励的手段，与独立院校财务管理控制的结合，能够发挥出重要的作用。因此，绩效导向视域下的独立院校财务管理控制研究具有重要的研究价值和意义。基于此，本文先简要介绍了独立院校财务管理工作，提出当前独立院校财务管理工作发展中面临的困境，对绩效导向视域下的独立院校财务管理控制的价值进行阐述，并针对性地提出绩效导向视域下提升独立院校财务管理工作的策略。以期为独立院校财务管理控制的顺利推进提供助力。

关键词：独立院校财务管理；绩效；控制

对于独立院校的财务管理控制而言，如何找到一条行之有效的发展路

---

* 作者简介：杨眉（1989—），女，汉族，贵阳人文科技学院讲师，贵州大学硕士研究生。研究方向：财务管理。

吴双（1988—），女，汉族，贵阳人文科技学院讲师，悉尼大学硕士研究生。研究方向：财务管理。

径，助力独立院校财务管理的顺利推进，对于独立院校的发展而言具有重要意义。绩效能够将经济性、效率性和效益性相融合，这种模式之下能够使得独立院校的管理工作在科学性、针对性方面都有所提升，进而实现独立院校财务管理控制的可持续健康发展。

一、绩效导向视域下的独立院校财务管理工作概述

所谓的绩效导向视域下的独立院校财务管理工作，就是指以绩效为核心因素进行的一系列业务一体化的财务管理平台的打造。[1] 对于教学部门和行政部门采取不同的多层次的评价体系，并将这种评价标准与学校的总体规划和安排相挂钩、相联系，进而有效地提升资金的使用效率。强调将财权、事权以及绩效管理工作进行整合，在这种整合优化之下，实现资源的优化配置，使得传统的“重预算，轻绩效”的观念被改变，并且逐渐形成一套目标严格、执行有效的弹性化财务管理模式。[2]

二、当前独立院校财务管理工作发展中面临的困境

（一）在目标设置上，过于简单

争取经费和收支核算是目前大多数独立院校对其财务管理工作的理解，这种管理目标过于简单。缺少了对于财务绩效的受托责任管理，并且对于独立院校的经济效益的分析、办学成本的控制等方面存在着许多不足。过于简单的目标设置会使得在进行工作的开展过程难以有效的推进。

（二）在预算环节，缺乏有效的管理

就目前独立院校财务管理工作而言，在预算环节缺乏有效的管理，往往部门预算和内部预算彼此分离，编制预算和执行预算也不相契合，这就使得预算的项目十分的简单粗糙，在定额上缺乏标准和科学性，使得预算工作有名无实。并且在执行过程中，变更的过于随意，预算事前和事中的

控制作用就丧失了。预算环节的失控，使得独立院校的债务问题过度膨胀，并且导致了盲目投资和短期的行为，不利于独立院校的未来发展。

（三）在运行机制上，尚待健全完善

对于独立院校财务会计制度而言，仍有许多不完善的地方。例如，目前独立院校会计制度的基础是收付实现制。而会计核算中又缺少一定的成本核算，进而使得综合效益难以体现。运行机制的不完善导致了整体的独立院校财务管理工作在具体的操作和执行环节也难免出现漏洞，进而使得独立院校财务工作的效率和质量都大打折扣。

（四）在管理的模式和手段上，较为单一、落后

传统的分散式管理模式仍然是目前独立院校财务管理的主流。这就使得学校的财务资产以及人力部门之间缺乏有效的沟通和协调，进而使得信息难以被有效地运用，资源也无法得到合理的优化整合。于是，信息的协调性、真实性，准确性都难以保证。随着目前信息化时代的到来，社会上许多企业或部门在进行财务核算工作的过程中，都会运用现代信息技术，而就目前的独立院校财政管理工作而言，却并没有将现代信息技术运用于财务管理，这就使得财务管理工作较为落后，效率比较低下。

三、绩效导向视域下的独立院校财务管理控制的价值意义

建立起一套以绩效为导向的独立院校财务管理模式，具有以下几个方面的优势。

第一，使独立院校自身财务绩效考核体系得到了完善与发展，因为独立院校作为一种非营利性组织，在工作和考核的过程中往往会具有一定的主观性和特殊性，难以对具体的工作进行量化。这种模式的建立，有利于培养起学校的各部门、所有职工的绩效意识，完善相应的考核体系。

第二，有利于全面的、科学的预算体系的建立，进而使得预算在执行过程中，能够比较科学化、规范化，避免了预算工作流于形式。

第三，有利于独立院校逐步建立和完善内部的财务风险管理机制。对于独立院校的财务管理工作而言，其风险性主要体现在预算的收支不平衡以及资本结构的不合理上，随着市场经济的不断发展，以及改革的不断深化，在这样的发展背景之下，独立院校面临着资金需求日益加大与经费投入不足之间的矛盾，这就使得独立院校在财务管理过程中，要进行进一步的改善、组合，促使独立院校财务状况得到提升，实现独立院校资金运用的科学、有效，使资金能够得到优化配置，进而提升独立院校的综合财力，避免财务工作的风险。

四、绩效导向视域下提升独立院校财务管理控制的具体分析

（一）将财务管理控制的目标进一步拓展

作为非营利性组织的独立院校，在进行财务工作的管理过程中，应该按照新的公共管理思路，向着社会利益最大化的发展目标，实现自身的发展。这就需要独立院校财务管理工作及时进行观念上的改变，从基本责任出发，不仅能够对资金进行合理、合法的筹集和利用，并且要向公众提供相关的信息，接受公共的监督和相应的财务委托责任。[3] 在独立院校的财务管理工作中，由于独立院校本身部门多、资金多、项目多，因此，集约化的管理办法是行之有效的应用路径。第一，在具体的管理和实践过程中，要严格对各项支出进行审计把关，对于超出预算部分的资金实行严格的管理控制。第二，对于学校内部的支出部门实行定额管理，按照单位定额的核算费用进行支出。利用对比分析法，将每一年度的开支状况进行相应的评价分析来确定相应的额度。第三，在能源消耗部分的支出上，也要实行相应的管理制度，对于学校的水费电费等资源性支出的费用消耗巨大。在这方面，要通过加强管理来降低学校在这方面的资金投入，不仅能够减少独立院校资源消耗的支出，并且能够有效地提升学生的环保意识。对学校资产管理的开发利用，要明确相应的资产责任负责人，每年进行检查和评估，以绩效考核评价为指标来确保学校资产得到合理的开发运用，

能够有效避免资源浪费行为的出现。

（二）实现对财务管理控制核心的有效把握

就一般的发展而言，财务控制的松弛、效率低下，其主要原因在于缺乏统一的、标准的、量化的绩效衡量指标和内在的责任束缚，致使资源配置、资源使用方面的不合理。因此，绩效导向视域下的独立院校财务管理控制工作要建立在总额控制，资源配置和使用，以及最后的绩效评价四个核心内容的科学管控、认真考量之上。在进行预算处理的过程中，要强化申请、批复以及执行的多重审核。并且，能够将绩效的界定测量和评估贯穿于财务管理工作的全过程，使得财务管理控制的水平能够得到进一步的提升。

（三）建立健全独立院校财务监督与控制制度

任何一项事物或是工作的顺利推进，不仅需要良好的制度保障，更需要良好的监督机制来对整体机制的运行进行监督。在独立院校财务管理工作中，可以通过以下方式来优化独立院校财务管理控制监督体系。首先，一套科学、合理的财务控制评价制度的建设是必然之举，评价制度的建立使得内审机构能够有效地发挥其对经济活动的再监督作用。并且，将对控制制度、控制流程，以及具体的操作执行情况进行定期的检查和监督。[4] 其次，建立起一套高效的、科学的、独立院校外部监督机制，使得独立院校财务管理工作能够被社会其他中介机构或组织监督，进一步提升财务管理控制监督的力度，将内部审计和外部监督有效结合，进而能够促进独立院校财务管理控制体系的健全和完善，使得独立院校的财务控制力水平得以不断提升。

（四）加强独立院校财务成本核算工作的管理与控制

就财务管理工作而言，实际上是一套集事前、事中、事后于一体的完整的、综合的控制体系。[5] 对于绩效工作而言，成本核算、权责发生以及绩效财务报告等制度能够为科学、有效的绩效管理打下良好的基础，同时，也能够使财务管理控制系统的保障性作用得到进一步的发挥。因此，绩效导向下的独立院校财务管理控制必须建立成本会计系统，完善独立院校的成本核算制度，对独立院校管理工作中耗费的资源进行相应的收集分析和核算，使得绩效的预算拨款、成本管理和控制以及绩效评价等拥有准确的、科学的成本信息，能够全面地将学校的财务状况进行反映，这些信息和制度的实行能够有效地提升独立院校的财务管理能力。另外，在核算学校内部二级单位的过程中，也应该尽量的精简，不需要都使用全成本核算法，这样能够有效地减少管理的成本，节省学校的内部开支。也就是说对于收入部分，可以只单独计算本学院获得的财政收入，按学生的人数来计算拨款和学费。在支出部分，也只计算本院系的教职人员的经费和公共经费，并且，在每年的年末按照将总收入减去总支出就等于总收益的方法进行核算，然后，用总收益与院系内的教师人数做除法，得出来相应的以教师个人为单位的年平均贡献。这种方式不仅十分的便捷，而且很有效率，其反映的信息也相当的全面、准确。

五、绩效导向视域下提升独立院校财务管理工作的策略

（一）前期增强预算管理，做好事前控制

独立院校的部门众多、院系众多，在进行财务管理时要加强预算意识。独立院校的部门预算大多是以其下属的院系、科室及其附属的单位为部门进行预算，各部门自行负责进行经营收入和支出的预算数，提出自己的部门预算建议方案并交给学校的财务部门审核通过，审核通过之后再交给预算管理委员会审议，最终由学校汇总，编制独立院校的综合预算。在进行预算安排时，要正确编制部门经费预算，合理安排各项财务计划，做好事前控制，使独立院校财务管理更加游刃有余。

可以通过绩效做出合理预算奖惩措施，当前独立院校实施的部门责任预算，主要是由经济活动的主体进行反映的，并设置了相应的奋斗目标。但是目标的达成与否还是要看各个责任单位的实际执行情况。实施配套的

预算绩效措施，能够提升员工完成预算的积极性，有效的使得独立院校财务管理的控制工作顺利推进。在预算绩效制度的实施过程中，需要注意将精神激励、物质激励、近期激励、长期激励相结合。

（二）中期实施绩效控制，做好落实执行

在“财力集中、财权下放”的发展原则之下，独立院校财务以学校管理为中心，其中很大一部分教育经费分散到学院管理。虽然提升了经费的实效性，但是也造成了经费的分散。针对这种情况，可以设立资金结算中心，将各个学院的资金在资金结算中心进行集中管理，使用时可以互相调剂。

在执行和实施的过程中，可以通过审计的方式对财务预算管理的执行进行监控，从人员经费和公用经费两部分进行分别审计。对于公用经费的审计主要考虑以下两方面的内容：第一是公务费安排的审计，这部分不仅比重大，而且也是学校工作正常开展的基本保障。第二是对重点及新上学科建设费用的审计，这部分在审计时主要考察其经费使用的合理性和实效性，即经费的使用是否满足重点学科发展建设需要、是否属于基本建设经费、图书资料采购需要、基础设施建设改革需要等。财务部门在审计的过程中要对项目基金拨付频率、规模和速度重点审核，本着“三先三后”，即先审计后开工、先审计后付款、先审计后结算的原则进行。

（三）后期确保绩效考核，巩固控制成果

要建立预算绩效考核指标，其中包括长期宏观目标和短期微观的绩效目标，在设计的过程中，要综合借鉴。例如可以使用平衡计分卡评价体系和关键绩效指标体系相结合的方式，参考《英国独立院校管理统计和绩效指标体系》的有效做法，按照教学绩效、科研绩效、自筹能力、资产绩效、校产绩效、声誉绩效几大方面，将独立院校发展中的战略目标进行拆分，并从中选择一些关键性的绩效指标，对其预算执行结果加以衡量，进而形成独立院校预算导向的绩效指标体系，实现对财务管理工作的有效指导。

六、结　语

目前独立院校财务管理工作发展中存在着，在目标设置上过于简单，在预算环节上缺乏有效的管理，在运行机制上尚待健全完善，以及在管理的模式和手段上较为单一、落后等方面的问题，这大大制约了独立院校财务管理工作的发展步伐，也阻碍了独立院校自身的发展。因此，本文提出绩效导向视域下提升独立院校财务管理工作的策略，具体而言，包括将财务管理控制的目标进一步拓展，实现对财务管理控制核心的有效把握，建立健全独立院校财务监督与控制制度，落实独立院校绩效考核的评价制度，提升执行力，以及加强独立院校财务成本核算工作的管理与控制等，这些策略能够从多个角度对独立院校财务管理工作进行改进和完善，进而推动独立院校各项工作的顺利推进，使得独立院校的各项资源能够实现有效的优化整合。

参考文献

[1] 张盼文，彭立学. 绩效管理视域下的独立院校管理创新研究[J]. 中国管理信息化，2018：214-215.

[2] 梁释心. 基于绩效导向的独立院校财务管理控制研究 [J]. 科学与财富，2017：262-262.

[3] 曲士彬. 绩效导向下的独立院校财务管理分析 [J]. 现代经济信息，2018：264.

[4] 张寅晓. 财务管理制度视角下的独立院校绩效工资制度研究[J]. 现代经济信息，2017：195+197.

[5] 赵敬予，袁赫. 内部控制视角下独立院校财务管理的研究 [J]. 现代经济信息，2019：254.

乡村振兴背景下独山县乡村旅游发展模式研究*

易　颖　晏蔓蔓　潘艳琴**

（贵阳人文科技学院，贵州贵阳　550025）

摘　要：近几年，我国开始重视农业农村发展，特别是以乡村旅游为基础来带动乡村的发展，转变产业结构，防止农业衰退，增加乡村收入，达到乡村振兴的目的。本文主要通过对独山县旅游资源现状及存在的问题分析，再结合国内外乡村旅游的多种发展模式，总结出利于独山县旅游发展的有效模式，如传统乡村田园农业观光旅游模式、现代商务度假与企业庄园发展模式、民俗风情文化模式等，为独山县乡村旅游发展提供思路。

关键词：独山县；乡村旅游；乡村振兴；发展模式

---

* 【基金项目】本文系2020年度贵州民族大学人文科技学院校级基金院科研学生项目“乡村振兴背景下独山县乡村旅游发展现状以及对策研究”（项目编号：2020rwxs015）阶段性成果。

** 作者简介：易颖（2000—），女，汉族，贵阳人文科技学院学生。

晏蔓蔓（1997—），女，汉族，贵阳人文科技学院学生。

潘艳琴（1994—），女，土家族，贵阳人文科技学院学生。

一、总　论

（一）乡村振兴与乡村旅游

2021 年党中央一号文件发布对全面推进乡村振兴做出全新的布局，提到乡村旅游是实施乡村振兴战略的必要条件，促进乡村现代化的发展，改善现有乡村村貌及提升村民生活质量。同年贵州省颁布《中共贵州省委贵州省人民政府关于全面推进乡村振兴加快农业乡村现代化的实施意见》中提出，深刻改进乡村产业发展，对农业供给侧结构性改革继续深入，全面推进乡村振兴，形成一条独特的贵州路径。[1]

乡村旅游，是以乡村的文化、自然风貌、建筑风情，集吃喝玩乐一体化，回归自然乡村旅游活动，满足了城市人们远离喧嚣、洗尽铅华、对悠久的历史文化传统向往。2021 年贵州省提出“积极发展以民族文化和山地为特色的文化旅游带”[2]，要求将旅游产业化放在更加突出的位置。

（二）国内外旅游发展模式

1. 国外乡村旅游发展模式

国外的乡村旅游发展模式大致包括：休闲观光旅游发展模式、民俗文化旅游发展模式、农业旅游发展模式；欧洲绝大多数国家的乡村旅游一直是旅游热门，许多游客将住在当地居民家中，与他们共同生活，在劳动中获得体验感，释放自己的压力，将乡村旅游与当地民俗文化糅合在一起，以乡村旅游带动当地农业的发展，不仅能促使农业的发展，还能增加经济收入。

2. 国内乡村旅游发展模式

国内的乡村旅游模式主要有：景区依托发展模式、特色村寨及其乡村文化体验发展模式、红色文化旅游发展模式等；景区周边乡村服务于景区，为游客提供多方面的体验；能够借助景区自然风光和良好的基础设施、共享客流发展乡村旅游。特色村寨是历史长河中保存较好的文化遗产，历史文化气息最浓郁的地方，折射出乡村居民生活状况，对游客向往历史文化的吸引力较大。红色文化旅游不仅区别于单一的纪念性景观，还区别于其他类型的景区。它具有教育性、时代性，能唤醒某种特殊的记忆，被赋予某种精神上的含义。

二、独山县旅游资源概括

独山县拥有良好的自然资源，如翠泉、深沟、森林生态系统、喀斯特地貌、宜人的气候条件等；形成了以山、水、洞、树为主要特色的自然风光，都成为独山县开发旅游产业的强大支撑。

多种多样的旅游资源，也增加了独山县打造全域旅游的可行性，如独山县深河桥风景名胜区主要以红色旅游文化为主；以儒家文化、乡村旅游为主的独山县奎文阁景区；环境优美的紫山林国家森林公园以及翠泉森林公园，打造休闲、会务接待、度假一体的旅游景点；发扬民族文化地方特色的贵州南排花灯文化为代表的阳地民族文化村；集科研、生产、示范、农业观光为一体的畜牧业基地的独山草场等。[3]

（一）独山县旅游资源优势分析

1. 区位优势

独山县区位较好，交通便利，资源丰富，历史文化厚重，独山县属于黔南布依族苗族自治州，全县南北长 90 公里，东西宽 41 公里，全境面积 2445 平方公里[3]，地处贵州省最南端，向东接壤荔波县、三都水族自治县，往南接壤广西壮族自治区南丹县，西边与平塘遥望，北边与都匀毗邻[4]，是贵州与广西南北的重要枢纽，为西南内陆地区往华南沿海地区要塞之地，黔南布依族苗族自治州重点打造的“南下通道经济”地区。

在贵州南部五县市综合旅游区中，独山正处于中间优越位置，独山县城与位于独山县北部的都匀斗篷山风景名胜区（国家级）和剑江风景名胜区（国家级）分别距离 92 公里和 72 公里；位于东南部的荔波漳江风景名胜区（国家级）与茂兰喀斯特自然保护区（国家级）距离县城分别为 102

公里和 104 公里；三都都柳江风景名胜区（省级）和平塘掌布风景名胜区分别位于独山的东北部和西部，距离县城都不超过 100 公里；210 国道(黔桂国道)、贵新高等级公路、黔桂铁路全都贯穿独山县境内，为独山县打造休闲旅游品牌，引入四面八方的游客进入独山。[3]

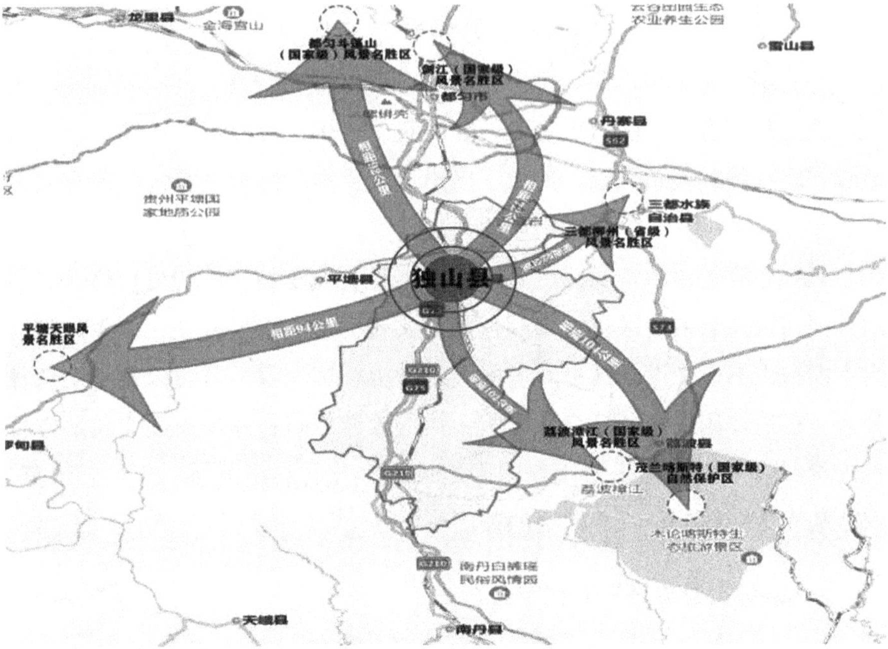

独山县与各景区交通区位图

独山县区位优势明显，拥有最丰富的区位条件和优势，是促进独山县乡村旅游发展的基础条件。

2. 生态环境多样优美

独山县位于喀斯特东亚片区中心，且属于珠江流域，处于贵州高原向广西丘陵过渡的箱状背斜，在其周边地区形成 300-500 米的突出高地，其地势处于北高南低，最低海拔为 500 米，最高海拔为 1465 米，平均海拔为 850-1100 米之间。[3] 向来有独特的地形地貌，如位于独山县境内的“独山天洞”。独山县县城周边附近有保存较好的泥盆纪浅海相地层，其发育形态完整，保护较好，有较高的科研价值，丰富的地质现象，发现了至今

3.85亿年海洋化石得以呈现于世。年平均降水量为1345.9毫米，全年年无霜期280天左右。[4] 这样良好的气候条件创造了独山县特有的生态环境，支撑独山县发展立体农业和旅游业。

3. 独山县气候条件

独山县全县森林覆盖率61.84%，属于中亚热带湿润季风性气候，独山县四季分明，全年平均气温在15℃，相比周边的气温比平塘低1.9℃，比都匀低1.2℃，比荔波低3.3℃，比省会贵阳低3.1℃。降水量丰富，日照充足，平均年降水量达1338毫米，日照达29%。与周边其他地区相比，独山县气候独特，全年都是比较舒适凉爽的。

表1 独山县1–12月的旅游气候舒适度

月份	1	2	3	4	5	6	7	8	9	10	11	12
体感	冷	微冷	凉	舒适	舒适	舒适	暖舒适	暖舒适	舒适	舒适	凉	微冷
平均温度	9℃	11℃	17℃	23℃	26℃	27℃	29℃	29℃	27℃	24℃	16℃	11℃

注：此表由中国天气官网发布“黔南布依族苗族自治州独山气温”整理而成，如有纰漏，请批评指。

4. 文化内容丰富

独山县当地文化底蕴丰富，独山县建制时间较长，长久以来掌握着贵州与广西两地交界的重要位置。独山县有占超过全县人口75%以上的布依、苗、水等特有的少数民族文化；还有曾在历史岁月中出现过的著名学者伊珍、朴学大师、“影山文化”创始人莫与俦、“西南巨儒”莫友芝等贤明之辈[3]；而当地的花灯文化、影山文化、红色文化等在三千多年的历史长河中交汇缠绕，汇聚一处，成为独山特有毋敛文化，是贵州南部人文的高台。

5. 独山县旅游经济分析

独山县经济发展主要依托贵阳为核心，属于黔中城镇群，是贵州面向东南沿海地区的主要门户区域，是贵州产业转移的先行区域，是开展特色农业合作的先行者，与珠三角地区产业进行衔接，成为北部湾经济区形成产业协作产业链不可或缺的一环，也是东盟各国开展各种贸易活动的重要港口。

2019年，独山县完成地区生产总值104亿元，财政总收入为8.64亿元，农村常住居民人均可支配收入为11749元。农业增值完成22.14亿元，其GDP达到124.74亿元。[5] 常住人口为44.84万人，城镇人口为182618人，乡村人口为174149人。[6] 独山县第一、第二、第三产业结构比例为16.9∶40.8∶42.2，农业至今仍然为独山县的主要经济来源。

表2　2019年独山县现状旅游概况

年接待旅游总人数	年同比增长	年旅游总收入	年同比增长
1335.99万人次	26.20%	115.53亿元	38.30%

注：此表由中国贵州省黔南布依族苗族自治州人民政府官网发布《2019年独山县国民经济和社会发展统计公报》整理而成。

6. 独山县乡村旅游发展相关规划

独山县编制有关《独山县旅游发展规划》为乡村旅游发展提供了依据，并先后编制有关各景区规划，如《独山县深河桥风景名胜区总体规划》《独山县奎文阁景区规划》《紫林山国家森林公园整体规划》等。[3]

独山县近几年大力发展乡村旅游，开发当地特有自然资源、民俗文化。如在独山县东部的本寨乡羊场村，就以“黔南第一泉”温泉之乡为当地特色旅游发展；以“奎文阁”为代表的乡村旅游休闲度假是独山县现有的重要旅游资源之一，所在的兔场镇翁奇村是贵州省重点打造的“乡村旅游示范村”。除了着力开发文化背景、自然资源，独山县还重点在县域内的基长镇阳地开发民族文化村，打造一个民俗文化特色观光体验度假区。

独山县通过发展全域旅游，开发独山县自身特有的旅游资源，将“悠悠独山·醉爽天堂”这一独山旅游品牌打造出一个响亮的招牌。

（二）独山县乡村旅游的发展问题

独山县区位较好，交通方便，资源丰富，历史文化厚重，是黔南布依族苗族自治州重点打造的“南下通道经济”区，但独山县的发展依旧不及贵州大部分地区，对乡村旅游限制较多。

1. 生态环境脆弱

独山县石漠化隐患之大，是贵州省的重灾区，农业发展局限，于是大力发展旅游业。在旅游开发过程中，不符合逻辑的策划，对保护自然生态的认知不到位，导致乡村自然生态环境遭到了严重破坏。

2. “特色文化”覆盖不足

独山县地方文化内涵丰富，如影山文化、红色文化、花灯文化等，就现今开发程度而言，文化旅游的特色彰显不足。

距独山县县城9公里处的深河桥景区，是中国阻挡日本侵略者的重要地段，彰显贵州人民艰苦抵抗的顽强精神，红色文化底蕴丰厚。但是深河桥景区的红色文化底蕴挖掘较为单一，且与大多数地方相似；独山县民俗风情的招牌没有得到大力的宣传，知名度过低。独山县的民族特色中的五色糯米饭、“四月八”牛王节、花灯文化、茶文化等，都有所发展利用，但产业结构并没有形成一个完善的链条，其价值展现不够，产业层次得不到有效的深化；且独山县具有本地特色产业的龙头企业数量不多，实力待加强，提升企业软实力和硬实力，推进独山县产业发展，促进独山县活力发展。

3. 缺乏技术支持

独山县虽作为贵州省旅游产业发展重点城镇，从大多数因素来看，独山县的发展缺乏技术人员的支持，党中央下达许多决策都没有得到相应落实，工作难开展，导致某些决策与民生意愿相冲突，人民与政府相持，产业发展缓慢，群众文化认同感对特色旅游发展造成一定影响。

4. 旅游发展脱离实际

独山县目前整体财政收支处于入不敷出状态，整个县城的主要经济来源全靠第一产业支持，对支持乡村旅游在资金上的支持很少，独山县盲目开发大项目以及政绩工程，如水司楼项目，至今仍未盈利，造成了政府财政入不敷出的状态，资金的亏空，导致旅游产业后续难以发展，未能明确独山县的定位发展，一味盲目跟风其他乡村旅游发展路线定位，导致相似程度过重，对独山县的实际乡村旅游没有太大的帮助。而独山县主要经济来源还是第一产业，第二产业大多都是基于第一产业之上，而在第三产业的旅游业中与这些具有聚集人群项目都不符合，脱离了当地的实际。对独山县特有的文化并没有充分的认识，大多是模仿其他城市的发展模式，与其他省市镇大同小异，定位冲突。

独山县在做旅游路线时，偏重自然生态，而在发展过程中，大兴土木，忽视自然景观，人工雕琢各种风格迥异的大项目，建筑风格差异大，偏向城市风格，忽视属于独山县的特有乡土文化。

三、独山县旅游发展模式分析

在乡村旅游中最主要的是通过开发乡村的各项优势，打造一个复合型空间发展模式，由单一的模式转为多个复合模式，拓展乡村功能。[7] 注重多方面和谐发展、多样化经验模式，尽可能地避免村与村之间定位相似、产业同质化、发展模式类似，挖掘独山县的深层特色文化精神，只有别具一格的风格才能吸引眼球，同时创造独特的生产空间，对独山县的乡村旅游道路找到一种适宜的风华。本文在对独山县旅游现状分析的基础上，明确乡村旅游的发展定位，融合多种发展手段，探寻独山县旅游发展的可行模式。

（一）传统乡村田园农业观光旅游模式

独山县翁台镇可结合“一县一业、一村一品”[8] 的发展模式，以翁台镇未被国内开发的处女地之一的夹缝岩自然景观和原生态的水族村落，推出传统乡村山水田园观光模式。打造属于翁台镇自身特点风格乡村，供观光者观赏、休憩、游玩。将乡土生态环境价值、民俗风情价值、人文社会价值转变为经济价值，挖掘乡村别样的风貌。

而独山县麻尾镇可以通过当地的民俗文化、农业、乡村风貌、乡土人文之情，创造属于当地的特色旅游观光，把麻尾镇现在精品水果产业景观转化为新理念的农业体验活动，运用互联网的模式将新型农业产业化运作起来，成为吸引旅游者的目光，打破传统的思维框架，把新型的技术和创新的手法运用到农业之中，打造属于麻尾镇的亮点，创造了可持续发展的经济模式。

（二）现代商务度假与企业庄园发展模式

独山县的高新产业园区位于百泉镇境内，利用农户转让或者出租给企业，使其成为企业员工商务度假或是企业团建、商务谈判等活动乡村基地，利用乡村自然景观和人文底蕴建设具有休闲观光、商务为一体的乡村旅游。展示区别于城市的人工雕刻景观，释放城市人的压力，强调参与性与体验性，享受最原始的乡村风貌。

（三）民俗风情文化模式

独山县是一个民族文化、民俗特色气息浓厚的一个地方，完好地保留了当地的民俗文化，这些秀丽的自然景观、人文奇象、乡土风情、乡居风貌和文化传承构成了一幅幅有着特色、别样韵味带有强烈文化气息和多样生态色彩的乡村旅游目的地，树立了独山县特有的民族、民俗文化的招牌，通过这种发展模式对农耕时代文化、乡土文化和民俗文化进一步升华，保护其内在精髓，同时也为乡村旅游增添了一丝文化韵味。[9]

例如独山县基长镇阳地民族文化村，依托基长镇——“中国梦民族艺术之乡”，发扬阳地村自身文化底蕴，展现地方民俗文化，例如吃独山三酸、赏花灯等活动。

（四）乡村民居住宿旅游模式

乡村中的民居是体现自然与人和谐相处、与当地特有的乡土人文之情的一个重要精神载体，是一种时间在当地留存过的痕迹。乡村民居住宿在乡村旅游中大放光彩，乡村自然山水田园风光，让生活在快节奏的城市中的人们，忙里偷闲来到慢节奏的山水田园之中。因地制宜建设乡村民居民宿，让村民参与到建设中来，民宿居住区集群发展，促进乡村民居民宿走向多样化、个性化、规范化，加快乡村发展。建筑是最能体现一个地方历史文化的作品，在乡村中，住所基本是当地民族信仰的所在之地，从住所格局、选址、院落、树种栽种等，都具有浓厚的文化内涵。乡村民宿具有浓厚的乡土气息，能使旅游者放松心情，洗净城市所带来的不净，愿意为一房，而走一地。

例如独山县基长镇秀峰村山里人家农家乐，以及旁边的湖光山色农家乐，体验乡土风情，感受自然风光，可自主采摘食材，田园观光集休闲娱乐于一体的乡村民宿体验模式。[10]

（五）依托景区模式

可依托独山县境内各大优秀景区，抓住好旅游项目的建设，筑牢旅游发展的基石。景区吸引游客的到来可以推动周边村庄的发展，辐射到周边村庄，让周边村庄成为景区的配套，成为景区的一部分。乡村旅游本就和景区有着剪不断的联系，景区的社会经济、吸引人流等为乡村旅游提供了丰富的文化土壤。独山县境内有如翠泉森林公园、深河桥红色文化旅游胜地等著名景区，这些景区为当地乡村旅游奠定了良好的人流基础，以依托景区为核心，与周边形成配套发展，将带动经济发展，客流集聚、互补发展等优势，充分阐释乡村民俗风情，走出特色乡村旅游的道路。

（六）创意产业模式

立足于独山县的现有资源合理发展，充分挖掘、整合资源，有效定位，将独山县未来发展大致方向理清道明，拒绝盲目开发，将独山县的资源优势转化为产业优势。创意的产业是多样化的，有新理念的创新还有产品与项目的创新，上至一个大型项目的定位，小到一个景观小品、徽章设计都需要创新，引人夺目。[11] 尤其在进行规划项目时更要创新和前瞻性，才能在吸引源源不断慕名而来的游客。还需培养出专业人才与当地乡土人才相结合的一个队伍，通过激发和满足多元化乡村创意产业唤醒游客的乡土之情，与之产生共鸣。要合理解决现在产业单一的结构，充分展现当代文化特性和生态环境的独特性等特点，打造一个独具特色的乡村旅游创意平台，促进不同文化之间交流与融合。

四、结　语

独山县主要以推动旅游为首位产业发展、构建旅游产业发展精品路线、推动休闲、康养度假模式为主。这几种乡村旅游模式经济收入占独山县旅游总收入的一半以上，对独山县整体经济、乡村发展有着较好贡献。

独山县的乡村旅游虽然正在蓬勃发展中，但依然存在很多问题需要进行改善。要对独山县的资源特征、文化内涵、民俗风貌进行深度挖掘，让这些融入乡村旅游中。探寻合理的乡村旅游发展模式，以科学发展观为主导，合理经营管理，不同的发展模式打造不同的乡村特色，旅游资源多样化得到更好的体现，丰富了独山县旅游经产业发展的多样性，同时也可提高独山县旅游产业方面的财政收入。

要保护自然环境资源，适度合理开发；要让乡村旅游作为第一、第二、第三产业的纽带，坚持因地制宜的发展原则，各个地区不同模式的协同开发，打造有特色、有不同、多方向的旅游开发风格，避免同质化，走一条属于独山县特有的乡村旅游特色持续发展路线，发展具有活力的符合当下的乡村旅游开发模式。着力打造生态宜居、景区宜游的美丽大乡村。

参考文献

[1] 中共贵州省委、贵州省人民政府《关于全面推进乡村振兴加快农业农村现代化的实施意见》[EB/OL]，百度互联网，2021-03-15，http://www.guizhou.gov.cn/xwdt/rmyd/202103/t20210315_67186189.html.

[2] 贵州省委、省政府印发《关于推动旅游业高质量发展加快旅游产业化建设多彩贵州旅游强省的意见》[EB/OL]，百度互联网，2021-01-13，https://baijiahao.baidu.com/s?id=1688733604517856595&wfr=spider&for=pc&qq-pf-to=pcqq.group.

[3] 独山县休闲度假旅游资源 [EB/OL]，搜狐网，2009-10-23，http://news.sohu.com/20091023/n267684352.shtml?qq-pf-to=pcqq.

group.

[4] 独山县的自然地理［EB/OL］，独山县人民政府官网，2021-09-09，http://www.dushan.gov.cn/zjds/qjds/zrdl/202003/t20200309_54389214.html.

[5] 独山县收入情况［EB/OL］，独山县人民政府官网，http://www.dushan.gov.cn/zjds/xfds/jmsr/202004/t20200428_57951008.html.

[6] 独山县有多少人口［EB/OL］，天气+网，2018-12-04，https://www.tianqi.com/toutiao/wenhua/6121.html.

[7] 殷红梅，徐燕. 贵州省贫困地区乡村旅游产业化扶贫建设模式探讨［J］. 贵州农业科学，2011（10）：197-200.

[8] 刘丽君，郭宏杰. 我国乡村旅游开发模式研究［J］. 安徽农业科学，2008（16）：6907-6908.

[9] 林巧，戴维奇. 乡村旅游与乡村发展的互动关系［J］. 经济地理，2006（02）：31-34.

[10] 熊凯. 乡村意象与乡村旅游开发刍议帆［J］. 地域研究与开发，1999（03）：70-73.

[11] 朱广伟. 乡村旅游开发中的环境保护与经济可持续发展［J］. 农业现代化研究，2000（05）：287-290.

基于环境承载力的城市旅游可持续发展研究*

余三春　赵　斌**

（贵阳人文科技学院，贵州贵阳　550025）

摘　要：旅游业作为民生工程、幸福工程，在缓解就业压力，促进经济社会的发展，提升城市形象和宣传城市风貌上起到了积极的促进作用。城市旅游依靠天时地利人和的旅游资源和人文资源，在众多旅游产业中独树一帜。然而，受到环境承载力的困扰，城市旅游所带来的环境污染问题日益凸显。本文拟从城市旅游环境承载力（资源环境承载力、社会环境承载力、经济环境承载力）对城市旅游的发展现状和所面临的问题进行剖析，提出应对城市旅游发展所带来的环境压力问题，缓解城市旅游环境矛盾，促进城市旅游可持续发展，使城市旅游成为提升城市综合竞争力、宣传城市文化形象以及助力城市经济发展新坐标的有力助推器。

关键词：城市旅游；环境承载力；可持续发展

---

*［科研基金］：本文系2020年度贵阳人文科技学院科研基金项目“贵州省生态旅游绿色化发展对策研究”（项目编号：2020rwjs007）阶段性成果。2020年度贵阳人文科技学院科研基金项目“草海湿地修复对土壤微生物群落结构的影响”（项目编号：2020rwjs005）阶段性成果。

** 作者简介：余三春（1986—），女，布依族，贵阳人文科技学院讲师。研究方向：旅游管理，旅游经济。

赵斌（1990—）男，汉族，贵阳人文科技学院讲师。研究方向：湿地生态学。

城市旅游环境承载力指在特定的时间内，根据城市自身特点所开发的旅游环境所能承受的最大旅游容纳量。现阶段学术界对城市旅游的研究集中在：城市旅游的城市形象研究、城市旅游的文化品牌塑造、城市旅游的生态环境保护、城市旅游的基础设施建设和城市旅游经济效应等几个方面，重点集中在城市旅游的环境承载力指标体系或通过权重计算城市旅游的环境承载力，对于城市旅游中存在的一系列问题并没有做出深入研究和分析，对于城市旅游发展中存在的问题并没有给出中肯的应对策略。城市配套设施的完善和独具优势的地理位置决定了城市拥有旅游目的地和客源地的双重身份，而城市旅游赖以生存的自然资源、人文资源是一个不断变化的整体，旅游环境质量的高低决定了城市旅游是否能持续下去。可以说城市旅游环境承载力是衡量旅游环境质量及旅游业可持续发展的重要指标，也是城市旅游可持续发展最基础的问题。因此，要坚持人与自然的和谐共生，坚持节约资源和保护环境的基本国策，形成绿色的发展方式和生活方式，发展中国优质旅游产业。

一、城市旅游及其对城市发展的影响

（一）城市旅游起源及定义

工业化的飞速发展带来了城市环境的破坏和恶化，人们长期生活在紧张、压抑的氛围中，身心健康遭受巨大挑战。城市与旅游的融合正好给需要释放紧张情绪的现代职场人提供了一个放松自我、休闲娱乐的环境。于是，人们开始有意识地逃离大城市的喧嚣与嘈杂，回归到大自然的安宁与静谧，享受简单的、纯粹的旅游环境。工业化不断发展，城市环境得到显著改善，各种基础设施的不断补充和更新，城市综合实力得到明显提升，为城市旅游的快速发展奠定了物质基础。城市功能的完善使城市在发挥其“工作职能”同时，又可以提供非城市区域所没有的娱乐和文化设施，让游客在视觉上和感觉上都拥有非同一般的感受。由于城市的构成复杂而广泛（自然、文化、社会、经济等要素），加之地理位置、风俗习惯、人员流动的关系，使城市之间的差异性越来越明显。此外，在现代旅游产业的不断融合和扩充的影响下，城市旅游业也随之不断融合和扩充。因此，对“城市旅游”进行比较全面和系统的概括是相当困难的，目前学术界对“城市旅游”尚无一个系统的、公认的定义。有学者认为，城市之所以能成为旅游目的地，是因为城市能提供专业化、系统化的服务设施和文化、娱乐、休闲等为一体的功能较为齐全的旅游方式。也有学者认为，城市旅游是旅游者以城市本身作为旅游目的地，在城市内部及其周边地区完成所有消费活动的旅游活动的总称。总而言之，对于城市旅游的定义至今还没有一个具体的概括。

（二）城市旅游对城市发展的影响

1. 促进城市经济发展

城市是人们进行一系列旅游活动的承载空间，而且大部分旅游者的消费支出集中在城市，因此，旅游活动助推了城市经济的快速发展。当游客对某个城市产生旅游的热情，会通过各种方式进入该城市进行观赏、游玩和消费，对于促进城市的经济发展做出了重大贡献。另外，由于城市是人们旅游活动的承载空间，游客的一切旅游活动都是围绕城市产生，旅游者在城市的消费又带动了另一种经济收益即税收。旅游活动的展开离不开六要素（吃、住、行、游、购、娱），城市旅游在面向游客开放之际，就已经让游客产生了旅游消费。同时，旅游者在城市的旅游消费也为城市创造了可观的税收。这种税收在旅游者消费的过程中产生，在无形中推动了城市经济更好更快地发展。

2. 优化城市产业结构

发展城市旅游可以促进城市第一、第二、第三产业的结构调整，使之和旅游产业充分融合。整体而言，旅游业对城市产业结构的影响主要体现在几个方面：第一，对改善交通运输业、提升商贸交流、推动城市文化发展等起到了积极的促进作用，还可以激发现代咨询服务行业等，拓宽服务领域，加快创新步伐，提高服务质量，促进行业结构优化。第二，在农村农业发展方面，在城市郊区或者旅游资源丰富的欠发达城市区域，可以发展生态旅游、山地旅游、特色农业旅游、休闲度假村，等等，将农村闲置的劳动力充分调动和利用起来，从而带动农村经济发展，为实现农民增收致富开辟新思路。第三，在工业较为发达的城市，根据城市的旅游市场需求，可以通过工业改组改建、调整工业结构、优化工业产业，使轻工、纺织、电子等行业，设计和生产符合旅游市场的旅游纪念品或旅游商品，旅游业的蓬勃发展为工业结构调整和优化提供了全新的发展契机，城市的工业经济也得以走可持续发展道路。

3. 加快城市基础设施建设

众所周知，旅游业涉及服务行业的各个方面，辐射能力和范围相当广泛，相对于郊区和农村，城市已经具备极佳的地理位置和交通优势，发展旅游业，大力改善基础设施，强化城市功能配套，使城市具备足够的能力和空间发展旅游业。发展城市旅游必然会带动交通行业、通信行业、自然环境保护、餐饮住宿、娱乐休闲等多个行业的协调发展，也是促使城市不断迈向国际化、规范化、潮流化的重要壁垒。同时，城市旅游发展和城市基础设施建设互为一体，城市旅游推动城市基础设施建设日渐完善，城市基础设施建设保障了城市旅游的可持续发展，推动城市经济发展，促进城市环境美化，提高城市文化品位，彰显城市自身特色。

4. 提升城市综合竞争力

提升城市的综合竞争力，增加城市开拓服务领域和产品生产的能力，为创业者提供更多的创业空间，带动城市居民和外来创业者的创业热情。另外，旅游产业又是一种无形的贸易，对城市各行各业能产生巨大的推动作用，促进城市各项产业的平稳发展，提升城市综合实力。最后，发展城市旅游可以扩大城市对外开放，促进城市之间商业贸易的往来。在带动人流、物流、资金流以及信息流上有着天然优势，发展城市旅游业也可以把国外先进的科学文化技术传播到国内城市，为国内企业提供参考样本，促使企业自我革新，在科学技术上不断自我突破，做到取长补短、扬长避短，进而推动城市产业结构调整和经济结构优化，增强城市综合竞争力。

二、城市旅游环境承载力及其特征

“承载力”指在某个特定的空间或区域内，某一事件本身所能承受的、接纳的或者包容能力的最大限度，超出该事件所能承受范围则会引起其他的连锁反应。旅游环境承载力则主要论述旅游目的地在某个阶段，该旅游目的地在整体功能体系发挥正常的条件下所能承受的最大游客数量。由于城市旅游环境承载力所面临的问题各不相同，导致城市旅游环境承载力也出现了不同的特征。

总体而言，城市旅游环境承载力主要有三个方面特征：第一，客观性。在特定时间范围内，旅游环境生态系统和功能系统在其信息、结构、组合等方面不会发生根本性变化，具有一定的稳定性。第二，易变性。旅游环境系统的易变性来自人们对旅游环境的不断索取，旅游环境系统的变化随着人们对旅游环境需求的变化而变化，例如旅游景点的新增或减少，或是由于外部因素导致的旅游区域的变化等。因此，城市旅游环境承载力存在易变性。第三，控制性。对旅游环境系统的调整来自人们对其运动规律的认识和控制，根据旅游者对旅游环境的需求，在可承受的范围内，按照既定计划，对旅游环境进行调整，将旅游环境承载力掌握在可控制的范围内。

三、城市旅游发展带来的环境承载力问题

（一）城市环境承载力数据解析

城市经济发展，城市综合环境的整合以及城市基础设施的完善，使得城市自身兼具了旅游目的地和客流地的双重功能。[1] 本文拟从城市旅游的资源环境承载力，社会环境承载力以及经济环境承载力分别论述城市旅游的发展所带来的环境承载力考验。为了详述旅游环境承载力问题，本文选取了我国近五年（2015—2019）城市发展中存在的环境问题，从资源环境

承载力、社会环境承载力、经济环境承载力三个视角列出具体数值，以此分析城市旅游在其发展过程中所带来的城市环境承载力问题。[2]

表 1　2015—2019 年全国城市部分资源环境承载力统计汇总

指　标	2015 年	2016 年	2017 年	2018 年	2019 年
征用土地面积（平方公里）	1548.53	1713.62	1934.37	2003.66	/
供水总量（亿吨）	560.47	580.69	593.76	614.64	628.30
城市公园绿地面积（万公顷）	61.41	65.36	68.84	72.37	75.64
道路清扫保洁面积（万平方米）	730333	794923	842048	869329	922124
废水排放总量（万吨）	7353226.83	7110953.88	6996609.97	/	/

注：(1) 表中数据来源于中华人民共和国国家统计局. 城市概况，资源和环境. http://data.stats.gov.cn/easyquery;(2)“/”表示无当年数据；下表如同。

表 2　2015—2019 年全国城市社会环境承载力统计汇总

指　标	2015 年	2016 年	2017 年	2018 年	2019 年
城市人口密度（人/平方公里）	2399.00	2408.00	2477.00	2546.17	2613.34
生活垃圾清运量（万吨）	19142	20362	21521	22802	24206
无害化处理厂数（座）	890	940	1013	1091	1183
供水总量（亿立方米）	6103.2	6040.2	6043.4	6015.5	6021.2
公共厕所数量（座）	126344	129818	136084	147466	153426
公园个数（个）	13834	15370	15633	16735	18038

表 3　2015—2019 年全国城市经济环境承载力统计汇总

指　标	2015 年	2016 年	2017 年	2018 年	2019 年
环境污染治理投资总额（亿元）	8806.30	9219.80	9538.95	/	/
城镇环境基础设施建设投资额（亿元）	4946.80	5412.02	6085.75	/	6017.84
城镇排水建设投资额（亿元）	1248.50	1485.48	1727.52	/	1930.02
城镇园林绿化建设投资额（亿元）	2075.40	2170.89	2390.23	/	2327.35
城镇市容环境卫生建设投资额（亿元）	472.00	561.11	623.00	/	684.41

由表可知，城市旅游所带来的城市环境破坏已刻不容缓。城市旅游的

快速发展在活跃城市气息，推动城市经济发展的同时，也对资源环境、社会环境和经济环境的承载力带来巨大压力，如何将发展城市旅游与保护城市资源环境相结合，使城市旅游不仅成为宣传城市文化形象的有力途径，也可以成为监督城市进行“自我修养”和“自我革新”的有效措施，从而提升城市的综合竞争力，促进城市旅游的可持续发展。

（二）资源环境承载力

以当前城市旅游发展的速度来看，大部分城市的旅游资源均遭到现代文明的冲击，游客的审美观和精神追求引导了城市旅游的开发方向和开发力度。从自然资源来看，城市旅游在开发的过程中，不可避免的会对生态环境、自然资源造成破坏，客流量的不断增加，致使城市用地面积紧张，空气污染严重，各种交通工具排放的尾气充斥着城市的街头巷尾，城市旅游资源有限，自然而然会向城市周边延伸，城市原本的规划格局和空间布局受到挑战，城市的生态环境和自然资源面临着被毁坏的风险。从社会资源来看，游客涌入城市，加大了城市旅游的载客量，作为载体的城市不仅要接待前来旅游的游客，还要不断注入资金、人才、场地、技术等软硬件设施，完善城市的各项指标体系，以满足广大游客的精神需求，维持城市旅游的持续发展，对于城市的整体发展而言，大大增加了城市旅游的负荷量。

（三）社会环境承载力

现阶段，国内城市旅游正处在如火如荼的阶段，城市旅游的规模正在不断壮大，但是城市旅游的各项基础设施建设却跟不上城市旅游的发展速度。城市有限的服务接待无法保障城市旅游在旺季时的游客服务需求，不专业的服务技能也会削弱游客的满足感，影响城市的形象和声誉。基础设施建设陈旧也是导致城市旅游发展受阻的因素之一，配套完整的基础设施可以增加游客对城市的好感，提升城市旅游的整体形象，也能让游客在较短时间内融入城市，接受城市，享受城市。相关支持力度不到位，空有政策，难以落实，城市旅游开发享受不到应有的待遇，显得“单枪匹马”，所谓的支持也就成了摆设。总的来说，亟待改善的服务水平，陈旧的基础设施，行业内相关支持不到位，都是影响城市旅游可持续发展的因素。

（四）经济环境承载力

游客逐年递增，对城市的公共环境和公共设施都带来了消极影响，例如城市绿地面积、休闲场所、酒店行业、餐饮行业、住宿行业以及其他相关性的支持行业，当城市的游客数量超出它的承受范围，城市要不断添置新的设备，支撑城市旅游发展，新增添设备意味着新的经济支出，无形中增加了城市政府在财政上的开支。所以，当城市的游客数量超过了城市的最大接待量，城市所配备的各项设施已然超出了它自身的负荷。为保障游客在城市能享受到相应的旅行服务，城市在各项公共设施和基础设施的投入比重不断增加，一方面新增的公共设施和基础设施打乱了城市原来的规划和空间布局，另一方面也增加了城市政府的财政支出。城市旅游开发增加了城市经济环境承载力，如果找不到合理妥善的处理方法，对于城市旅游的可持续发展将是十分不利的。

四、环境承载力下的城市旅游可持续发展建议

习近平总书记提出：“现代化建设要以人与自然的和谐相处为基础，既要解决当前人民的主要矛盾，也要制造和提供更多的物质财富和精神财富来满足人民对美好生活的需要。坚持节约优先、保护优先、自然恢复为主的方针，形成节约资源和保护环境的空间格局，使自然环境更加和谐、美丽和宁静。”另外，通过前述城市环境承载力相关数值可得出结论：城市旅游的发展离不开资源环境、社会环境、经济环境的支撑，三者的有机结合是发展城市旅游的必备条件。整体而言，发展城市旅游不能以牺牲自然环境和生态环境为代价，更不能只看重眼前的经济利益，不计后果地开发城市旅游。

（一）协调区域城市资源分配，提升城市旅游吸引力

城市旅游要实现可持续发展，保护自然资源和文化资源势在必行。另外，紧密联系区域间的合作交流，促进资源共享和资源互换，是城市自然资源和文化资源相互融合和相互借鉴至关重要的一步。当前，我国旅游业发展现状表明，城乡区域发展不平衡，东、中、西部地区发展差距依然明显，与我们提倡的优质旅游的整体发展要求不相适应。因此，建立行之有效的区域协调发展新机制，对区域城市之间的资源进行合理分配，一方面可以避免城市旅游出现同质化，导致城市之间出现恶性竞争，使城市旅游业往良性方向发展；另一方面可以促进城市之间的资源互通，减少对自然环境的破坏，实现资源的有效利用。让生态植被有足够的时间进行自我恢复，走绿色化发展道路。游客根据自己对旅游的需求，可以在一条旅游线路上选择不同的旅游体验项目，尽可能满足每一位游客的需求。从而吸引更多游客进入城市，感受城市的与众不同。

（二）合理规划城市服务设施，促进城市旅游形象值

城市服务设施和基础设施建设的完善，很大程度上决定了游客前往城市游玩的兴趣。完善城市服务设施可从以下几点入手：其一，交通以各种形式为旅游创造了新的发展空间，旅游与交通的融合发展越来越强劲。[3] 城市地铁的覆盖率，公共交通的投入量，公路的新增和维护对城市旅游的宣传起到了无形的推动作用。其二，城市服务设施的维护。城市的服务设施包括了酒店业、餐饮业、住宿业以及其他相关性的行业支持。合理增加旅游星级饭店数量，整合现有企业，优化地域布局结构，加强旅游企业和其他企业的相互联系，真正使相关产业形成一套完整的服务体系，提升游客的获得感。[4] 其三，城市基础设施建设情况。在科学技术突飞猛进的时代，基础设施建设已经成为游客或者当地居民娱乐休闲的最佳场所。鉴于此，对城市的基础设施进行定期统计和检查，不仅有利于相关部门制定出规范的、标准的公共设备，填补城市的空缺和不足，也增添了城市的完整性和趣味性，使城市旅游更具人性化，提升城市旅游的形象值。

（三）调整完善城市旅游功能，实现城市旅游多元化

经济社会的高度发展，导致城市发展模式发生翻天覆地的变化，即脱离了传统的零售服务体系，也不再依赖于传统制造业。此外，现代游客对旅游的定义不仅专注于“吃、厕、住、行、游、购、娱”，还要将“文、商、养、学、闲、情、奇”融入旅游产业的开发进程中。传统的城市旅游形式过于单一，缺乏特色且同质化严重。根据城市自身的特点，独特的地理位置，气候条件以及区位优势，设计开发具有代表性的旅游体验项目，让游客耳目一新，有迫不及待要前往城市的冲动。例如在一座城市可同时开发几种旅游体验项目，一方面可以满足各年龄段，有不同旅游爱好的游客前往，另外，还可以使城市旅游资源得到充分利用，让城市旅游变成一座文化内涵丰富，艺术气息浓厚，娱乐设施健全的旅游胜地，促进城市旅游的可持续发展。

五、结　语

发展城市旅游，可缓解城市就业压力，促进城乡经济一体化发展，提高旅游目的地居民收入，实现资源的合理有效配置。同时，对提高人民生活质量，促进地区经济平稳较快发展，弘扬优秀民族传统文化，都起到了积极的推动作用。把创新发展、协调发展、绿色发展、开放发展、共享发展的核心理念融入城市旅游开发规划，是保证城市旅游资源得到合理开发利用的理论基础。与此同时，也为城市旅游走可持续发展之路提供了理论保障。最后，坚持绿色的、可持续的旅游发展观，交流互鉴的旅游合作理念，使城市旅游真正成为民生工程、幸福工程。

参考文献

[1] 李雪鹏. 辽宁省城市旅游竞争力区域分异 [J]. 辽宁工程技术大学学报（社会科学版），2010（1）：23-26.

[2] 城市概况，资源和环境［EB/OL］，中华人民共和国国家统计局，http://data.stats.gov.cn/easyquery.

[3] 张宁，张晓玲．浅议南京市地铁交通系统对城市旅游发展的影响与对策［J］．商业经济，2017（9）：58-59.

[4] 张广海，刘佳．山东半岛城市群旅游环境承载力地域差异与功能分区［J］．地域研究与开发，2008（4）：80.

独立院校《财务管理》课程教学思考

——基于应用型人才培养目标

禹华意　杨　眉*

（贵阳人文科技学院 经济与管理学院，贵州贵阳　550025）

摘　要： 财务管理是财会专业的一门核心课程，具有较强的综合性、实践性和灵活性。本文首先对独立院校的应用型人才培养目标，财务管理课程的特点和存在的问题进行分析，再针对问题提出关于独立院校财务管理课程教学改进的几点建议。本文以独立学院培养应用型人才的角度出发探索有关财务管理课程教学方式和学习方式的改进。

关键词： 财务管理；独立院校；教学改进；案例教学；应用型人才

一、引　言

随着中国社会不断发展进步，高等教育进入新的时代与征程。我国于

---

* 禹华意（1993—），苗族，硕士，贵阳人文科技学院讲师。研究方向：财务管理。

杨眉（1989—），女，汉族，贵阳人文科技学院讲师，贵州大学硕士研究生。研究方向：财务管理。

2019年以高等教育毛入学率达51.6%正式进入高等教育普及化阶段。在高等教育普及化阶段，优化人才培养体系极为重要。每个层次的教育要有明晰的目标和定位，不同层次的人才培养要相互衔接，探索多样化的人才培养模式。国务院在《关于加快发展现代职业教育的决定》（国发〔2014〕19号文件）中明确指出："引导一批普通本科高等学校向应用技术类型高等学校转型，重点举办本科职业教育。独立学院转设为独立设置高等学校时，鼓励其定位为应用技术类型高等学校。"独立院校的建校时间一般不长，属于新建高校，应该在结合自身办学特点和明确办学定位的前提下，理清自身和学术型大学的关系，绝大多数的独立院校应走应用型发展之路，着重培养应用型人才。[1] 一方面，为了增强应用型人才培养质量，独立院校需要积极改革和创新教师的教学方式与学生的学习方式，引导大学生进行探究式学习和自主学习。另一方面，需要进一步强化学校与企业的合作育人机制，从而更好地服务社会经济的发展需要。

二、应用型人才培养目标

独立院校应培养适应社会需求的，服务面向基层的应用型人才。首先学校应加强实践教学环节的设置，强化学生的职业道德和职业素养的培养，加强学生的实际操作能力和解决实际问题的能力；其次学校应以应用为主线和能力为中心，建立应用型人才培养体系，在要求学生掌握基本理论的基础上，突出培养学生的学习动力、动手能力和创新创业能力；再者应注重培养学生的社会实践能力，毕业生要能适应社会和市场的需求，具有较强的应变能力，抗压能力和自我调节能力等综合能力。独立院校在培养应用型人才方面有机制上的优势，应尽快建立起有特色的培养应用型人才体系，形成自身的核心竞争力。

三、《财务管理》课程的特点

（一）课程具有综合性

《财务管理》是财会专业的核心主干课程之一。课程内容涉及领域广泛，综合性强。财务管理的理论基础来自管理学、金融学、会计学、统计学、经济法等众多学科。课程通常会从筹资活动、投资活动、资金营运活动、收益分配活动这四种财务活动，以及处理企业与各类利益相关者群体的财务关系的方面切入，从中探讨企业在生产经营过程中的资金运动。例如在学习财务管理基本价值观念内容时，学生需要提前掌握有关统计学的相关知识，才能熟练运用相关公式。课程的财务预算、财务分析、财务决策等内容需要学生提前掌握有关会计学、金融学的相关知识后才能熟练掌握。因此，《财务管理》这门课程不仅对教师的授课水平和学生自身的基础有严苛的要求，还对专业的课程设置及学校的人才培养方案有着较高的要求。学校进一步强化与企业的合作育人机制，从而更好地服务社会经济的发展需要。

（二）课程实践性较强

财务管理是企业组织财务活动和处理财务关系的一项管理活动。企业如果想在市场上占据核心竞争地位，就要处理好与债权人、债务人、供应商、顾客、政府部门、社会大众等各类利益相关者群体的财务关系和组织好各项财务活动，对各项财务活动进行有效的监督和管理，实施有效的内部控制策略。良好的财务管理活动可以加强企业的内部控制，使资金得到高效利用，规避经营风险，高效率盈利。在授课过程中，不仅要帮助学生把理论知识的基础打牢，更要注重培养学生的实践操作能力和综合能力。如何把学生的理论知识和实践综合能力有机结合，是教师和教务部门所要关注的重点。

（三）课程有较高的灵活性

财务管理的综合性和实践性都比较强，从而造成了其较高的灵活性的特征。会计学、金融学、经济法等学科知识的变更都会使财务管理相关知识发生相应的变化。比如会计准则、税收政策每年有不同程度的更新；企业理财的环境，不管是从宏观层面（经济环境、法律环境、金融环境），还是从微观层面（公司治理结构、组织形式）来判断，每年都会出现或多或少的变化。由此可见，财务管理的知识是动态的、灵活的，其知识的更新程度常年保持在一个较高的水平上。财务管理涉及的知识面广，领域多，信息更新速度快。另外，其综合性和实践性强等性质造成了财务管理课程的难度大，课程的特殊性也使得教师和学生面临着更大的压力和挑战。

四、独立院校财务管理课程存在的问题

（一）教学内容和考核方法安排不合理，教学方法单一

由于财务管理课程难度大，涉及知识点多，学习这门课程需要其他学科的知识做铺垫，课程还涉及了大量的公式推导。为了学生能够更好地理解授课内容，教师在授课过程中一般会在课堂中补充涉及其他学科的知识点。这样就会使教师占用大部分的课程时间去讲授理论知识，因此压缩案例教学、课堂讨论等有效的实践教学环节。财务管理一般的课时安排为每周 3 个课时，课时安排较少。对于难度较高，知识体系较为复杂的课程来说，教师需要在有限的时间内完成高质量的教学难度很大。有些教师为了赶课程进度，会将教学重点集中在理论知识上，忽视与学生的交流，更没有及时了解学生对知识的掌握度；在授课过程中不能有机结合财务管理的实践性、应用性和理论知识。其次，课程考核方法不科学。一般以期末考试为主，不注重对学生学习过程的考核。学生为了通过考试只会关注公式和理论，并不会去思考如何将所学的财务知识运用到实务中，因此会造成

学生较低的财会职业敏感度和较差的职业判断能力。[2] 再者，教师对学生进行职业道德教育的程度较低。[3] 授课过程中往往着重理论知识的讲解，缺乏对未来财务工作人员的职业道德培养。近年来，在财务领域中出现的财务造假，以权谋私，盗用公款等违法行为的高频发生，是否是高校教育忽视对学生综合素质与价值观的培养，造成学生诚信意识缺乏和道德选择偏差的结果，值得反思。最后，缺乏系统的案例教学设计队伍。[4] 做好案例教学需要教师花费大量的时间和精力去收集或打造一系列有效的、实用性强的、有教育效果的案例。在独立院校中许多教师习惯单打独斗，没有团队来研究案例教学，导致案例教学的质量堪忧，使得课程的实践性流于形式。

（二）独立学院师资力量薄弱

财会专业强调实践性，但独立学院的教师结构不够合理，缺乏“双师型”教师。许多教师缺乏实战经验，大多数教师从高校毕业之后就无缝对接进入高校工作，从而导致许多教师无法有效地将理论知识和实践性在课堂中有机结合。“纸上谈兵”的教学会使得课程讲授不接地气，教师不能够完整将经济业务流程生动地展示给学生，导致学生接受知识的程度偏低，授课质量不佳。独立院校缺乏对年轻教师的培养机制，向年轻教师提供继续学习、考证的鼓励政策不多，也很少为教师提供实践平台。再者，学校对实践教学的重视程度不够，所提供的校内实训和学生校外实践的设备和资源匮乏。教学设施不完善（缺少电算化设备、实验室），产教融合落地难度大（企业很少招收在校实习生）等现实情况，也导致了学校不能有效地完成实验性教学目标。

（三）学生基础不牢固

独立院校的学生学习能力不突出，基础不够扎实，学习习惯欠佳。对于教学者和学习者而言，彼此都需要付出更多的努力来攻克这一门综合性很强的课程。学生的基础不牢固会影响教师的授课进度，教师需要在课堂中不断补充相关知识去帮助学生理解，从而导致讲授理论知识占据课程的大部分时间，也会导致教师没有充裕的时间与学生进行关于知识接受程度的交流和关于培养财会职业道德意识的交流，课堂氛围不活跃。由于抽象的知识和公式多，课程难度较大，学生自身的知识储备量少，所以在课堂上的积极性不高，只是被动的、机械的记笔记，学起来较为吃力。课堂会变为“老师讲，学生记”的“沉默”课堂。教学者和学习者在高强度的知识灌输和被灌输下，就会将课程的实践性和应用性抛之脑后，逐渐淡化财务管理与实践相结合的教学和学习意识。大部分学生对于难度高、综合性强的课程有畏难意识，本身排斥的情绪再加上学生自身的学习能力和学习习惯欠佳会导致学习动力不足，学习消极，甚至出现放弃学习等现象。

五、关于独立院校财务管理课程教学改进的建议

（一）合理运用教学手段，安排教学内容和考核方法

第一保障案例教学法的质量。财务管理有较强的实践性，案例教学法是能够将理论与实际有机结合的途径。通过案例教学，能够培养学生将知识运用到职场中的能力，提高学生分析问题和解决问题的能力以及学习积极性。[5] 但多数学校的案例教学效果不佳，是由于财务管理的知识体系涉及领域广泛，单凭一两个任课教师来选取有效案例并实施有效的案例教学的难度大。为了保障案例教学的质量，可以组建案例教学队伍，由管理学、会计学、财务管理学的任课老师，以及校外业界专业人士组成。案例教学队伍通过选取合理的，贴近生活的案例或者编排有教学意义的案例，为案例教学打牢基础；在案例教学实施过程中，案例教学队伍全程把控案例教学进度，突出案例教学在财务管理课程中的意义。第二加强财会学子的职业道德建设。在现实中，挪用公款、财务造假、会计舞弊等丑闻屡见不鲜，企业财务信息失真会损害相关利益者群体的利益，是经济社会发展的阻碍。在授课过程中教师应当强化诚信教育和财务伦理思想，用大量的正面和反面的实例警示和告诫学生。让学生意识到作为财务人员，不仅要有强大的知识背景和技巧，更要具备较高的职业道德水平；要让学生在学

习的过程中认识到违背法律和道德准则的后果。在授课过程中潜移默化地将正确的价值观和义利观传授给学生，给学生塑造良好的职业道德意识。第三采用合理考核方式。转变以往“轻过程，重结果”的考核方式。增加对平时成绩的考核力度。将学生平时考勤、平时作业、平时小测、课堂发言、课堂互动、小组作业等表现都用成绩量化。将学习过程的考核和考试成绩放在平等的地位可以调动学生的学习积极性，能够有效压制学生为了通过期末考试进行突击性复习的想法。

（二）加强教师队伍建设，提高教师业务水平和实践能力

独立院校应当大力培养“双师型”教师队伍。由于财务管理的综合性较强，知识面涉及管理学、会计学、金融学、税法、经济法等相关学科，因此课程对教师本身的知识储备量有较高的要求。学校应鼓励任课教师积极担任其他相关学科的教学任务，可以促进教师对相关学科知识体系的融会贯通。因为财务管理具有灵活性，每年的财税政策不断更新。学校应鼓励任课教师通过学习每年的财会类专业技术职称考试，例如初级会计、中级会计、税务师等考试内容来更新自己的知识点。除此之外，教师应该不断通过社会实践来提升自己的专业素质与能力。[6] 教师在实践过程中能够收集到鲜活的案例素材，丰富自己的教学内容和开拓自己的教学思维从而提升自己的教学质量。学校也应该利用资源尽可能地为教师搭建继续学习和培养教师实践能力的平台，使教师更好地服务于课堂。[7] 除了提升学校自有教师的综合能力之外，学校应定期邀请校外业界的专业人士进入校园。以开讲座的方式和学生进行交流，让学生对其未来的职业有积极的想法和憧憬。学校也可以适当对校外财会领域的高层次人才抛出橄榄枝，邀请他们加入教师队伍，为财务管理课程建设加入新鲜血液。

（三）强调理论与实践并重，激发学生学习潜能，发挥学生主体作用

独立院校的学生基础知识较为薄弱，虽然财务管理课程有较强的实践性，但是也不能采用“轻理论，重实践”的教学方式。[8] 教师需要运用多样化的教学手段，激发学生自主学习的动力。首先教师对基础薄弱的学生

要有足够的耐心，需要在课堂上传授一些学习技巧和有效的复习方法，打消学生的畏难心理和增强学生的自信心。其次教师要通过课堂互动和课下交流等方式关注学生的学习进度和对知识的掌握程度，以便更好地安排教学内容。教师也需要利用财务软件等实训软件，情景模拟，案例讨论等教学手段，加固学生的理论知识学习，培养学生的职业敏感度。案例教学法对教师和学生的要求较高，但该案例教学法可以给学生施压。有质量的案例教学可以培养学生查找资料，团队协作和语言表达等综合能力，既能激发学习潜能，也能发挥学生在学习中的主体作用。

六、结　语

独立院校的财务管理课程中存在许多不足之处。由于考虑到财务管理具有较强的实践性，许多学校采取缩减理论课时增加实训课时的教育模式导致理论教学受阻。对于本身基础薄弱的学生来说，“重实践，轻理论”的教育方式会导致学生不能理解和掌握理论知识，给教师的教学工作增加难度。因此，独立院校需要考虑自身的独特性，不能一味跟风去制定“去理论化”的教学模式，而是要在探索财务管理课程的教学效模式中找到一条平衡理论性和实践性的有效途径。

顺应社会经济的发展需求，为社会培养复合型、创新型和应用型人才一直是独立院校的办学目标。本文深入探讨高校财务管理课程教学与学习的改进方式，从教学内容、考核手段、师资力量和学生特征出发，笔者针对以上方面存在的问题提出了一些教学改进的建议。比如建设案例教学队伍来保障案例教学的有效实施；在课程中重点关注学生的思想政治教育，为学生树立健康的职业道德标准；增加对学习过程的考核比例，改善“重结果，轻过程”的考核方式，激发学生自主学习的积极性；优化教师队伍结构，大力建设“双师型”教师队伍，培养具有实战经验的教师，能够为学生带来更为生动的课堂。

参考文献

[1] 董亚. 独立院校应用型人才培养模式研究 [D]. 长安大学, 2015.

[2] 高红玫. 基于加强会计职业判断能力培养的中级财务会计教学思考 [J]. 赤峰学院学报 (自然科学版), 2015, 31 (05): 249-250.

[3] 耿刘利, 王琦, 陈若旸. 高校财务管理专业课程思政教学改革的思考 [J]. 西南石油大学学报 (社会科学版), 2019, 21 (02): 65-71.

[4] 冯文龙, 胡世强, 王黎, 杨平. 财务管理案例教学新模式探讨 [J]. 教育与教学研究, 2012, 26 (05): 83-85.

[5] 张秋实.《财务管理》"案例+启发"教学模式探索——基于应用型独立院校人才培养目标 [J]. 中国乡镇企业会计, 2018 (11): 291-292.

[6] 赵晓葵. 增强应用型高校《财务管理》课程教学实效性的思考 [J]. 青海师范大学学报 (自然科学版), 2017, 33 (01): 79-83.

[7] 施赟. 民办高校财务管理课程教学方法的创新 [J]. 文学教育 (中), 2010 (08): 37-38.

[8] 陈垚睿. 新形势下本科高校《财务管理》课程教学改革研究 [J]. 财会学习, 2020 (34): 163-164.

大学生职业理想现状调查与分析

——以贵阳人文科技学院为例

张皓云*

（贵阳人文科技学院，贵州贵阳　550025）

摘　要：职业理想是个人理想的重要组成部分，大学生能否树立正确的职业理想，对择业、对未来的职业生涯及人生发展有着重要的意义。通过对75名英语专业大学生进行问卷调查与访谈，发现由于专业的特殊性，九成以上的学生有从事教师行业的意愿。新形势下，需加强大学生职业生涯规划与就业指导等课程教育和讲座，引导学生根据个人的特点，结合专业所长，树立科学择业观，增强就业能力，促进充分就业；鼓励大学生到基层就业创业，积极参加如特岗教师、西部计划、大学生村官等基层项目，促进乡村人才振兴，助力乡村发展。

关键词：大学生；职业理想；调查分析

---

*［作者简介］张皓云（1985—），女，穿青人，贵阳人文科技学院副教授、硕士。主要研究方向：社会学。

一、前　言

“就业是最大的民生”，就业作为“六稳”“六保”之首，做好就业工作是实现“六稳”“六保”的关键。根据2021届全国普通高校毕业生就业创业工作网络视频会议的数据，2021年高校毕业生总规模预计909万人，比2020年增加了35万人，毕业生人数再创历年新高，高校就业创业工作面临复杂严峻的形势。因此，在新形势下，大学生职业生涯规划与就业指导作为高校就业工作的重要组成部分，对引导大学生树立正确的职业理想及择业观，制定正确合理的职业生涯规划，增强就业能力，促进大学生充分就业具有重要作用。

前期的调查数据显示，两至三成的大学生不了解职业生涯规划，六成的大学生有点了解职业生涯规划，仅有一成左右的大学生了解职业生涯规划；一成的大学生“没有规划，走一步算一步”，近四成的大学生“想有规划，但不知道如何规划”，近四成的大学生“眼前有规划，但不太明确”，一成的大学生“有1-3年的职业规划”，1.4%的大学生“有5年以上的职业规划”。可以看到，仅有少量大学生对未来职业发展有清晰、明确的规划，大多数大学生对未来职业发展规划不清晰、不明确。

大学生职业生涯规划与就业指导在高校开展的形式多样，各高校主要采取线上线下、教学与实践相结合的方式，运用课堂讲授、课堂讨论、社会实践、案例分析等方法，旨在提高大学生的职业素质和就业能力，为就业创业做准备。在内容方面，职业理想一定程度体现了个人价值观，是个人理想的重要组成部分。大学生能否树立正确的职业理想，对择业、对未来的职业生涯及人生发展有着重要的意义。因此，了解大学生的职业理想及原因，对高校开展职业生涯规划与就业指导、改革教学方式方法内容有着重要的作用。

二、调查与方法

为了解大学生的职业理想现状及原因，2021年3—4月在贵州民族大学人文科技学院开展了调查，结合专业特点，选择英语专业大学生，采用问卷调查与访谈的方式，收集了与研究主题相关的信息。其中，调查对象共74人，女生67人，占比90.54%，男生7人；九成以上为省内生源。内容上设计了理想职业、选择的原因、最重要的职业价值观等板块，包括三个最想从事的理想职业、对职业的期待（如工作时间、薪酬待遇、工作地域）、职业发展、晋升空间、自身具备的条件等指标和内容。试图以此呈现大学生的职业理想状况。对研究主题相关指标及内容进行了分析，并在上述基础上进行归纳与提炼。

三、大学生职业理想现状与分析

大学生职业理想状况是怎样的？影响大学生的职业理想因素有哪些？是否有学科专业有关系？等等，本文试图通过调研的结果来了解和分析这些问题。

（一）大学生职业理想现状

1. 大学生职业理想

大学生的职业理想是什么样的？在回答："你最想从事的三个职业理想"问题时，调查与访谈结果显示：英语专业九成以上的学生把教师作为首选的理想职业，根据不同的分类标准，教师也有不同的分类，有小学教师、中学教师、大学教师、特岗教师、普通教师等，学生们职业理想主要集中在中学与小学教师。其次为公务员、翻译。职业如导游、独立摄影师、心理咨询师、保险销售、律师、账务、会计、厨师、理发师等也成为学生的选择。少量学生的理想是自主创业，如开超市、咖啡馆、蛋糕烘焙店、奶茶店等。

2. 大学生职业理想影响因素

影响大学生的职业理想因素有哪些？在学生看来，选择职业理想受到个人喜好、价值观、专业对口、稳定性、福利待遇、社会地位、工作地域、晋升空间等因素的影响，在回答"为什么会选择"时，选择教师是受如下因素影响：工作稳定、有寒暑假期、专业对口、待遇不错、可以照顾家庭等；选择公务员是因为工作稳定、社会地位高、薪酬待遇有保障、家人的期望、能够实现人生价值等原因；职业如翻译、导游、会计、心理咨询师等大多是由于个人兴趣爱好，实现个人价值方面的原因。

3. 职业理想与学科专业相关度

是否与学科专业有关？调查的结果显示：九成以上的学生职业理想与专业有关。职业理想选择教师的基本上是英语教师，选择翻译的包括英语在线或同声翻译，导游等也是与专业相关，三类加起来占九成以上。而与学科专业不相关的则是根据个人兴趣爱好，且大多作为第二、第三职业理想。

（二）大学生职业理想分析

从调查的结果来看，关于大学生职业理想，可以归纳为如下：职业理想与学科专业相关度高；工作稳定是决定性因素、职业理想呈现鲜明个性。

1. 专业相关度高

调研结果显示，英语专业九成以上的学生把教师作为首选的理想职业，但从该校近三年申请教师资格证的数据来看，其他专业如市场营销、土木工程申请并取得教师资格证的人数少，个别专业甚至没有。翻译、导游也是以所学专业为基础，专业对口占了很大的比例。数据显示，大学生职业理想与学科专业相关度高。而大学生毕业后能从事专业相关的工作吗？是否可以通过努力实现自己的职业理想？

我们可以从相关数据来进行分析，从而进行预测。毕业生工作与专业相关度的比例如何？从贵州省教育厅发布的《贵州省 2020 届高校毕业生就业质量年度报告》可以看到，2017—2020 年毕业生工作与专业相关度总体呈下降趋势，如下表所示：

2017—2020 届高校本科毕业生专业对口度变化趋势[1]

	2017 届	2018 届	2019 届	2020 届
本科	83. 44%	81. 32%	79. 30%	72. 07%

总体表明，毕业生工作与专业相关度虽呈下降趋势，但七成以上的专业相关度让大学生看到，在未来大学生通过努力，大部分可以实现自己的职业理想。

2. 工作稳定是决定性因素

调查资料显示，如公务员、事业单位依然是大学生的理想去处，可以看到，工作稳定是职业理想的决定性因素。在学生看来，工作稳定意味着岗位稳定，不会有大的人事变动，工资收入稳定，也有一定的社会地位。这样有着稳定的经济来源和社交圈，对于社会环境的变化，有一定抵抗风险的能力。因此，无论是出于自身生存发展的考虑还是家人的期望，工作稳定是大学生职业理想的决定性因素。

工作稳定真的稳定吗？随着经济社会的飞速发展，职业变迁的速度也越来越快，一些大家熟悉的职业需求在减少甚至消失，同时，又有大量的新职业涌出。稳定的工作并不一定稳定！在今天，机会与风险并存，需要接受职业不断更替的现状。事实上，追求稳定的工作并没有错，真正的危险是稳定的思维，不接受新事物、不坚持学习、不提高自己，追求“一劳永逸”。真正稳定的是内在的稳定，是一个人的能力和竞争力。

3. 职业理想呈现鲜明个性

大学生的职业理想，呈现出他们鲜明的个性。从收集到的调查资料可以看到，大学生有主见有想法，遵从自己的喜好与兴趣，追求独立；对未来充满期待；家庭是其动力的来源；思维灵活，易接受新事物；重视稳定、生活质量；有实现个人价值的目标，当然也存在不足，如期望高、理想化等。总的来说，大学生具有发展潜力，需正确引导。

四、结　语

职业理想作为一种可以通过自己努力实现的奋斗目标，是人们努力和实现职业愿望的精神支柱和力量源泉。树立正确的职业理想，对于大学生进行职业规划和能力准备、顺利就业有着重要的意义。为促进大学生高质量的就业，新形势下，高校需加强大学生职业生涯规划与就业指导等课程建设，多形式开展教育，引导学生根据个人的特点，结合专业特长，树立科学择业观，增强就业能力，促进充分就业；同时，在全面推进乡村振兴背景下，鼓励大学生到基层就业创业，积极参加如特岗教师、西部计划、大学生村官等基层项目，促进乡村人才振兴，助力乡村发展。

1. 确立职业理想，制定职业生涯规划

《礼记·中庸》有言："凡事预则立，不预则废。"大学生需根据个人特点，结合专业特长，制定明确合适的职业生涯规划。大学生能否树立正确的职业理想，对择业、对未来的职业生涯及人生发展有着重要的意义。科学的职业理想应建立在符合社会发展需要和个人发展需要的基础上的。在确立的过程应该考虑是否符合社会发展需要、是否正确处理个人利益与社会需要的关系、是否人与职业合理匹配等。

面对越来越严峻复杂的就业形势，高校需加强通过大学生职业生涯规划与就业指导、创新创业教育等课程建设，引导和帮助大学生充分意识到职业理想的确立及职业生涯规划对于人生发展、实现人生价值的重要性，更应全面地了解和认识自己，并进行深入的分析，尽早确立职业理想，制定出合适的职业生涯规划，通过有计划的行动，努力提高就业能力，提前做好就业准备。同时，大学生应具备充足的专业理论知识、较高的专业素质及能力水平，还要有丰富的实践经验。除此之外，还要有健康的身体素质、良好的心理素质、积极学习能力和社会适应能力。

2. 专业设置合理，加强就业创业指导

调研结果显示，大学生职业理想与学科专业相关度高。专业设置合理是高校符合市场社会需求的必然要求，因此，高校应以提高人才培养质量为核心，以社会需求、市场需求为导向，进行合理的专业设置，明确人才培养定位，加强学科专业、师资队伍建设，创新教育教学模式。

高校应加强就业政策宣传，鼓励大学生到基层就业创业，积极参加如西部计划、特岗教师、大学生村官等基层项目，促进大学更充分的就业，促进乡村人才振兴，助力乡村发展；鼓励和支持更多毕业生自主创业。如对于英语专业的学生来说，特岗教师、大学生村官是不错的选择。一方面，教师、公务员是大部分英语专业学生的职业理想，如能从事特岗教师、大学生村官、基层社工等岗位，对于他们实现职业理想、实现自己的价值及未来的发展具有重要的促进作用。另一方面，“乡村振兴，人才是关键”。乡村振兴和发展需要有各类人才的支持。特岗教师、大学生村官等政策的实施，对促进大学生就业，提高农村人才队伍的整体素质，促进乡村人才振兴，助力乡村发展具有重要的意义。

参考文献

[1] 贵州省2020届高校毕业生就业质量年度报告［EB/OL］，贵州省普通高等学校毕业生就业工作办公室，2021-01-21，http://www.gzsjyzx.com/client/article/1431.

基于 CiteSpace 的中国应用型人才研究的可视化分析

张泽雄*

（贵阳人文科技学院，贵州贵阳 550025）

摘　要： 本文借助可视化技术，通过关键词共现、聚类分析等，定量地展示了从应用型人才被提及以来该领域研究的演进。基于该主题年度发文量将该领域中国知网（CNKI）收录的关于“应用型人才”国内研究进行可视化分析。利用 CiteSpace（5.7.R3）对 1998 年至 2021 年 CSSCI 期刊应用型人才的研究论文进行分析，定量地展示应用型人才领域研究演进和研究热点；最后，基于关键词聚类图谱、突现图谱等，对应用型人才研究的未来趋势进行展望。

关键词： 应用型人才；共现分析；聚类分析；可视化分析

---

* 作者简介：张泽雄（1992—），男，汉族，贵阳人文科技学院，研究方向：人力资源管理。

一、引　言

1994 年 7 月 3 日发布的《中国教育改革和发展纲要》（中发〔1993〕3 号）是应用型人才首次被正式文件提及。1998 年 2 月 16 日，国家教育委员会研究制定了《面向二十一世纪深化职业教育教学改革的原则意见》，让应用型人才进入众多研究者的视野。在此后数年中，教育部多次印发的专业考试计划通知等文件中，反复提到对于各专业应用型人才的需求及应用型人才这一新类型有别于学术型人才，政策性文件的发布激发了对于应用型人才研究的热情。

应用型人才到目前为止并没有权威的学术定义，泛指在一定理论基础指导下，具备一定的专业知识和技能，能将理论与实践相结合的人才。[1] 应用型人才概念的提出，是我国科技发展促进社会分工不断细化的结果。[2] 简而言之，应用型人才不仅拥有足够的理论基础，具备专业知识素养能完成一定理论研究，而且能够将理论联系实际，将理论知识转化到实践生产、管理工作中的人才。

然而，当前关于应用型人才的研究回顾主要采用传统的定性方法，作者通过主观的构建研究框架来梳理文献内容，如潘懋元、石慧霞（2009）的《应用型人才培养的历史探源》主观地探索了应用型人才的历史，吴中江、黄成亮（2014）的《应用型人才内涵及应用型本科人才培养》解决了应用型人才“是什么”和“怎么办”两个问题；定量研究相对较少。或仅针对地方高校、独立学院应用型人才培养等领域进行回顾，缺乏对应用型人才研究的全面回顾。

因此，本文利用中国知网（CNKI）计量可视化工具对应用型人才文献进行基础的时空分析，然后基于陈超美 2004 年开发的 CiteSpace 信息可视化软件对 CSSCI 期刊中的应用型人才研究论文进行分析，定量展示应用型人才研究演进与研究热点；绘制关键词共现图谱、关键词聚类图谱、突现词图谱、时间线图谱，预测未来研究趋势，推动应用型人才研究进一步发展。

二、数据获取

本文关注应用型人才研究，样本为国内应用型人才研究文献，因此，其研究结论有利于指导应用型人才培养实践与理论展望。以中国知网（CNKI）数据库为来源，限定类型为论文和综述，检索主题中含有应用型人才的文献，删除非研究型文献后，得到916736篇文献。为保证数据具有一定代表性及权威性，本文选择中国知网（CNKI）数据库中的中文社会科学引文索引（CSSCI）和中文核心期刊文献为主要来源，删除非研究型文献后，CSSCI数据库681篇文献，中文核心期刊数据库获得2628篇文献。为全面分析应用型人才发展历程与研究热点，本文以上述CSSCI期刊681篇文献为来源进行关键词共现分析、聚类分析、突现分析等。

三、我国应用型人才研究文献时空分布

（一）时间分布

以中国知网（CNKI）全部数据库为来源，限定类型为论文和综述，检索主题中含有应用型人才的文献，检索到916736篇文献。通过中国知网（CNKI）计量可视化分析工具对检索数据进行计量分析，绘制出年度发文量分布图（图1）。如图1所示，可分为三个主要阶段：1981年到1992年为第一阶段，呈现出平稳缓慢增长趋势，除1981年和1983年外，其间发文量不超过每年669篇。第二阶段为1992年至2001年，每年平均增加1000篇。第三阶段为2002年至2019年，呈现出快速增长趋势，从8628篇跃升至2019年峰值的80093篇。此后2020年出现一个小幅下降。

CSSCI期刊和中文核心期刊中的应用型人才研究最早在1992年，共计11篇；此后10年除2002年为44篇外，应用型人才研究文献呈平缓趋势，均未超过40篇；2003年到2004年成倍数增长，由40篇到88篇；2005年至2010年的5年间，增长趋势较为迅速，每年平均增加40篇；2011年达

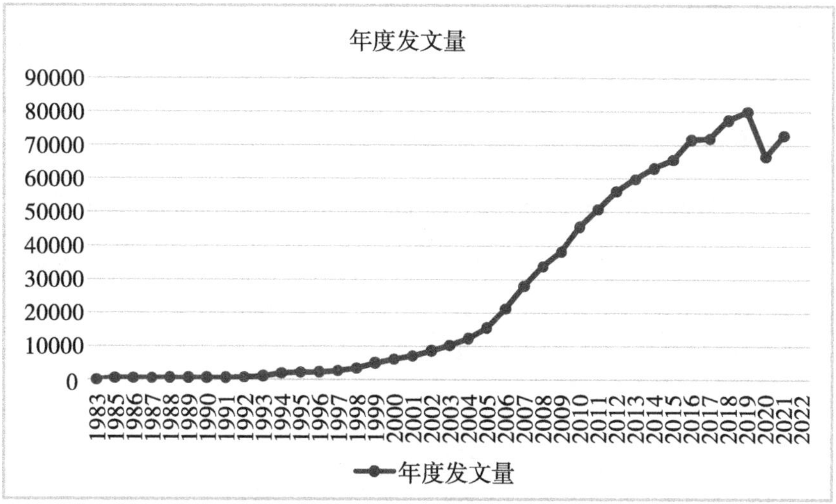

图 1　中国知网（CNKI）年度发文量

注：根据中国知网（CNKI）可视化分析工具结果，本文绘制。

到应用型人才研究峰值，总共 331 篇；除 2014 年增长外，之后 10 年间该研究呈平稳下滑趋势，如图 2 所示。

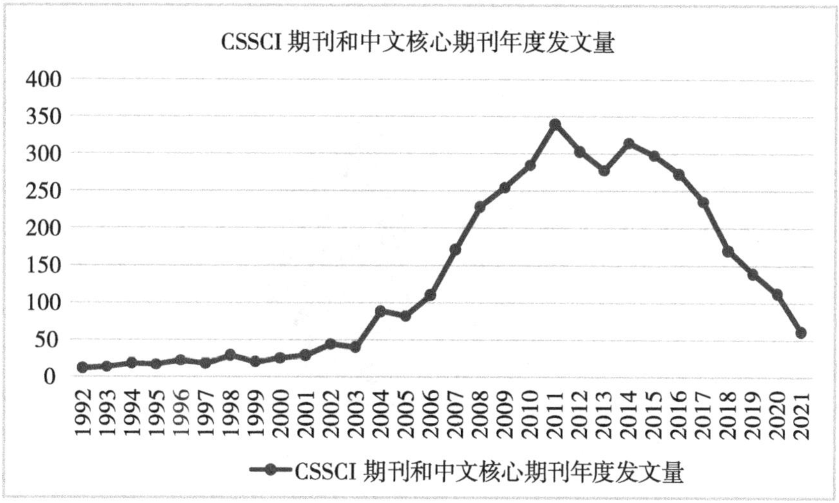

图 2　CSSCI 期刊和中文核心期刊年度发文量

注：根据中国知网（CNKI）可视化分析工具结果，本文绘制。

（二）期刊分布

为保证分析的代表性，期刊分析数据来源为中文核心期刊和 CSSCI 期刊。发表在应用型人才研究主题论文较多的期刊，如表 1 所示。

表 1　中文核心期刊和 CSSCI 期刊应用型人才研究论文发文数量前五的期刊

期刊名称	复合影响因子（2019）	来源类别	发文量
教育与职业	1.21	核心	413
中国成人教育	0.834	核心	316
中国高等教育	1.795	核心	227
实验室研究与探索	1.155	核心	181
职业技术教育	0.999	核心	151
黑龙江高教研究	1.27	核心	127

注：本文绘制。

（三）作者分布

借助中国知网（CNKI）计量可视化分析工具对中文核心期刊和 CSSCI 期刊作者发文分布进行计量分析，如图 3 所示。应用型人才研究且文献在

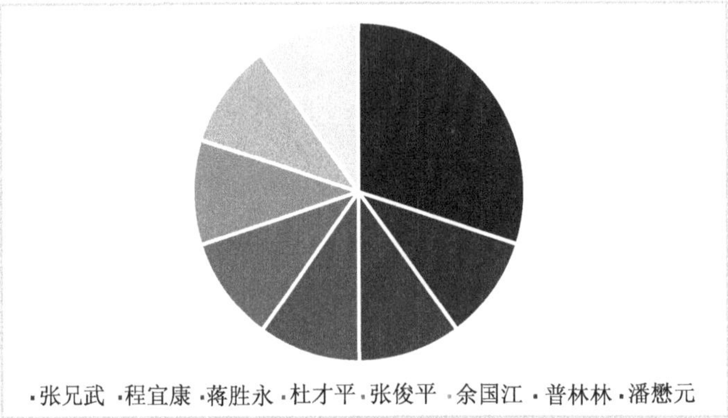

图 3　中文核心期刊和 CSSCI 期刊作者发文量分布

注：根据中国知网（CNKI）可视化分析工具结果，本文绘制。

中文核心期刊发表较多的作者主要包括：张兄武（15 篇）、程宜康（5 篇）、蒋胜永（5 篇）、杜才平（5 篇）、张俊平（5 篇）、余国江（5 篇）、普林林（5 篇）、潘懋元（5 篇）。利用 CiteSpace 分析的作者合作网络发现，各作者之间均不存在相关合作关系。

（四）机构分布

由图 4 可以看出，中文核心期刊和 CSSCI 期刊发文量排名前 10 位的机构中，有北京联合大学、厦门大学、重庆文理学院、常熟理工学院、徐州工程学院、南京工程学院、盐城工学院、攀枝花学院、广州大学、西南大学，分别为 51 篇、34 篇、32 篇、32 篇、26 篇、25 篇、24 篇、24 篇、23 篇、23 篇。

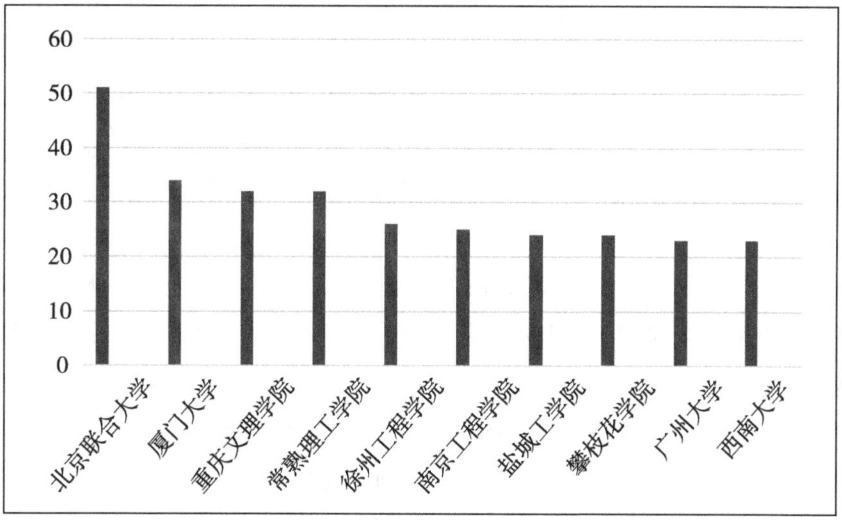

图 4　中文核心期刊和 CSSCI 期刊发文量前 10 位机构

注：根据中国知网（CNKI）可视化分析工具结果，本文绘制。

四、CSSCI 期刊应用型人才研究关键词可视化分析

关键词是一篇文章对主题的高度概括和凝练，而高频关键词或突现词则可以反映该领域的研究热点。

（一）1998—2021 年 CSSCI 期刊应用型人才研究

通过 CiteSpace 软件对 1998 年至 2021 年的 CSSCI 期刊 681 篇文献的关键词进行分析，得到关键词共现分析图谱和关键词聚类分析图谱（图 5），根据二者绘制出高频关键词表（表 2）。结合高频关键词表（表 2）和关键词聚类图（图 5），清楚地发现 1998 年至 2020 年的研究被分为两类。

1. 一般意义上的应用型人才培养研究

“应用型人才”“人才培养”“人才培养模式”“应用型人才培养”等高频关键词反映了中国对应用型人才培养的研究。1998 年国家教育委员会研究制定的《面向二十一世纪深化职业教育教学改革的原则意见》便开始重视具备综合职业能力和全面素质的培养，能够在生产、服务、技术和管理第一线工作的应用型人才。关于应用型人才的研究持续至今，遗憾的是至今为止并没有关于应用型人才的学术性定义。不同的应用型人才定义，出现了许多相应的应用型人才培养研究，但研究者们对应用型人才的核心概念理解基本一致。

2. 不同地区、不同类型高校对于应用型人才的研究

“应用型本科”“高等职业教育”“地方高校”“独立学院”“新建本科学院”“研究生教育”等高频关键词体现了应用型人才的研究，关注不同类型、地区高校培养实践的特殊性。呈现出具有一定针对性的“教学改革”“办学定位”“创新”“教学实践”等高频关键词，表明除一般意义上研究应用型人才具有理论价值之外，在教学实践过程中应用型人才的研究也具有其不可或缺的价值。

表 2 CSSCI 期刊应用型人才研究高频关键词

序号	关键词	中心度	频数	首次出现年份	序号	关键词	中心度	频数	首次出现年份
1	应用型人才	0.51	158	1998	15	技术应用型人才	0.07	14	2002
2	应用型人才培养	0.29	77	2000	16	实践教学体系	0.06	13	2001
3	人才培养模式	0.23	56	2000	17	教学改革	0.01	12	2007
4	人才培养	0.13	51	2003	18	办学定位	0.06	12	2006
5	培养模式	0.05	42	1999	19	本科应用型人才	0.02	11	2004
6	应用型	0.04	29	2005	20	高等职业教育	0.04	11	1998
7	独立学院	0.04	25	2007	21	专业学位	0.01	11	2001
8	应用型本科	0.07	24	2007	22	应用型本科教育	0.03	10	2001
9	人才培养方案	0.13	20	2001	23	培养应用型人才	0.02	10	2000
10	应用型人才培养模式	0.05	20	2004	24	人才培养质量	0.03	9	2004
11	实践教学	0.04	19	1999	25	创新	0.01	9	2001
12	新建本科院校	0.06	17	2003	26	研究生教育	0.01	9	2009
13	高职教育	0.08	17	2001	27	本科教育	0.04	9	2004
14	地方高校	0.04	17	2001	28	应用型本科院校	0.01	9	2005

注：本文绘制。

图 5　CSSCI 期刊应用型人才研究关键词聚类图谱

注：本文绘制。

为了精确地呈现出应用型人才的研究内容，对 17 个聚类（#0 应用型人才培养、#1 人才培养模式、#2 应用型人才、#3 产学结合、#4 创新创业能力、#5 应用型本科院校、#6 应用型、#7 人才培养、#8 办学模式、#10 产学研合作教育、#11 服务区域经济、#12 应用型人才培养模式、#13 高素质应用型人才、#14 双学位、#15 培养目标、#16 应用型本科、#17 本科应用型）进行分析，主要内容集中在以下三个方面：

1. 应用型人才培养的必要性和意义

该聚类主要包括“应用型人才”“应用型人才培养”等关键词，大部分研究者基于高等教育发展的考虑，认为培养应用型人才是必然的选择，不同类型、不同地区、不同层次的院校都应该重视应用能力的培养。从优秀的人才结构上考虑，我国不仅需要学术型、研究型拔尖创新人才，而且也需要培养大量应用型、技术型的优秀人才。[3]

2. 应用型人才培养的高校

该聚类主要包括“应用型本科院校”“本科应用型”“办学模式”等关键词，多数研究者认为将学术研究成果转化为生产实践是科学研究和高等教育的重要意义之一。因此，不同类型高校应该具有不同的培养模式和定位。新建本科院校（指 1998 年以后新成立的普通本科院校）应主要培养应用型人才，可以避免学术理论不如研究型大学和实践能力不如高职院校的两难尴尬境地。[4] 培养应用型人才的高校也应注意到应用型人才的培养存在不少问题与特殊性，培养目标不宜过大，也不能趋同于其他类型高校的培养模式。

3. 应用型人才培养的模式

该聚类主要包括“产学结合”“产学研合作教育”“高素质应用型人才”等关键词，不少研究者都反复认为应用型人才的培养需要或者必须坚持走产学研相融合的道路。如吴中江等（2013）提到应用型本科人才有别于其他类型人才的特征，必须拥有不同的人才培养模式，将应用型人才培养要素结合起来，必须坚持校企合作、坚持产学研合作。

（二）CSSCI 期刊应用型人才研究热点

通过对主题关键词进行突现分析，得到图 6。因为突现关键词太多，根据引用爆发强度仅展示前 30 个关键词，如图 6 所示。应用型人才的研究热度基本可分三个阶段：

1. 1998 年至 2002 年

此阶段应用型人才研究主要热度在高等职业教育，从培养目标到技术应用型人才基本都是指向高等职业教育领域。

2. 2004 年至 2010 年

2004 年至 2010 年 6 年时间，关注点从高等职业教育转移到本科教育，新建本科高校、独立学院、地方本科院校成为研究热点。伴随着本科应用型人才的热度，“人才培养质量”受到了重视，从技术应用型人才逐渐向高素质应用型人才发展。更多热度关注到“教学改革”上，实践和创新成为应用型人才未来研究方向。

3. 2011 年至今

随着国家教育宏观政策的一系列调整，以服务区域经济为培养目标的应用型本科、本科应用型人才、应用型本科高校成为持续性热点，关注度转换到产学结合、产学研合作教育。

Keywords	Strength	Begin	End	1998 - 2021
高等职业教育	5.38	**1998**	2004	
培养应用型人才	3.49	**2000**	2005	
高职教育	6.51	**2001**	2007	
培养目标	2.1	**2001**	2007	
技术应用型人才	7.05	**2002**	2006	
高等职业技术教育	2.5	**2002**	2006	
本科教育	2.16	**2004**	2010	
特色	1.94	**2005**	2009	
办学定位	2.15	**2006**	2008	
工程实践能力	2.01	**2006**	2010	
教学改革	3.61	**2007**	2009	

独立学院	3.25	**2007**	2010	
应用型	3.83	**2008**	2011	
培养方案	2.18	**2008**	2010	
创新能力	2.15	**2008**	2009	
地方本科院校	3.14	**2009**	2011	
实践教学	2.67	**2009**	2010	
创新	2.47	**2009**	2010	
新建本科院校	5.24	**2010**	2013	
实践教学体系	2.89	**2010**	2011	
人才培养质量	2.2	**2010**	2012	
实践	1.95	**2010**	2011	
本科应用型人才	2.64	**2011**	2012	
人才培养	2.49	**2011**	2021	
地方高校	3.76	**2012**	2019	
应用型本科	2.3	**2012**	2014	
课程体系	2	**2012**	2014	
协同培养	2.04	**2013**	2021	
应用型本科高校	3.08	**2015**	2021	
产教融合	5.11	**2019**	2021	

图 6 CSSCI 期刊应用型人才研究前 30 个关键词突现图

注：本文绘制。

由于聚类关键词数量太多，仅列举 8 个共现关键词进行时间线图谱分析。如图 7 所示，应用型人才的培养不论是教学方法、培养体系，还是课程设置、学科专业结构，都一直不断地在强调培养的创新性。而产学结合、产学研合作教学是应用型本科院校关注的重点，也是多数学者坚持的未来发展方向。未来的应用型本科人才的培养热点，持续在人才模式、培养目标，需要重新树立培养目标，打破传统的人才培养模式束缚。

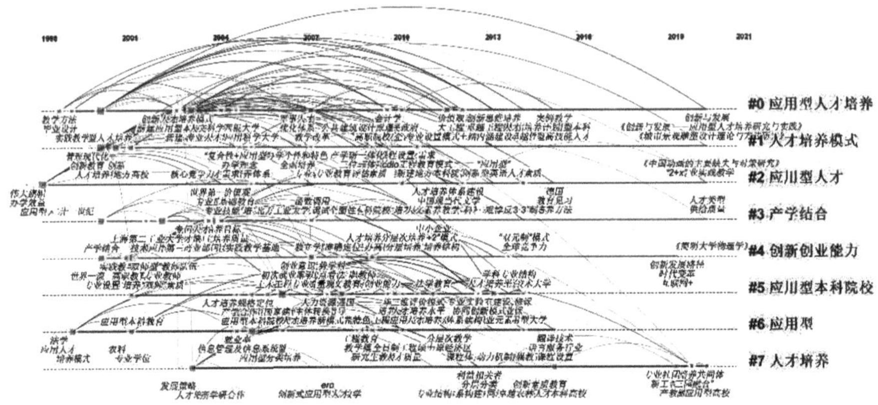

图 7　CSSCI 期刊应用型人才研究时间线图谱

注：本文绘制。

五、研究结论与未来展望

（一）研究结论

通过对文献的梳理，应用型人才研究虽然取得了众多成果，但是该领域并不是高研究热度领域。首先，从每年发文量来看，中国知网（CNKI）收录的全部应用型人才研究在 2019 年高达 80093 篇，但 CSSCI 期刊和中文核心期刊仅收录 44 篇。其次，应用型人才诸多研究表明其区别于学术型人才、技术实践型人才，但少有研究提及如何构建将二者优点融于一身的人才培养模式。最后，因为应用型人才研究覆盖高职高专、本科层次、研究生，相应高校类别复杂、情况特殊，所以该领域研究较为深入的研究者之间缺少合作，仅仅只可以形成自身独特的应用型人才培养，缺乏普遍存在的培养模型探索和全国乃至全球的推广性。

我国应用型人才的研究从 1998 年开始受到一定关注，主要的三个阶段都是围绕着国家教育政策的变化而形成的。第一个阶段源于国家提倡培养能够完成第一线管理、生产、服务和技术工作的应用型人才；第二阶段的研究主要围绕着新建本科院校、独立学院等高校的出现；第三个阶段随着独立学院转设、应用型本科的出现，一直在着力研究应用型人才培养质量和培养目标。

通过高频关键词表（表 2）和关键词聚类图谱（图 5）展示了我国应用型人才研究关注的核心热点。其亘古不变的是对于应用型人才培养模式的持续性探索，从不同类型、不同层次的高校到不同专业学科、不同地区，应用型人才的培养研究覆盖应用型人才需要具备的相关要素，即具有本科教育基本理论知识和满足行业或职业制定的人才标准。同时，关键词突现图（图 6）和时间线图谱（图 7）表明，在国家教育改革的大背景下，应用型人才研究近年来关注的重点话题基本趋于一致，坚持产学研合作教育的培养模式，被多数研究者认为是不可放弃的道路。该领域研究与时俱进的特点，反映了未来应用型本科教育的培养目标和质量关注度不会大幅下降。

（二）未来展望

基于关键词可视化分析（图 5、图 6、图 7），为了拓宽和深化应用型人才研究，未来研究可能聚焦在应用型人才的培养模式之上，应用型人才的研究可能需要从应用实践的探索来带动学术思想的创新。通过前文对于应用型人才研究的分析，关于应用型人才培养模式的研究数量最多，说明随着我国经济快速发展和时代的变迁，产业和人才结构不断优化的形势之下，单一的学术型人才已经无法满足当前社会经济发展的需要，而具备一定理论知识和专业技术技能的复合应用型人才能填补多元化的社会人才需求。未来对于应用型人才的社会需求与期望和当前应用型人才培养存在不平衡的关系，需求数量多，但当前培养模式无法满足大规模高质量的应用型人才输送。

根据前文可视化分析，未来急需完善或探索出应用型人才培养的独特模式和有效路径。通过 17 个聚类进行分析，发现现有培养应用型人才的高校并未寻找到适合自己的特色培养模式，或是已有特色培养模式却不具备推广和复制性。应用型人才的培养在未来需适应经济发展的新常态，主动融入区域经济的发展，服务地方经济，帮助地方产业转型和创新发展，促进乡村人才振兴。高校应用型人才培养聚焦区域经济发展，区域经济反哺培养应用型人才的高校，二者形成良性循环，让区域经济扩大辐射圈，让应用型人才高校得以生存。特别关注点可能在西部全面脱贫之后的乡村振兴地区和需要完成独立学院“转设”工作的民办本科院校。

打破传统人才培养模式，探索有别于重点高校学术培养和专科职业教育的全新培养模式。通过共现关键词进行时间线图谱分析（图 7），应用型人才的培养一直不断地在强调培养的创新性，都在探索适应当前时代背景和青年特色的培养模式，包括但不局限于教学方法、培养体系、课程设置、学科专业结构。虽然应用型人才的研究在学术思想上很难创新，但是应用型人才的培养在许多方面都具有实践性价值和意义，培养应用型人才的高校都致力于人才培养理论与实践的探索，积极参与到应用型人才培养模式的创新中来，例如南湖科技学院的“学业、产业、就业、创业相互贯通”的人才培养模式[5] 等。殊途同归，不同的培养模式都指向产学研合作的道路。深化产学研合作道路可尝试调整常规性教学思路，“2+2”“3+1”培养模式皆是先教学再实践，未来合作成熟之后可以探索边教学边实践或先实践再教学模式，发挥应用型人才主观能动性，带着“问题”去学习，明确自我的学习目标与任务。[6] 同时，深入调查研究区域经济发展的需求，打破传统封闭培养模式，可对接企业订单式培养，也可对接区域行业缺少的人才培养。应用型人才目前没有统一的定义，就预示着应用型人才的培养未来有希望打破传统学术研究型、技术实践型人才的培养模式，让应用型人才流动于高校、企业、政府等各主体之间。如今，全国独立学院都面临“转设”的问题，探索出一条适合应用型人才培养模式，能促进各“转设”之后以培养应用型人才为主的院校发展。常规性有效路径包括以下三个方面：

第一，明确应用型人才培养目标。应用型人才培养目标一直是研究者关注的重点，随着国家人口红利的逐渐消失，社会对于人力资源的需求在不断提高，对应用型人才的研究应该跟随着国家宏观人力资源的变化。如今，人口红利的消失伴随着未来适龄劳动人口的减少，应用型人才需要充当一线管理者和技术生产者等多重角色，应当具备本科层次人才最基本的“发现问题、分析问题、解决问题”能力，以及“能实践、会操作”的综合能力。无论对高校还是政府、企业都带来了机遇和挑战，明确应用型人才培养目标成为未来重点关注的方向。应用型人才既然拥有自己的专属名称，在未来便可积极探索其独特的培养目标，即脱离成熟的学术研究型、技术实践型人才。吸取二者之长处，重学术、理论，也关注实践、操作，但不复制他们的培养方式方法。以市场需求为导向，服务区域经济为目的，以自身条件为根基，明确具有特色的应用型人才培养目标。培养目标的明确，可为打破传统人才培养模式，改革教学方法体系，提高培养质量指明方向。

第二，改革应用型人才教学方法体系。当打破传统人才培养模式，就意味着教学方法和体系也应随着改变。非严格意义上来看，进行应用型人才培养的高校，大多数属于地方高校、新建本科高校、独立学院等。此类院校存在一个普遍的生源特点，即大部分学生高考成绩并不是十分理想。说明此类学生不适应中国传统应试教育，所以应用型人才的教学方法体系，既不能效仿学术、综合型大学，也不适合模仿高职高专院校。探索弹性学制、跨专业培养、双学位等制度，是未来提高应用型人才素质的选择。依托创新创业、就业指导等相关学院或部门，成立特色小班式教学，以公务员、企业职员、自主创业、自由工作者等职业能力培养为目标，汇聚不同专业、相同地区成员，围绕当地发展问题，进行团队合作式学习与实践，发挥各自专业特长，形成知识流动与互补。

第三，提高应用型人才培养质量和社会认可度。应用型人才培养质量和社会认可度成正比关系，二者相辅相成。应用型人才研究注定离不开

“培养质量”这个核心话题，而社会认可度的提升也能为培养应用型人才的院校提供强有力的信心。重塑应用型本科人才评价体制，提倡多样化评价方法、多元化评价主体。课程考核成绩分段评价，采用笔试、辩论、论文、演讲等多段多样评价，形成以能力评价为主、知识评价为辅，注重“学习过程”的改革。打破传统专业实习、毕业实习限制，将实习环节贯穿应用型人才培养的各个阶段，通过相关专业学科竞赛、校内活动或课程实践、校内外勤工俭学等实践，让应用型人才在培养过程中参与或观摩工作实践中，逐步发现自身问题，提高自身就业能力。提高应用型人才综合素质，以就业率和就业质量为主，收集用人单位的人才评价反馈为辅，用市场的检验来提高社会对应用型人才的认可度。

关键词突现图（图 6）和时间线图谱（图 7）表明，在国家教育改革的大背景下，应用型人才研究关注的重点话题可能出现在应用型人才培养的对象方面，即未来的大学生群体，也是具备时代特征的新生代。对于当前中国来说，作为互联网原住民的 90、00 年代新生代员工，他们的价值观念正在发生巨大变化，与 60、70 年代相比更具鲜明特征，尤其是就业观。工作即生活的态度，看重生活的品质与自身感受，不惧怕对未知的冒险，折射出当代青年新就业形态，以能力培养为主，以知识传授为辅的新型应用型人才培养模式，更能满足青年一代的灵活就业。将兴趣爱好与谋生手段相融合的众多新兴职业，也不再适应传统单一的学术知识传授方式，这些新兴职业或自由职业都需要更为广阔的知识覆盖面和竞争能力，而单一的专业课程理论学习无法满足未来青年对于自己职业的选择。

世界科技革命，发展模式转型，中国面临百年未有之变局，一个充满不确定也满怀希望的世界对于人才的需求将是一专多能者。探索应用型人才的培养，可以考虑打破专业壁垒或重塑专业体系、课程设置，以核心专业培养为主，辅修兴趣专业课程或区域特色课程；可对接新兴职业或自由职业，也可对接区域经济、乡村振兴的需求人才，补齐中国发展之人才短板，完善我国人才结构，聚焦民办高等教育发展。以应用型人才研究带动未来高等民办院校、地方院校发展，助力“十四五”规划，全面塑造发展新优势。为研究型大学培养的基础研究人才提供辅助性复合应用型人才，为企业技能创新能力提供支持性复合应用型人才，为战略性新兴产业提供基层复合应用型人才。

参考文献

[1] 潘懋元，石慧霞. 应用型人才培养的历史探源 [J]. 江苏高教，2009（01）：7-10.

[2] 吴中江，黄成亮. 应用型人才内涵及应用型本科人才培养 [J]. 高等工程教育研究，2014（02）：66-70.

[3] 关仲和. 关于应用型人才培养模式的思考 [J]. 中国大学教学，2010（06）：7-11.

[4] 宋克慧，田圣会，彭庆文. 应用型人才的知识、能力、素质结构及其培养 [J]. 高等教育研究，2012（07）：94-98.

[5] 管天球. 地方高校本科应用型人才培养模式研究与实践 [J]. 中国高等教育，2008（Z3）：69-70.

[6] 徐同文，陈艳. 英国大学应用型人才培养机制探析及启示 [J]. 高等工程教育研究，2013（04）：111-115.

论我国萌文化的网络传播现象

章　园*

（贵阳人文科技学院，贵州贵阳　550025）

摘　要：每一次媒介技术的变革都会掀起一场新文化常态的转变，网络技术的发展也在不断地推动新现象的传播，自从互联网上盛行“萌”系后，“萌文化”也成为时下最热的网络文化现象，虽然萌文化在我国流行甚早，但在创新和发展上存在不少问题，本文试图从萌文化的传播现象、受众心理特点和萌文化当下存在的问题对萌文化的发展提出一些建议，已达到更好传播萌文化发展的目的。

关键词：互联网时代；萌文化；新媒体；传播媒介

一、萌文化的概述

（一）萌词的来源

最早的“萌”可以追溯到日本的平安时代，与佛教一同经由朝鲜半岛

---

* 作者简介：章园（1994—）女，汉族，贵阳人文科技学院教师，研究方向：电影产业。

的百济国传入，藤原定家编撰的《新敕撰和歌集》书中描写道[1]“雪の下草下にのみ萌え出づる恋を知る人ぞなき”，句中的“萌”形容了一种从心底萌生的感情和思念。这里的“萌”也是最早开始接近萌文化中“萌”的语义。到了1980年以后受日本动漫产业的影响御宅文化盛行，“萌え”一词出现，人们通常用来形容从心底流露出对动漫人物喜爱的情感。21世纪日本动漫爱好者将此作为了流行语，随后“萌文化”不仅成为一种集体性的文化现象，同时也成为整个日本最流行的文化之一。

（二）我国萌文化的发展

“萌”其实在中国也流行甚早，早在《礼记》中就记载“萌”具有隐喻事物刚显露头角的含义[2]，也有寓意草木发芽趋势。2006年“萌文化”在日本动漫产业与宅御文化的推动下随之传入中国视野。日本推出二次元文化衫后中国迅速火热起来，随着“萌文化”的发展2007年我国通过互联网选秀举行了第一届萌女郎大赛。2009年“萌文化”不仅只是关注动漫的年轻人知晓，国内新闻也频频出现，诸如《都市女性兴起萌文化：47岁辣妈像少女》[3]等新闻标题出现，2010年“萌文化”一词揭开了整个网络文化现象，“卖萌”“萌呆了”“盟主”等词开始传播开来，2014年豆瓣网发文提道：“今天出门没吃药，感觉自己萌萌哒”，一时间“萌萌哒”“萌哒哒”成为当下扮可爱、前卫流行的专有名词。目前，萌文化在我国不仅再是作为网络流行语来使用，而是随着越来越多的电视、电脑、手机的发展，加之影视作品、综艺节目的特效“萌文化”的市场逐渐被越来越多的大众接受和认可。

（三）我国萌文化的兴起原因

追溯我国萌文化的发展原因，就得回归到日本动漫产业“以小为美”的审美情趣上来，由于日本属于物稀人广的环境，人们比较倾向于“微型”事物的审美理念。[4] 1945年后经济恢复中的日本，物质生活的变化也逐渐带来了精神消遣的需求，这时的日本人渴望从战后的失落中寻求娱乐。闻名于世界的ACG产业便在这样的背景下发展起来。[①]。也是在这个时期风靡至今的卡通萌物HELLO KITTY诞生，这样的一个卡通萌物意外的获得消费者的热爱和支持，日本乃至世界对其的喜爱超乎想象。随着20世纪80年代末日本经济开始下滑，就业危机迫在眉睫，老龄化等社会问题催生出日本御宅文化，御宅文化的背后滋生出青年一代的个性展示，为当代青年提供了很好个性化的表达方式，通过网络传播进行互动展现不同的风格。其次，在快速的生活节奏下满足了人们的精神娱乐需求。另外，新媒体的快速发展使得“萌文化”的出现和传播成为可能，网络热词的出现在短时间传播过程内为“萌文化”的内容形式得以扩充。新媒体的虚拟性和无限性也为“萌文化”的发展提供了空间。20世纪90年代初随着《樱桃小丸子》《火隐忍者》《海贼王》等动漫作品的引入使日本动漫产品在中国形成了一定的受众圈，带来了不少的粉丝群，当“萌文化”在日本成为流行词汇时，萌文化现象也正式迈入了中国的大门，并获得了绝大部分动漫迷的认可和频繁使用。

（四）我国萌文化的特征表现

1. 萌文化的广泛性

萌文化产生后，“萌”系所涉及的范围十分广泛，它涵盖了所有年龄层的虚拟影像，日本动漫作品《海贼王》的粉丝可以是小到三四岁的孩童，也有大到七十岁的老年人，从“萌”的形式上而言，既有呆萌，也有蠢萌，经济效应上萌涉及的不仅有电影电视传播，也有像毛绒玩具、卡通头饰、电子产品等形式出现，从传播媒介来看，既有传统报纸、杂志等平台宣传，也有微博、微信、网络视频、App等传播形式出现。“萌文化”似乎已经和社会方方面面密切联系。

2. 萌文化的草根性

从符号意义需求来看，当下社会文化无非是高雅文化与通俗文化之别，而“萌文化”正是供市场消费的快餐文化，与高雅文化相比“萌文

---

① 王申．御宅现象研究［D］．河北大学，2009.

化”更容易在普通人群中传播，受众也能通过简单的方式接受，在此过程中也能获得较为广泛的消费人群。

3. 萌文化的真实性

动漫人物通常以“萌”形象展现，大眼萌脸总给人一种天真无邪的想象，宫崎骏设计《千与千寻》的形象时，也说过想让大家有最天真的感觉，“萌文化”不仅是人们内心深处所追求的纯真，也是对童年那份天性的再次向往。

二、我国媒介发展下萌文化的传播现状

（一）传统媒体中萌文化传播形式

互联网的快速发展，促使新媒体在不断地变革与更新，传统媒体与新媒体也在相互融合与发展，21 世纪后“萌文化”进入公众视野，随着网络传播越来越深入融入人们的生活，而萌系词汇也越来越广受人们关注。报纸杂志也常常利用“萌语言”引起读者兴趣，网易新闻报纸 2016 年以《中国有哪些值得骄傲之处？这个妹子回答好萌》[5] 主要讲述外国人眼中的中国其实很可爱。《新华侨报》也以《在日华人谈日本政界萌现象》提到日本动漫产业的发达，就连我们《人民日报》也推出了关于四川新农村建设的报道，标题为《四川：四好村 棒棒哒》。可以看出，在传统媒体与新媒体融合的今天，“萌语言”的使用直接增加了新闻幽默性和新颖性。[6]

其次，“萌文化”的出现，使得各类“萌元素”横跨各个领域，“萌”逐渐成为一种视觉艺术文化，利用动漫作品中夸张而精致的图像设计吸引很多报纸杂志读者的眼球，主流意识的萌化使“萌漫画”“萌杂志”更具亲和力，堪称萌漫销售第一的《萌领域》版面设计就足够吸引青年人对漫画的喜爱和追捧。近年来，不仅漫画杂志萌系可爱，就连传统杂志也变得呆萌起来，视觉上萌系设计克服了文字与电脑模板的死板化。

（二）广播电视中萌文化传播形式

随着现代传媒的飞速发展，网络媒体、社会化媒体的介入，萌文化也扩散到更多的传媒领域，媒体对萌文化的使用频率也不断高涨，借着萌文化的热度，就连新闻报道也开始卖萌，2014 年第一期的《新闻联播》在结尾部分主持人也像全国观众卖起了萌，观众也直呼连新闻也变得越来越萌了。

近几年萌文化的发展极大地促进了娱乐节目的发展，观众也越来越倾向于“可爱节目”的观看，“萌元素”“萌角色”“萌表情”也被巧妙地运用到其中。2013 年《爸爸去哪儿》开播，连续两季获娱乐节目类收视率第一，16 期节目，总播放量达到了 13.26 亿，相续同类节目《爸爸回来了》《妈妈是超人》《萌主来了》《小手牵小狗》等网络综艺节目也开始火爆起来，这类节目通常以“萌宝宝”为热卖点，既满足了观众的窥视欲，也让受众在观看过程中的心理压力得以释放。通过社交网络平台有关“萌娃”“坑爹”“吓死宝宝了”等热门话题在微博阅读量破亿，具有“萌文化”特色的亲子类综艺节目，在相当程度上也丰富了萌文化的形式和内涵。另外，电视娱乐节目通过“萌”化的后期处理，也使得画风色彩更鲜活、气氛更活跃。

无论是电影还是电视节目，都不难发现对萌角色、萌装扮、萌动作的运用，电影《疯狂动物城》里的 Judy Hopps 和 Nick Wilde 与《捉妖记》中胡巴都是通过电脑技术制作出来的“萌”人物，电影上映一周后剧中萌物火遍全网。其次，影视节目中也常出现嘉宾主持人扮演“小萝莉”的造型，并用嘟嘴、撒娇、笔芯等一些夸张、怪异的动作吸引受众，这样一来不仅满足了影视作品中表达人物情感的需要，也促使影视创作者运用“萌文化”带动其他产业发展的需要。

（三）新媒体视野下萌文化的传播

随着互联网发展，网络传播方式变化多样，新媒介的发展使得“萌文化”的传播方式发生根本转变，最为突出的是由原有的单向性、滞留性逐步转换为了多向性、即时性的传播方式，就如微博的传播，它以其低门槛、草根性、受众广的特点成为萌文化主要传播途径之一，人们可以及时发布有关“萌事件”的话题，同时网友通过热门话题进行互动，在新浪微博里一名叫“超萌漫画”的博主粉丝量就达 46 万，通过手绘简萌漫画深受广大网友的喜爱，粉丝们通过转发评论将其再一次推广。萌文化在微博的推广与传播离不开这些具有萌属性的博主和喜欢萌系的粉丝，这些博主不仅只是原创萌系漫画，同时也会将近期身边最热最火的萌物或萌事和大家分享。

萌文化的发展已不再是在微博、百度的平台推广，同样也覆盖了社交平台的传播，利用微信、QQ、陌陌等交友工具及时传播扩散，作为网络传播的媒介更具即时性、便捷性，短时间内建立大量的用户群，微信表情符号已经成为目前移动终端交流软件的标志物件，既满足了受众传播的需要，模拟人际传播空间，也弥补了文字图片不可有的“动态表情”。甚至有些具有“萌”化的表情包在视觉上是一种享受，还促进了人们情感交流，很好的调节聊天气氛，“萌图片”“萌表情”的出现也随着微信朋友圈的火热，在朋友圈里“散热”起来。

除了微信，市场上也专门为“萌文化”开辟了其他的 App，例如，前段时间的 Faceu 和 8612 等[7] 萌连软件被众多用户下载使用（如图 1、图 2），脸萌团队利用 AI 人脸识别功能制作许多萌系可爱动态头像，并能加入一定的背景表情和文字。虽制作出来的卡通形象比较简单，但是却生动有趣，因此刚上线即成功占领软件市场，上线 5 个月用户高达 4000 万下载量，并且深受广大年轻人的喜爱，借助微信、QQ、微博等平台，又可以再一次同步转发，成功地刮起一阵全民卖萌热潮。

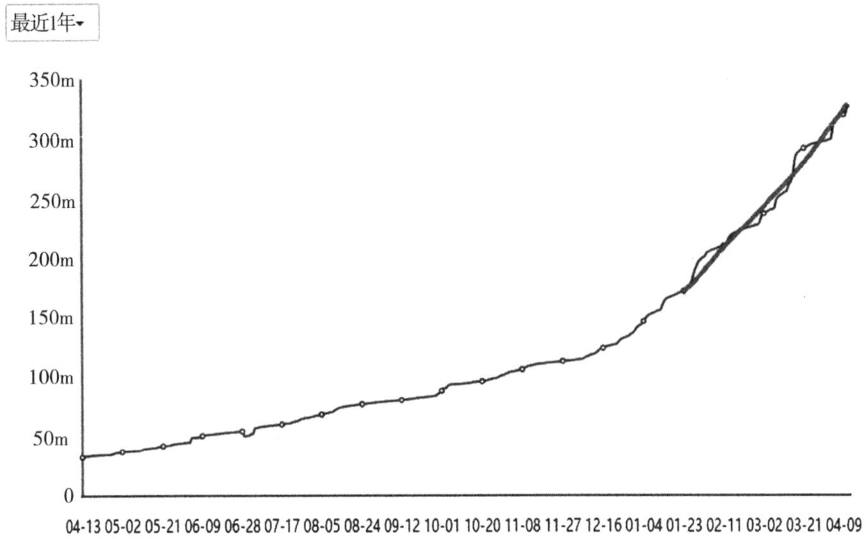

图 1

图片来源：酷传网站。

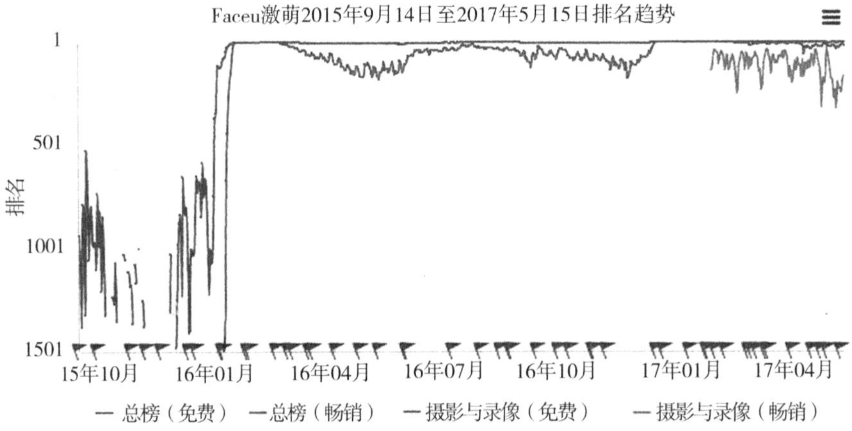

图 2

图片来源：酷传网站。

另外，截至2016年年底，中国互联网信息中心发布的网络视频市场规模中的数据显示，目前已有5.45亿网民，较2015年年底提升了1.3个百分点。网络视频也在不断地转型，最早的记录视频变为当下简短便捷的短视频，直播等形式迎合观众的媒介需求，网络视频的发展也为“萌文化”提供了一个很好的传播平台。在视频网站上，以“萌”为关键词搜索，可以找到大量网友上传的视频，如“萌妹纸”“萌宝宝”“萌动图”“萌宠”等“萌视频”抢占了整个网络空间，满足了“萌文化”爱好的不同需求。2015年爱奇艺与BiliBili网的卖萌视频短短一周点击量破千万，网友弹幕了1000多条评论，提到喜爱观看轻松可爱的萌宝萌宠视频，打破原有短视频枯燥乏味。同样，2016年网络直播盛行，为了符合大众的“萌口味”，许多直播平台也推出了专门为动漫里二次元、或带有萌脸效果的直播。可以看出，“萌文化”在当下已经成为一种娱乐手段，在网络传播过程中萌文化娱乐性逐渐增强，全方位的渗透各个传播模式[8]，也逐渐向全球化与附带的产业链发展。

为了适应当今流行文化与传统文化相结合的趋势下，我国在2013年开创了首个“萌萌哒”博物馆，并相续在四川、南京、苏州等地开展萌系文创产品，截至2015年年底，“萌萌哒”故宫博物院共计研发文化创意产品8683种，仅故宫的文创产品销售额就近10亿元，这些文创产品不仅符合了现代人的审美观，还让“萌”意十足的产品成为年轻人的主流。萌萌哒博物馆将中国传统工艺物件萌化展示销售，极大地满足了普通人的创意和需求，传统文化逐渐从符号、素材和死物变成了当代IP[9]，变成了可以演化出不同形象、不同种类的代表。让全社会，尤其是青少年建立认知，并培养出浓厚的兴趣。

三、我国萌文化现象传播的受众心理特征

萌文化和其他的亚文化传播群体一样，萌文化现象传播群体也有着属于自己的价值观。能够对萌文化现象进行创作和传播，并彼此加强着对萌文化现象的认知。萌文化现象群体在生理表征上有着属于他们的共

性，绝大多数年龄都是 90 后、00 后人群，并且普遍为女性（如图 3、图 4、图 5）。[10]

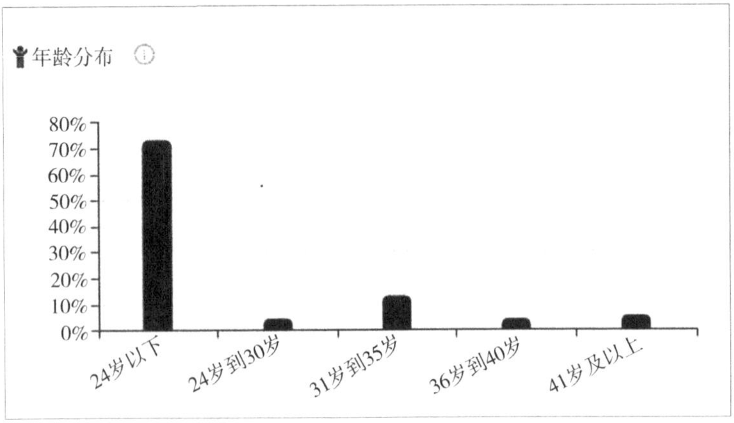

图 3

图片来源：易观千帆网站。

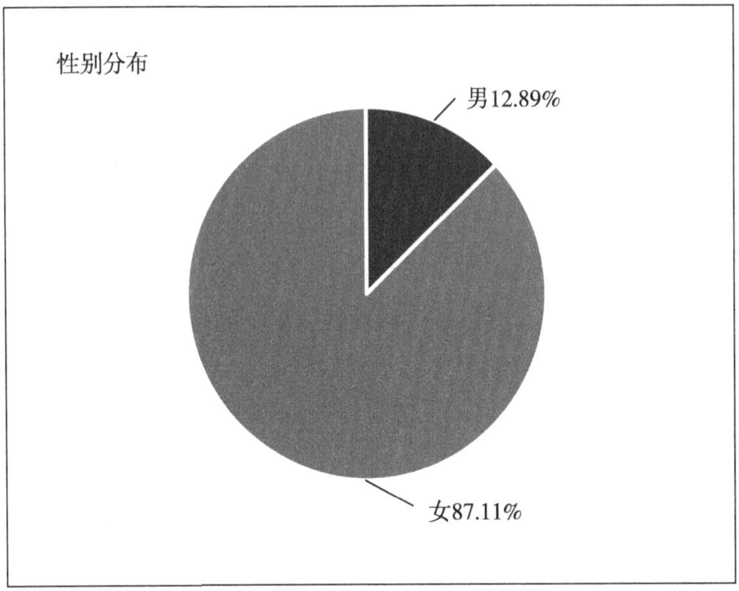

图 4

图片来源：易观千帆网站。

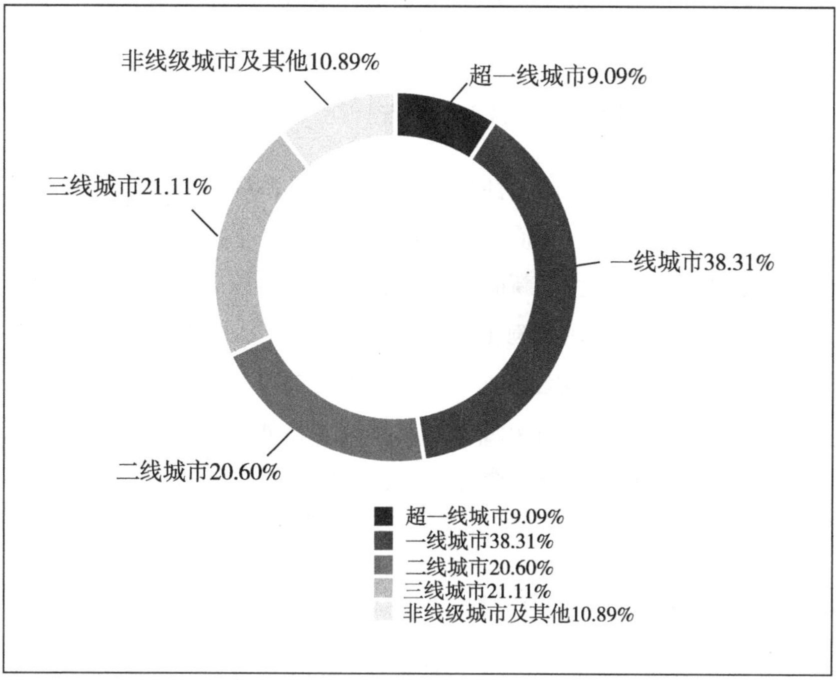

图5

图片来源：易观千帆网站。

（一）以符号为消费文化的心理需求

如今的中国经济已呈现出强烈的后现代社会特征，所谓的后现代社会实则就是消费社会，而消费社会本身的构成要素就体现在符号上。萌文化产品的消费方式就是一种典型的符号消费，其符号的使用价值远远超过了商品本身的使用价值。人们对事物的审美价值不仅是注重产品质量，更看重对事物精神象征意义的认同。而90后一代是文化产品消费的主力军，由于网络技术发展的变化，90后、00后一代的消费行为有很强的虚拟性，更加偏向于对纯符号的消费方式。诸如网络付费音乐、付费视频、文化产品等已经构成现代青年生活的一部分。由于萌文化的产品本身就是依赖动漫虚拟符号生成而来，大量的动画作品、人物形象且依托了虚拟符号的传播，当代青年又对虚拟符号具有的强烈追求感，在市场上与其达成了某种共识，萌文化产品在被消费者接触的同时，也扩张了其文化的延伸。

（二）反情绪化追求娱乐的心理特点

由于中国长期保守的国民性情所致，使得很多群众沉浸在一种理性的压抑和情感的收敛当中，在信息化高速发展之下，生活在20世纪90年代的青年们更需要寻求一种全新的方式释放自身情感压力。正是这样的情况之下，传播学中的“使用与满足”[11] 理论也对当下大众媒体的研究也变得尤为重要。90后、青年女性是萌文化现象的主要接受者和传播者，他们通过大众媒介对萌文化现象的接触、复制、传播和创作的方式。使萌文化的产生既满足青年一代潜意识的个性表达，又同时将正能量的宣传融入电视或生活之中。

（三）趋于从众认识心理特征

萌文化现象始于青年御宅族，御宅族本身就具有恨强烈的封闭性和归属感。它既表现的是对某个领域的极度沉迷状态也是对自我内心的极度敏感，渴望得到周围人群的关注。现代的青年们也有这种持征，希望自己的观点得以肯定和认同。其次，喜欢萌文化的受众处于一种内心“缺爱”的状态，渴望自己得到庇护，心智并不成熟，在当下商品包装新颖的诱惑下，她们更容易追赶潮流，常会用模仿来猎奇社会的认同感。在这样的情况下，萌文化也被不断地模仿、创新，并传播出去。

四、我国萌文化传播效应分析

传播效应是指特定对象的传播范围及影响面。萌文化的传播效应主要集中在网络萌形象在传播活动中的扩展与辐射过程，包括了对受众的情感、认知和行为等各种因素的影响作用。同时，网络媒体的兴起，将许多的原创作品推向了大众分享时代，伴随微博、微信、抖音、短视频平台和其他网络传播新形式的出现，为“萌表情”“萌语言”“萌形象”的发布、传播提供了无限空间和有利因素，同时也加速其传播过程。

（一）“萌表情”传播中产生的催化效应

“萌表情”的催化效应[12]，让许多的萌形象在网络上得以广泛传播，逐渐形成了具有某种特殊意义的网络语言，诸如像笑脸、欢乐兔等经典“萌表情”都是通过微信、QQ等交流软件迅速走红，在网友们疯狂的转发过程中，逐渐成为一种“主流”语言。同时，因为萌表情动画的表达具有直观、即时、娱乐性，因而颇受网民受众的欢迎，萌文化形象的盛行，也就悄然地形成了一种娱乐亚文化现象。和所有的语言一样，当“萌表情”的使用逐渐被带入了特定的情境后，无声交流也就转变为有声交流，表达的含义不仅隐晦，更易于接受传达。

（二）萌文化的品牌塑造具有聚变效应

网络传播将一些散化物体更加聚集化，逐渐将萌形象塑造成线下商品，以萌文化下产生的“萌物”“萌宠”形象作为一种Logo、对一个品牌文化进行塑造，并向着商业合作的产业开发发展。由于网络传播过程的周期短、更新快、存储便捷、技术门槛低等特点，使得传播群体都可以自由地参与其中，实现现实同步效果，商家也跟随时下流行文化制造大众可接受的流行产品，以在短时间内获取更大的经济效益，而网络的传播过程也充分地调动了受众的能动性，使其积极参与到信息生产——流通——消费的整个过程中。

五、我国萌文化现象传播反思与展望

（一）萌文化现象传播面临的问题

1. 缺乏“萌”系创新度

由于萌文化最初不是在国内诞生，许多的原创卡通形象是在日本或者美国迪士尼的作品中出现的，经其“萌”化，使得卡通人物更加呆滞可爱，中国在萌文化方面缺乏自主性，也缺乏这方面的人才设计，动漫形象也无法与多啦A梦、小黄人等影响力大的卡通形象相比，并且有很多形象设计“镶嵌”其他国家“萌物”，显得没有本国文化特色。机器容易被往后的主流文化所取代，萌文化中出现的“萌语言”“萌形象”[13]由于缺乏文化创意很可能会被融入动漫产业中，消逝它原有的“萌文化”传播。

2. 萌文化缺乏完善的产业链

对于国外而言，“萌文化”离不开动漫产业的发展，日本、美国在“萌文化”的发展上具有相对完善的产业链模式，由于中国“萌文化”才刚开始，并未形成一定的规模形式，也没有相应的方式进行推广，就算有广阔的市场需求也没有系统的方式将带有本国特色的萌物推广到世界，商业模式的单一性使得国内“萌文化”市场并不完善和成熟。

3. 萌文化现象传播的趋势

为了让“萌文化”能更快地建立完善的机制，我们应该重视知识产权保护，动漫人才应开拓思维，在媒介传播中从我国现有的民族文化入手，创作更多的偏向了本国特色的萌形象。此外，在网络新媒体高速发展的今天，应重视大数据、新媒体的力量，加大对文化创意产业的宣传力度，从而推动国内萌产业的发展壮大。其次，在加强“萌形象”设计的基础上，还应建立较为完善的萌文化产业链，挖掘多元化的卡通人物形象。使得原创的萌形象进一步得到有益探索，从而也为今后萌文化的研究提供一定的参考价值。

萌文化现象的流行和泛滥，背后隐藏的是一种对人们持续性消费的现象，并非文化的多元性，人们在享受萌文化现象带来的娱乐时，应该正确地认识其背后的功利主义色彩[14]，在控制消费者欲望和需求的同时，也产生了一系列的虚假需求。因萌文化现象主要针对的消费群体是青少年，对抗拒诱惑力的意识较为浅薄。萌文化现象充斥着大量的享乐主义和某些以自我为中心的消极情绪，我们在消费社会的时代下应正确引导青少年人群的消费意识，让萌文化真正得以积极传播，成为社会文化的推动力。

参考文献

[1] 黄瑶. 当代传播学视野下我国的萌文化现象研究 [D]. 湖南大学，2016.

[2] 周晓莉，梁刚. 论网络时代“萌文化”的视觉化传播问题 [J]. 网络文化，2014 (2)：1-20.

[3] 刘勃宏. 日本“可爱文化”对中国动画发展道路的启示 [J]. 东南传播，2012 (3)：1-10.

[4] 韦文娟. “萌”言“萌”行“萌”文化 [J]. 语文学习，2010 (5)：1-15.

[5] 费勇，辛暨梅. 日本动漫作品中的女性“萌”系形象 [J]. 华东师范大学学报，2013 (6)：1-12.

[6] 王晓升，走出后现代社会困境 [M]. 社会科学出版社，2016.

[7] 威尔伯·施拉姆威廉·波特，传播学概论 [M]. 中国人民大学出版社，2010.

[8] 文秋萍. 网络时代萌文化传播研究 [D]. 重庆工业大学，2016.

[9] (日) 押野武志，勒新丽. 御宅族文化与日本趣味 [J]. 电影艺术，2008：1-7.

[10] 周敏. 后现代语境下媒介文化的“萌”化症候研究 [D]. 苏州大学，2016.

[11] 杨慧雯. 萌文化的视觉语言力量与设计反思 [J]. 科技资讯，2015：22-26.

[12] 周致欣. 从传播模式看我国动漫产业的现状 [J]. 电影文学，2014：40-45.

[13] 李卓钧，陈蓉. 网络文化：一种新型的媒介文化 [J]. 南京邮电学院学报，2005：12-28.

[14] 蒋兆雷，叶兵. 关于城市“萌文化”现象的研究 [J]. 青年现象，2016 (6)：11-16.

文化旅游产业对地方饮食文化发展的影响研究

——以贵州铜仁为例*

刘明文　杨胜美**

（贵阳人文科技学院，贵州贵阳　550025）

摘　要：饮食不仅是人类生存最根本的需要，也是旅游活动最为重要的内容之一。饮食文化对于旅游业的发展具有重要的意义与作用，文化旅游的发展亦给地方传统饮食带来大放异彩的良机。贵州铜仁具有先天的自然资源和便利的交通区位优势，独具黔东特色的饮食风味，这些资源是文化旅游开发的重要资源与物质基础。通过对贵州铜仁地区旅游产业开发基础分析及饮食文化资源梳理，结合贵州铜仁地区文化旅游产业开发现状对当地传统饮食文化带来的发展做分析总结。

关键词：文化旅游产业；传统饮食；发展；贵州铜仁

---

* ［基金项目］：本文系2019年度“四川省哲学社会科学重点研究基地”“四川省高校人文社会科学重点研究基地”：“川菜发展研究中心”（项目编号：CC19G21）阶段性成果。

** 作者简介：刘明文（1993—），女，汉族，贵阳人文科技学院讲师；研究方向：民族文化产业。

杨胜美（1997—），女，苗族，西南民族大学2020级硕士研究生；研究方向：民族学。

引　言

美国心理学家亚伯拉罕·马斯洛于20世纪40年代年提出需求层次理论，将人类需求划分为五层，形成金字塔结构，其中最底层也是最基本的部分是生理需求，即人类对食物、水源、呼吸和睡眠等需求。饮食是人类生存过程中最基本的需求，正是因为饮食的重要性格外突出，因此奠定了饮食文化处于各种文化的核心位置。饮食文化从某些方面来说是人类文化发展进步的标志，人类在对饮食的需要过程中不断结合习俗、地理环境、政治因素等创造出多样化饮食文化。今天所认知的饮食文化是关于饮食被需要从而生产和消费的过程；是关于后来发展过程中科学技术的参与，文化习俗的融合，审美艺术等文化综合体。涉及饮食无形的意识形态、文化内涵、图腾含义等都属于饮食文化的范畴。

饮食文化的概念定义非常的广泛，从内容上可以国家为单位划分，还有按照各个民族的宗教信仰、食物烹饪的技巧、食物的烹饪方式、烹饪过程和饮用器具等进行具体划分。中国饮食文化涉及食源的开发与利用、食具的运用与创新、食品的生产与消费的关系等。饮食不仅作为满足人们口腹欲的基本内容，更将地方风情融入其中，让游客在视觉、嗅觉、味觉上得到全方位满足与享受。对民族风情浓郁的贵州铜仁而言，饮食与劳作、节庆、民间信仰等密不可分。贵州铜仁各地传统习俗众多，不同时节的习俗对饮食呈现亦有不同形式，如清明节的社饭、过年的花甜粑等。在乡村振兴背景下，大力挖掘区域文化资源，地方饮食作为开发的重要元素，对区域文化旅游产业影响重大，饮食与文化旅游项目融合，呈现不同形式，既丰富旅游项目内容，又得以展现其独特文化魅力。在此基础上，要看到文化旅游资源开发对传统饮食发展的契机与良性化传承的平衡点，既要做到特色文化旅游蓬勃发展，又要传统饮食百花齐放，以其独特魅力与多样化形式满足游客的胃，留住游客的心。

一、贵州铜仁文化旅游产业开发基础

武陵山区地域辽阔，横跨贵州、湖南、湖北和重庆四个省、直辖市的边境地区，主要由以下地区组成：湖南省湘西土家族苗族自治州、张家界，湖北恩施土家族苗族自治州，贵州铜仁地区和重庆黔江开发区。武陵山区是一个多民族聚居区，有30多个少数民族，包括土家族、苗族、侗族、仡佬族、蒙古族、回族、白族等。每一个民族的文化和文化形式都有十分丰富和深刻的内涵。因此，当地的饮食文化具有多民族杂居融合的独特风味。

被誉为“中国西部名城”的贵州铜仁，位于贵州省东北部，在武陵山区中位于中间腹部位置，东部接壤湖南怀化，北部接壤“山城”重庆，是连接中南和西南边疆的纽带。是中国中南经济区与西南经济区的交汇点，是中国西南地区的东部出口，素有“黔东门户”的美誉。现辖江口县、石阡县、思南县等10个县（区），总面积18023平方公里，人口342万。

从自然文化资源方面来看，贵州铜仁有国内著名的梵净山，极具特色的温泉资源、佛教文化、生态文化、红色文化。丰富的自然文化资源成为贵州铜仁发展文化旅游的坚实基础。世界公园“梵净山”已成为贵州省旅游业的一张闪亮名片，吸引着海内外热爱山地旅游的游客纷纷慕名而来。贵州铜仁充分发挥梵净山这一山地生态旅游资源优势，探索和弘扬生态旅游。进一步提高贵州铜仁梵净山在国内外市场的知名度和吸引力。近年来，贵州铜仁主动迎接大众旅游的新时代，按照整体旅游方向和公园景区、农业旅游主体的理念，将产业园区建设为景区。主动进行产业化结构调整，改变产业发展形式，积极为文化旅游产业开辟道路，拓宽产业资源利用思路。

从交通区位优势来看，近年来，随着交通运输业的快速发展，贵州铜仁立体交通网络建设逐步完善。铜仁凤凰机场旅客逐年攀升，已在北京、上海、广州、深圳等重要的一二线城市开通国内航线10多条，同时德江机场建设也在稳步推进。重庆铁路、沪昆高铁、通玉城际铁路和高速公路交通线、通往长沙、深圳等城市的高铁日渐完善，便利的交通迎接四方游客，开发旅游线路，使贵州铜仁文化旅游发展进入新阶段。

2015—2019年，贵州铜仁地区旅游总人数达到3000多万人次，五年间旅游总收入增加了642亿元；对经济发展的综合贡献率不断增强，旅游业总体发展势头越来越强（见表1）。

表1　2015—2019年贵州铜仁地区旅游业发展情况表

年份	旅游人数（万人次）	旅游总收入（亿元）	国内旅游人数（万人次）	入境旅游人数（人次）
2015	3100.3	240.18	3092.29	80084
2016	4455.13	347.3	4445.73	93939
2017	6465.77	519.93	6401.11	109244
2018	9094.93	743.79	9091.69	32401
2019	10204.66	882.64	10198.15	65089
总计	33320.79	2733.84	33228.97	380757

注：数据来源于贵州省宏观经济库。

从饮食文化角度来看，贵州铜仁地区不仅自然资源丰富，而且有着独特的黔东饮食特色，通过品尝当地的民族特色饮食，能最直观地第一时间了解当地的民族风情。贵州铜仁气候宜人，冬暖夏凉，自然生态资源丰富。其饮食融合了川、湘、黔饮食文化特色。改革开放以后，各民族的经济文化得到发展，在各个民族交流、交融、交往过程中，贵州铜仁饮食文化有了较大的发展。文化旅游产业的大力发展，更是给贵州铜仁传统饮食文化发展带来直接影响。

二、文化旅游产业对贵州铜仁饮食文化的影响

（一）从传统饮食到旅游商品

改革开放以来，贵州铜仁以梵净山为代表转型发展文化旅游业，进而

陆续开发如松桃苗王城、朱砂古城旅游度假风景区、石阡夜郎古泉景区、玉屏侗乡风情园等，逐步形成各县市具有代表性的文化旅游景区，形成贵州铜仁区域内旅游产业联动。当地文化越来越受到来自四面八方游客的关注，基于差异性消费需求，贵州铜仁传统饮食如松桃卤鸭、江侗乡腌鱼、卷粉、花甜粑等不断受到消费者的青睐，使得原本只属于贵州铜仁本土居民“自娱自乐”的传统饮食，因文化旅游产业发展成为展示地域特色的文化符号之一。本质上而言，贵州铜仁传统饮食文化迎合旅游市场需求，大量餐饮商家入驻使其成为旅游商品。

（二）传统饮食文化原真性渐失

文化旅游产业的快速发展，在给贵州铜仁地区传统饮食带来发展契机的同时，也面临传统饮食文化原真性渐失的现实。一方面，贵州铜仁文化旅游产业发展之前，各地饮食处于自给自足状态，大部分饮食均来自家庭式手工生产，满足人们日常所需，或少量生产投入市场。现在自给自足式生产远不能满足大量游客的消费需求，所以很多商家将眼光投向外来市场，使用产量更大或价格更低的食材，甚至用其他食材代替制作贵州铜仁传统饮食。有的商家为了跟上消费数量需求，在工艺方面采用机械、半机械制作或缩减步骤，这就造成贵州铜仁传统饮食越来越不正宗的现象。另一方面，为了满足游客口味喜好，所以贵州铜仁各景区和辐射区的传统饮食已朝多元化方向发展。部分商家为了吸引游客，开发出各式各样的所谓地方特色传统食品，甚至为这些食品冠上莫须有的民间传说、名人事迹、历史典故等。导致卖给游客的饮食已不再是传统正宗的贵州铜仁食品，其中体现的文化内涵更是真假掺杂，对游客造成误导，认为自己接触到的就是正宗的贵州铜仁传统饮食，使真正的贵州铜仁传统饮食淹没大海，对其传统饮食文化造成曲解。

（三）传统饮食文化传播多元化

文化旅游产业大肆兴起，在促进区域经济发展的同时，也使地域特色文化广而告之，提高贵州铜仁地区文化旅游产业吸引力和竞争力。传统饮食文化传播多元化包括以下主体直接或间接促成。第一，以政府为主导进行系列推广。利用微信公众号如“铜仁市文体广电旅游局”“一码游贵州”、抖音小视频、旅行社旅游攻略、铜仁旅游推介会等进行相关特色传统饮食宣传、展示。利用节庆旅游旺季在诸平台大力宣传，既满足游客出行攻略参考需求，又达到在最短时间内将最具特色的饮食图文并茂集中展示的目的。2021 年“五一”劳动节前一周，微信公众号“铜仁市文体广电旅游局”发表“石阡，这份‘五一’出游攻略，请收下”一文，开篇便以“吃在石阡”展示石阡县传统饮食绿豆粉、黄水粑、松花皮蛋、石阡苔茶等。第二，以游客为主体间接推动贵州铜仁传统饮食文化传播。游客在贵州铜仁地区进行文化旅游项目活动，通过品尝特色美食，体味蕴含在食品中的特色人文内涵、感受不同地域饮食文化。这样一来，在特定民族区域内形成的民族饮食文化，通过游客浸入式体验的方式，在全国乃至世界范围内传播。第三，以企业为推导开发贵州铜仁特色饮食产品。近几年，全国掀起文化旅游热潮，地方特产为扩大销售渠道，提高吸引力，普遍采取企业研发特色饮食产品或自主经营管理，或与政府合作进行宣传推广形式，在人流量高度集中的机场、高铁站、客运站等进行特产专卖店经营，向外来游客集中展示销售特色饮食产品，包装内容运用地域文化元素凸显地域特色。贵州铜仁传统饮食中包装开发较多的是石阡苔茶、梵净山腊肉等，结合 O2O 模式进行销售，如微信公众号“一码有贵州”中针对贵州铜仁旅游主题部分便有美食专题，不仅介绍贵州铜仁各地传统美食，还进行相关饮食产品信息展示，方便消费者购买；在贵州各高铁站、机场等均有相关产品销售。通过以上特色餐饮产品开发销售，间接促进贵州铜仁传统饮食文化的传播。

三、文化旅游产业促进贵州铜仁地区饮食文化发展之思考

作为旅游产业的基本要素之一的饮食文化，不仅是人们在旅游活动的最基本的需求，而且也是构成完整的旅游活动的重要部分，因此，饮食文化对于旅游产业发展具有特别重要的意义与作用。

（一）借文化旅游发展东风，充分挖掘贵州铜仁饮食文化内涵

饮食文化带动旅游产业发展，旅游业作为一项满足物质与精神消费的产业。在“吃、穿、住、行、用、娱”的旅游六要素中“吃”排在首位，旅游产业的构成要素中吃是最先开始也是最基本的，在旅游产业发展活动中的具有极为重要的意义是毋庸置疑的。

在旅游产业发展过程中，其他的旅游文化资源逐渐趋于饱和的市场上，饮食文化作为一种旅游资源，已经成为现代旅游产业中吸引消费者的因素之一，甚至有的饮食文化成为一个地区发展旅游业的重要支柱行业。比如上海的美食街——上海城隍庙、四川成都锦里和北京簋街等成为外来游客必去之地。饮食文化的质量与水平如何，直接影响旅游产业的发展与市场印象，好的饮食文化能充实一个地区的旅游，好的市场印象也能带动游客的良性消费。因此，高质量内容的饮食文化，需要高质量的旅游服务产业的匹配。

对地域特色凸显的贵州铜仁而言，发展文化旅游产业离不开地方特色饮食文化支撑。如上文所述，贵州铜仁各区域特色饮食丰富，历史悠久，充分将地方文化融入其中，以简单质朴的形象呈现于世，充分展示特色饮食，更能将贵州铜仁文化旅游特色深入人心，全方位展示贵州铜仁自然文化资源。正如贵州财经大学王超教授在《贵州饮食文化旅游发展路径研究》一文中表示，贵州饮食文化的发展可以更好地推动贵州旅游的深度开发。利用特色饮食丰富旅游目的地文化内容，凸显文化内涵，吸引更多游客的目光，并延长在旅游目的地的时间，增加旅游目的地的经济收入。[1]当下，贵州铜仁发展文化旅游仅限于单一形式展示自然文化风光，未立体化思考将饮食文化充分融入其中，对饮食的展示与宣传仅停留在表面，未进行文化内涵深入挖掘、多样化展示。笔者认为，应借文化旅游发展的东风，充分挖掘贵州铜仁饮食文化，将历史与现实、人文与地理、传统与创新进行融合，不仅展示贵州铜仁外在自然人文景观，更要将民风民俗以饮食形式浓缩在限定时空中，让游客在最短时间内记住贵州铜仁的“味道”。

（二）突出贵州铜仁饮食本土化，力求文化价值全面彰显

与其他文化相比，饮食文化是最为人广泛接触的，是拥有更多话语权的物质文化和精神文化的载体，更能普遍引起人们兴趣并易为人们理解，能做到雅俗共赏，消费者在能吃能玩的餐饮过程中，有利于旅游活动品位维度的扩展，打造普及化的饮食品牌。在文化旅游的加持下，把民族特色文化和当地的风土人情融入饮食中，让消费者在旅游过程中增长见识，陶冶情操，升华美感。

饮食文化需要借助旅游活动来进行推广、传播和传承，同时旅游业需要通过饮食文化来充实旅游活动。对于旅游产业来说，饮食文化要注重饮食质量、供给、营养、卫生等方面的内容。在加工业快速发展的社会，“吃”是满足人身体机能需求的第一要素，饮食的质量与旅游产业的发展唇齿相依，密不可分。此外，随着生活水平的不断提高，旅游产业发展不断完善，人们对饮食文化的需求不仅是满足自身生理需求，还关注饮食文化的内涵。在旅游发展规划中，饮食文化的发展规划必须考虑其中。随着社会的发展与进步，人们对于旅游过程中的体验诉求越来越强烈，旅游过程中，饮食的特色、质量、精神享受各方面的要求随之越来越高，饮食文化的高质量决定了旅游活动的质量。所以，如何将旅游项目与饮食文化融合，既凸显饮食的地域性，又能因地制宜，结合创意元素，将饮食文化做出新花样，让游客品尝原滋原味的贵州铜仁饮食，同时也能激发游客对饮食文化的探知欲，如食材搭配、民间故事、做法步骤、食用背景、习俗礼仪等。信息化、数据化的时代下，文化展示方式多种多样，于文化旅游而言，公众号、App、官方微博、网络直播、区域旅游推广等皆成为有力手段。针对细分消费市场，可利用自媒体等进行不同内容展示，如图文结合介绍贵州铜仁美食，视频宣传民间故事，漫画制作创新形式，特色活动宣传造势等。实地进行民俗节庆与人文景观捆绑营销与项目实践，活动中借势将饮食文化作为宣传重点之一，以突出贵州铜仁饮食文化本土化特点，加之互动式体验、饮食创意产品等将饮食文化膜拜价值、展示价值、体验价值全面彰显，提升其在贵州铜仁文化旅游项目中的地位。

（三）丰富饮食文化体验项目，促进传统技艺传承与传播

旅游的最终目的就是体验各地区人文景观和民风民俗，以此满足游客旅游求新求异的心理，与此同时满足文化探知需求。旅游者在旅游目的地进行旅游活动时，通过品尝民族特色饮食，参与体验不同的制作技艺，不仅增添旅游活动的丰富性，还满足当地旅游业发展的需求，更使得古老的传统工艺得到传承和发扬，最终增强传统文化的生命力，使旅游业可持续发展得到保障。地方美食在满足游客口腹之欲，获得生理上的基本需求时，游客在参与饮食的制作过程中还获得更为宝贵的精神愉悦和体验快感。体验性消费是文化旅游发展的趋势，也是充分展示传统文化的有效手段，“眼见为实，耳听为虚”，当游客亲自看到、触碰到特色文化内容，才能更加信服，更深刻记住地域文化内容与特点，对饮食文化而言，更是如此。

贵州铜仁传统饮食，食材简单，历史悠久，故事独特，习俗多样，文化寓意丰富。仅凭单一形式的饮食产业发展，难以将饮食文化的综合内容呈现出来，须借助文化旅游为载体，在充实旅游项目的同时，以自身文化内容为主，地方政府牵头，企业实施，居民参与，通力合作，各自出力，为饮食文化展示分别提供保障、创意和自觉，结合习俗或民间故事等进行制作过程教学、食材功能讲解、特定情境模拟，丰富饮食文化体验项目。同时，加大对传统饮食制作技艺的保护力度，鼓励支持传承人坚定信心，结合文化旅游发展将技艺展示搬到景区，利用景区大力宣传，足不出户展示传播传统饮食制作技艺。如上文提及的花甜粑，游客不仅能品尝到花甜粑的美味，还能参与到花甜粑的制作当中，可以为家里人亲自设计花甜粑的图案，携带回去的不仅是一份美食，还有独家定制的创意。游客参与制作和购买花甜粑，不仅带动当地旅游业经济的发展，在制作时还可以了解这项有趣好玩的手工技艺，有助于传统工艺的传承和发扬。

四、结　语

贵州铜仁地区发展旅游产业的条件是非常有利的，但是贵州铜仁地区在文化旅游开发上相对落后于周边地区。比如同属于贵州省管辖的镇远，镇远古镇位于铜仁西南面，具有两千多年的历史，以浓郁的民族风情闻名于海内外，更有“东方威尼斯”之名，镇远古镇利用独特资源优势，发展特色文化旅游产业，更带动其饮食文化多样化呈现。充分利用当地特色资源发展文化旅游业，并与周边地区展开旅游业的竞争与合作，形成联动效应，促进贵州铜仁文化旅游业的可持续发展，将当地传统饮食文化内涵深入挖掘，结合现代消费理念、消费习惯、文化旅游创新模式等，将贵州铜仁饮食文化作为名片传递出去。同时，要思考旅游发展中饮食文化的传承与发展问题，如何调动当地居民的积极性、传承人的自主性、策划者的创新性等，将传统饮食与现代文化旅游融合，支持贵州铜仁文化旅游特色项目发展。

参考文献

[1] 王超. 贵州饮食文化旅游发展路径研究 [J]. 湖州师范学院学报，2016，38（02）：68-72.

乡村民族文物现状及其保护措施探析*

——基于桂北三江岑旁侗寨田野调查

谭厚锋　传真群**

（贵州民族大学，贵州贵阳　550025）

摘　要：我国是统一的多民族国家，各民族不仅有其独特灿烂的民族文化，各民族文化还共同构成了中华民族文化。而民族文物作为其民族文化的物质载体，是各民族在形成和发展历程中留存的珍贵文化遗产，是挖掘民族的历史和民族发展历程的重要资料。因此，本文基于对岑旁村民族文物现状的田野调查，试图在此基础之上对乡村民族文物的保护措施方面予以探讨。

关键词：岑旁村；乡村民族文物；现状；保护措施

---

* 基金项目：本文系全国民族教育重大课题"乡村振兴战略下的教育扶贫与传统村落保护研究"（项目编号：ZXZD18005）、多彩贵州文化协同创新中心资助课题"乡村振兴战略下的贵州教育扶贫与传统村落保护研究"（项目编号：DCGZXTCX2019-7）、2019年贵州教育科学规划课题"贵州传统村落教育扶贫推进路径研究"（课题编号：2019B208）阶段性研究成果。

** 作者简介：谭厚锋（1968—），男，侗族，湖南怀化人，贵州民族大学研究员，硕士生导师；研究方向：西南民族文化。

传真群（1995—），女，汉族，贵州习水人，贵州民族大学民族学与历史学学院2019级文物与博物馆专业硕士研究生。

一、绪论

1. 选题缘由

什么是“文物”？什么是“民族文物”？《文物学》和《民族文物通论》中对“文物”和“民族文物”都进行了界定。而本文所讨论的民族文物便是指狭义民族文物，即近现代各民族所使用的文物。“乡村民族文物”是指未被相关文物保护部门或者博物馆搜集，分散于民间各民族地区且各民族所使用的近现代文物，如生活用具、生产工具，等等。

自中华人民共和国成立以来，党和国家领导人以及相关政府部门对文物的保护都做出了许多重要的指示，并颁布了众多关于文物保护的方针政策和法律法规。如《中华人民共和国文物保护法》《中华人民共和国文物保护法实施细则》，等等。此外，全国各省市均成立了相关的文物保护部门和各级文物保护单位。但是，不管是政府所颁布的法律条文或是相关文物保护部门和单位，他们所保护的文物范畴中，都是针对已经被搜集到博物馆或是文物保护单位中的文物，而没有把民间的民族文物囊括在内。

另外，当前我国正在以前所未有的发展速度迅速地发展着，工业化、信息化以及机械化高速发展，许多新的文化以及承载这些文化的物质载体源源不断地普及全国各地，包括地处偏远的民族地区，而那些古老的、传统的文化和承载这些传统文化的物品正逐渐地退出历史舞台，直至完全被新的文化取代。中国是传统的农业大国，农耕在地处偏远的民族地区更为显著，甚至很多偏远地区目前仍然以农耕为主。但在当前的社会下，许多的传统农业工具被机械农业产品取代，如微耕机取代了牛耕，导致用于牛耕一系列的传统农具犁、耙、牛轭等退出了农业生产活动，成为闲置品被随意堆放，未对其采取任何保护措施。

再者，在精准扶贫政策下的异地搬迁，使得民族地区的一部分农民举家搬迁到城镇，他们生活生产方式发生本质性的改变，不再以农耕为主，主要靠务工获得收入来维持生计。所以，使得农村的房屋以及所有的生活生产用具失去了存在的价值和意义，逐渐被遗弃甚至摧毁。

民族文物是各民族重要的物质文化遗产，是研究各民族文化的重要资源，如果再不对其加以保护，失去的将不可估量。

综上所述，笔者将以民间民族文物保护为题，基于对桂北三江侗族自治县岑旁侗寨的实地调查，对该村传统生产生活用具、纺织工具、传统民居建筑等重要民族文物的现状及其保护措施方面予以探讨。

2. 相关研究

关于民族文物保护，政府和学术界都为此而做了相关工作。到目前为止，我国民族文物保护的法律体系基本形成。自中华人民共和国成立以来，从国家到地方自上而下先后制定了一系列的文物保护法律、行政法规、地方性法规和行政规章，并且都是结合了本地区的实际情况而制定出了科学而合理的法规政策。它们大都有民族文物保护的相关内容，民族文物保护有了一定的法律依据。如《宪法》《文物保护法》《关于文物出口鉴定标准的几点意见》，等等。

在学术界，关于民族文物保护研究成果已有颇多。

专著类：民族文物保护研究，只要涉及文物相关的著作，里面都已涉及相关内容。如《文物保护学》，作者大量运用物理化学知识，对不同质地文物的损害机制进行解读，对相应文物的保护机制进行介绍。[1]《文物学》中主要是对文物管理的对象和内容、文物保护法律法规、文保单位、馆藏文物以及民间文物的保护进行了探讨。[2]《文物学概论》主要介绍文物保护的技术。[3]《民族文物通论》则针对民族文物从征集到入馆这一过程所需注意的问题。[4] 此外，《中国博物馆学基础》[5]、《文化遗产学》[6]、《文物工作研究：聚焦 2015》[7] 等著作中都有涉及。

学术论文：《论我国民族文物的保护》是目前唯一一篇民族文物保护研究的学术论文，作者从民族文物的分类、范畴、作用以及民族文物的现状出发，探讨了民族文物保护的路径。[8] 王维其在《民族文物保护的重要意义》一文中，主要通过对各类民族文物的重要价值和作用的强调，从而延伸出文物保护的重要意义。[9] 们发延在《民族文物的保护现状及其对策》一文中，首先，对民族文物及其基本特征进行介绍；其次，对民族文物保护的历史和现状做了较为细致的论述；最后，作者针对民族文物保护中存在的问题，从文物的调查征集、保护环境、文物保护法律以及文物的开发和利用等方面提出了民族文物保护的对策。[10] 宋蜀华《从民族学视角论中国民族文物及其保护与抢救》则从民族学的视角，对中国民族文物的保护与抢救展开探讨，作者从民族文物是民族文化的重要载体这一要素出发，提出保护和抢救民族文物的重要性和紧迫性。[11]

二、岑旁村概况

岑旁村位于广西壮族自治区三江侗族自治县富禄苗族乡西部。岑旁村距离乡镇府所在地 7 公里，海拔 688 米。东与岑牙村、富禄村毗邻，西与融水县大年乡归合村、木业村毗邻，北与富禄村、大年乡仁里村毗邻。岑旁村是一个以侗族为主的民族村寨，全村 1 个自然屯，14 个生产小组。截止到 2020 年 8 月，全村共 432 户，总人口 1813 人。粮食作物以大糯（含黑糯）和杂交水稻为主，经济作物以杉木、油茶、稻田鱼等为主。在饮食方面也极具特色，有侗家特色食材酸肉、酸鱼、酸鸭、酸菜等。岑旁村非常重视孩子的教育，以前为了能让孩子安心在学校学习，村里便自行组织为在校学习的孩子们送饭，素有为学子上学的“送饭村”誉称。直到 2008 年秋，上级落实了“免费午餐”政策，该村“送饭村”的历史才告结束。[12]

岑旁村所在地原是一片大森林，侗语称“弄王”，是老虎、猴子生活的地方。相传在两三百年前，今融水县拱洞乡甲吉村一位人称“公松”的陈姓太公（即今岑旁村第一大姓陈的始祖）挖竹鼠来到弄王，并在距今岑旁村所在地约 1 公里的已纯（地名）搭起工棚生活下来。不久又有一人称“公扬”的吴姓太公（即今天岑旁村第二大姓吴姓的始祖）从今贵州省从江县贾洞镇潘里村逃荒到这里，他先住在距今岑旁村 1 公里左右的岭横（地名）。后公扬顺沟找螃蟹进入弄王，并遇到公松，两人决定结为亲家并搬到弄王中水源处建房定居生活。因所居之处四面环山，中间有水，地形像个大木桶，于是“岑旁”（“岑”在侗语中为山岭之意，“旁”为大木桶之意）之名便逐渐叫开来了。不久，山下大年村的石姓太公听说山上好生活，也搬到山上与陈吴两姓结邻而居。至今岑旁村有“父三姓母九姓”一说，“父三姓”指的就是最先来到岑旁村的陈、吴、石三姓，至于“母九姓”是指后来陆续来到岑旁村定居的覃、罗、廖、梁、韦、谢、曾、蒙、潘九姓人家。后来，蒙、潘两姓自然消失，至今全村有十姓家族，仍然以陈、吴、石为三大姓。[12]

岑旁村是一个传统的侗族村寨，全村的居住房屋以木质结构的吊脚楼为主。但是随着经济社会的发展以及村民们防火意识的提升，现村寨中已经有一部分砖木、砖石结构的现代建筑。此外，在服饰方面，他们会自己制作侗布侗衣，在以前，他们还会自己织布，但现在，由于市场经济的快速发展，商品种类多样，现在制作侗布的原材料基本都是从集市上购买，只有极个别老年人会自己织布。但总体而言，不管是在建筑、服饰、生产、生活、节日、饮食、丧葬文化，还是语言等方面，岑旁村的传统侗族文化保存的相对较好。

三、岑旁村民族文物现状

岑旁村是一个以侗民族为主的传统侗族村寨，其地处广西北部，与贵州黔东南比邻，按方言土语划分其属于南部方言区，即南侗。所以，其各方面的传统文化保存得较为完好，如语言、侗戏、侗歌、三月三传统节日等非物质文化遗产以及民居建筑、传统服饰、传统生产生活用具、纺织用具等物质文化遗产。但是，在当下社会发展条件下，物质文化遗产即文物的保护还面临着众多严峻的挑战。

1. 机械化程度的提高使得许多传统工具退出历史舞台

岑旁村是一个侗族村寨，传统的农业生产是该村村民获得食物的最重要途径，至今仍以农业生产为主。农业生产活动是需要借助相关工具才能够实现的，所以，生产工具成为他们农业生产中必不可少的因素。岑旁村的农业从古发展至今，也有一套适应其地理环境、自然环境以及人文环境的生产工具，这些工具，能够从侧面反映出岑旁村农业文化的发展演变。

随着社会经济和科学技术的快速发展，越来越多的机械化产品在市场上流通，使得在人们的生活中，机械化的程度越来越高，与农业生产相关的机械产品便是其中重要的一部分，如微耕机、电动割草机、收割机，等等。这些产品的普及，取代了传统农业生产活动中所需的多种传统生产工具，如微耕机可以取代传统的牛耕和翻地碎土环节，用于牛耕的犁、耙、牛轭和翻地碎土的锄头等传统农具便失去它们的使用价值，慢慢地退出农业生产的历史舞台，直到最后消失。

2. 市场经济的快速发展使得部分传统用具失去其用武之地

如前文所述，岑旁侗寨是有其自己独特的服饰，而岑旁村村民妇女的服饰文化是非常丰富的。通过调查得知，从前，他们制作一件侗衣从线到侗布、再从染布到刺绣、到最后制成侗衣成品，这一整套烦琐的工序都是自己手工制作完成的。在这一整个过程中，纺织侗布这一过程是比较烦琐和耗时的，仅纺织这一环节，就有纺纱、盘纱、煮纱、浆纱、络纱、牵经、整经、穿综、穿筘、上机 10 个步骤。其所使用到的工具也是所有环节中最多的，有竹纱蕊、卷纱木架、手摇单锭纺纱车、脚踏纺纱车、织布机、梭子。所以，以前几乎家家户户都有织布、染布、刺绣等这些工具。

现在，岑旁村妇女依旧有自己制作侗衣的传统，但是制作侗衣的工序相比以前而言已经简化许多了。现今市场经济的快速发展，许多材料都能够直接从集市上购买，所以，绝大部分已经不再自己织布，而是在集市购买白布来替代，然后直接用购买的白布进行加工，最后制成侗衣。如此一来，用于织布的一系列工具便会失去其用武之地，最后被社会所淘汰，随之带来的结果就是纺织工艺的失传。目前已经很少有年轻人会织布了，只有极个别的老人还在织布，那些用于纺织的传统工具便被堆弃在一旁。

3. 异地搬迁使得民居和用具被遗弃或摧毁

近几年来，为了实现全面建成小康社会，国家对边远山区的农村尤其是民族地区的农村进行了大力的扶持，并出台许多相应的政策，精准扶贫便是其中重要的一环。为了提高乡村百姓的生活居住环境和生活质量，满足人们对美好生活的向往和追求，在精准扶贫的政策之下，政府出台了异地搬迁政策。异地搬迁使得农村地区的一部分群众举家搬迁到城镇，住进现代化的楼房中。他们生活生产方式发生了本质性的改变，他们不再以农耕为主，主要靠务工获得收入来维持生计。所以，使得农村的房屋以及所有的生活生产用具失去了它们存在的价值和意义。

在岑旁村，为了响应国家政策，在异地搬迁政策之下，一部分贫困户搬迁到三江县南站生活。虽说他们偶尔还会回到寨子里一趟，但是停留时间很短，他们主要的居住地还是以三江为主。所以，岑旁村的一切（指他们的房屋以及屋内的所有器具）于他们而言便没有较大的意义和价值，人们就不会像往常一样对其实施相应的保护措施，而是任其发展，几年之后，房屋或许会坍塌，所有器具也会被遗弃。

四、乡村民族文物保护措施

乡村民族文物不仅只是一个静态的物体，它们更是文化的物质载体，是人们对乡愁的情感寄托。在物质的背后，有着丰富且深厚的历史文化底蕴。所以，乡村民族文物有着重要价值和意义。在一定程度上来说，保护乡村民族文物就是民族文化的保护和传承。

（一）乡村民族文物的价值

1. 研究民族文化的重要实物材料

任何文化都不能也不可能离开相应的载体而被流传，它们必须要依附于一定的实物而存在，这样的实物就是物质文化遗产即文物，而通过文物可以研究其背后的文化。所以，通过民族文物便能够研究相应的民族文化。例如，通过对侗族传统民居的研究，可以揭示出侗族传统建筑吊脚楼背后的文化内涵；通过侗族传统农具可以了解到侗族的传统农耕文化，等等。

2. 民族类博物馆文物征集的主要来源

随着人们物质生活条件的提高，越来越多的人开始追求精神的满足，即对文化的追求。所以，博物馆事业正在蓬勃发展，各类博物馆正在如火如荼的修建当中，特别是民族类博物馆。文物作为博物馆能够正常运作的物质基础，是博物馆中最重要的组成部分。民族类博物馆主要征集民族文物，民族文物又广泛留存于民族乡村地区。所以，乡村民族文物是民族类博物馆文物征集的主要来源。

（二）保护的措施

1. 提高民间群众对民族文物的保护意识

一方面，在农村，那些传统的、古老的生活生产用具对于人们而言，没有太大的使用和利用价值，堆放在家里甚至会觉得占用地方或是影响环境。例如在一次与当地人的交流中，在谈及那些以前的生活生产用具时，他们会说道："这些东西现在拿来没有什么用处，都是随便扔在一旁的，以后用来当作柴火烧。"由此可以看出，当地的人们对于古老的生活生产用具是非常不重视的，在他们看来，废旧的器具用作柴火使用可能是它们还幸存的唯一价值。另一方面，民族文物不管是在数量上还是类型上，民间是最多和最完整的。通过调查得知，单是用于运输物体的挑筐，就有多种类型，不同类型所使用的目的也不相同，几乎家家户户都有且还有多种类型。如有专用于上山摘菜或是挑粪使用的，有专用于装置衣服鞋袜的，有婚礼中用来挑送亲礼品的，等等。

"文物保护是一种社会性的行为，而民众则是实施文物保护的基本力量。"[13] 所以，对于乡村民族文物的保护，民间群众才是实施保护的主体，因为民族文物主要还是流存在众多农户的家里，与他们的生产生活息息相关。只有让他们认识和了解到民族文物的重要价值和意义，他们才会有意识地去对这些民族文物进行保护，从而提高对民族文物的保护意识。但是，如何提高他们对文物的保护意识呢？这是需要政府和群众共同努力才能实现的。首先，政府要加大对文物保护的宣传力度，以及给群众普及民族文物的重要价值和作用，这是提高民众保护民间文物意识的重要途径。政府可借助不同的机构、组织通过多种的方式对民众进行多样化的、深层次的、内容广泛的、时间持久的宣传。其次，建立相应的奖励制度，对于那些把古老民族文物保护较好的家庭给予一定的金钱或物质奖励，从而激发人们保护民间文物的热情和意识。如此一来，通过民众和政府之间的相互配合，以此来提高群众对本民族文物保护的积极性和意识。

2. 修建乡村博物馆

乡村博物馆，顾名思义，是指以村落传统文化为背景，乡村传统物质文化遗产为物质基础而修建的博物馆，有着传承和保护乡土文化的重要作用。所以，由政府和相关文物保护部门联合出资，在传统民族文化保存较好的民族古村落修建乡村博物馆，并引进相关专业人才，对辖区内具有历史、艺术、科学价值的民族文物进行全面搜集、征集入馆，存放于博物馆内的文物库房，并根据博物馆的主题进行相应的陈列展览，让本土的人们来担任馆内的讲解工作。如此一来，通过对该民族文物的陈列展览，提高民间群众对本民族文化的自豪感和认同感，同时，也能达到提高他们对本民族文物保护意识的效果。而且，最重要的是被征集入馆的文物可以得到更加专业和全面的保护。此外，通过乡村博物馆，还可以发展乡村旅游业，吸引更多的人认识并了解本民族文化，同时，也是对本民族文化的一个传播。此外，对区域内的村落也会带来了相应的经济效益，促进民族乡村经济的发展，对乡村振兴起到一定的促进作用。

目前，国内也有不少的村落修建乡村博物馆，并都取得了不错的成绩。如江西省新余市渝水区良山镇下保村修建的农耕文化展示馆，该馆的展品多都是村民们捐赠的存放于家中的农耕工具，该馆除了对农耕工具的展示之外，还结合相关农具开展农耕文化体验活动。如此，不仅让民间文物得到了更好的保护和传承，同时更是向游客传播了我国优秀的传统农耕文化，而且也促进了乡村的经济发展。

3. 地方文物管理部门加大保护力度

地方文物管理部门是文物保护的中坚力量，每个地方都有文物管理部门，且都制定了相应具体的文物保护方案，我们的工作人员要严格落实并实施相关方案，加大对所辖区域内所有文物的保护力度，高度重视文物的普查、开发与保护工作。如对于可移动文物，工作人员要定期进行所辖区域内的文物普查工作，并翔实认真的记录在册，做到心中有数，以便后期工作的开展。对于不可移动文物，如建筑、遗址，由相关专业人员定期对其进行勘察检测，发现问题并及时解决。

地方文物管理部门根据文物的普查情况出台相关的文物保护的法律法

规，如开发和发展更多传统文化遗产保护项目、民间传统文化遗产保护区（乡）、民族民间传统文化传承人，等等，并对区域内具有代表性的传统文化遗产项目、民间传统文化遗产保护区（乡）、民族民间传统文化传承人进行公示，从而提升文物保护的影响力，切实做好民族民间传统文化遗产的保护工作。

五、结　语

民族文物是各民族在其发展过程中所遗留的物质文化遗产，是民族文化重要的物质载体，能反映本民族特点的民俗习惯和宗教信仰等重要的民族文化。通过物质的形态留存下来，不仅记录了民族的历史，还体现了各民族人民的智慧。所以，民族文物具有重要的价值和意义，是研究民族文化重要的实物资料和博物馆物质基础的重要来源。经过政府和群众多方力量，相互配合，积极合作，并采取多种有效措施加强对其保护力度，使其永葆鲜活力，促进各民族文化的复兴和发展。

参考文献

[1] 王慧贞. 文物保护学 [M]. 北京：文物出版社，2009.

[2] 李晓东. 文物学 [M]. 北京：学苑出版社，2005.

[3] 吴诗池. 文物学概论 [M]. 上海：上海文艺出版社，2002.

[4] 宋兆麟. 民族文物通论 [M]. 北京：紫禁城出版社，1999.

[5] 王宏钧. 中国博物馆学基础 [M]. 上海：上海古籍出版社，2001.

[6] 蔡靖泉. 文化遗产学 [M]. 武汉：华中师范大学出版社，2014.

[7] 刘曙光，柴晓明. 文物工作研究：聚焦 2015 [M]. 北京：文物出版社，2017.

[8] 宋林子. 论我国民族文物的保护 [D]. 中央民族大学，2013.

[9] 王维其. 民族文物保护的重要意义 [N]. 贵州民族报，2017-05-31 (A03).

［10］们发延．民族文物的保护现状及其对策［A］．民族文化宫博物馆．中国民族文博（第一辑）［C］．民族文化宫博物馆：中国博物馆协会民族博物馆专业委员会，2006：13.

［11］宋蜀华．从民族学视角论中国民族文物及其保护与抢救［J］．中央民族大学学报，2004（04）：36-41.

［12］广西三江富禄苗族乡志编纂委员会．富禄苗族乡志［M］．桂林：漓江出版社，2014.

［13］王婧姝．保护民族文物，民间组织能做些什么？［N］．中国民族报，2007-03-09（009）.